城市轨道交通工程建设安全管理系列丛书

北京城市轨道交通工程建设安全风险管理总论（第二册）

刘天正　编著

中国铁道出版社有限公司

2024年·北　京

内 容 简 介

本书为“城市轨道交通工程建设安全管理系列丛书”之一。全书共7章，包括城市轨道交通工程建设整体情况、城市轨道交通工程建设安全风险管理新形势、城市轨道交通工程建设安全风险分级管控创新、城市轨道交通工程建设地下水控制、北京轨道交通安全风险管控信息化发展、北京轨道交通安全风险管控成效、安全风险管理拓展与展望。

本书可供轨道交通建设领域的管理人员和工程技术人员使用。

图书在版编目(CIP)数据

北京城市轨道交通工程建设安全风险管理总论．第二册/刘天正编著．—北京：中国铁道出版社有限公司，2024. 1
(城市轨道交通工程建设安全管理系列丛书)
ISBN 978-7-113-30794-3

Ⅰ. ①北… Ⅱ. ①刘… Ⅲ. ①城市铁路-轨道交通-安全风险-风险管理-北京 Ⅳ. ①U239. 5

中国国家版本馆 CIP 数据核字(2023)第 228728 号

书　　名：北京城市轨道交通工程建设安全风险管理总论(第二册)
作　　者：刘天正

责任编辑：梁　雪　　**编辑部电话：**(010)51873193
封面设计：刘　莎
责任校对：安海燕
责任印制：赵星辰

出版发行：中国铁道出版社有限公司(100054，北京市西城区右安门西街8号)
网　　址：http://www.tdpress.com
印　　刷：北京联兴盛业印刷股份有限公司
版　　次：2024年1月第1版　2024年1月第1次印刷
开　　本：710 mm×1 000 mm 1/16　**印张：**14.25　**字数：**267千
书　　号：ISBN 978-7-113-30794-3
定　　价：90.00元

丛书编委会

本书编委会

序

北京市轨道交通建设管理有限公司成立至今已二十周年。二十年来，北京市轨道交通建设管理有限公司牢固树立“安全第一、预防为主”的指导思想，不断探索创新形成了“1+3”安全管理体系架构。“1”指的是安全生产基础管理体系，“3”指的是安全风险管理、隐患排查治理及事故应急管理3个专项管理体系，形成了事前、事中、事后的全周期安全管理体系。

北京市轨道交通建设管理有限公司持续深入开展安全风险管理创新、技术创新、应用创新，通过管理创新配套技术创新指导应用创新，通过应用创新反馈技术创新，进而升级管理创新，形成了一整套标准化安全风险管理体系，一系列规范化安全风险管控技术，一揽子开创性安全风险应用成果。在管理上，建立了轨道交通工程建设安全风险分级管控责任体系和工作体系，首创了安全风险管控动态分级机制和安全风险清单重点整改机制；在技术上，创建了一套多源风险信息融合的安全智慧管控平台，研发应用了即时监测自动化监测及多元数据耦合分析预警系统，构建了地铁盾构施工实时管理系统，创新了盾构施工风险控制技术，实现了安全风险的精准辨识、科学评估和有效控制，有力保障了北京轨道交通工程建设的安全，成效显著。

《北京城市轨道交通工程建设安全风险管理总论(第二册)》对近年来北京轨道交通建设特点、安全风险管控理念、风险动态分级管理和风险清单管理措施、地下水管理、汛期风险管控、风险管控信息化及发展、风险管控成效和展望等方面进行了全面阐述。

《北京城市轨道交通工程建设明挖法安全风险控制技术及典型案例(第二册)》总结了北京地区明挖法工程的总体情况，系统研究了不同围护结构体系明挖基坑工程施工的潜在风险因素和风险控制对策，以及地下水控制面临的主要问题和解决方案，根据大量工程监测数据与现场实际,总结了明挖基坑工程及地层的变形特点,结合近年北京地区基坑应用特点,重点论述了地连墙基坑工程变形特征及规律,系统介绍了典型案例及风险事件,为明挖基坑工程施工提供参考。

《北京城市轨道交通工程建设矿山法安全风险控制技术及典型案例(第二册)》从矿山法在北京市轨道交通建设中的应用入手,分析地下水和周边环境的变化对矿山法施工的影响和应对措施,介绍北京轨道交通建设采用的降水措施和 PBA 工法;浅埋暗挖工法和地层变形规律;介绍了管井降水、真空降水、冻结法止水、深孔注浆止水等处理地下水;结合案例系统总结了浅埋暗挖法下穿构筑物、河湖、道路、桥梁、各种管线等风险管控的经验与教训,通过对风险事件的系统分析提出了矿山法施工的关键技术并对矿山法施工发展进行展望。

《北京城市轨道交通工程建设盾构法安全风险控制技术及典型案例(第二册)》全面、系统、深入总结了北京轨道交通建设中涌现出的盾构法新型技术的风险管控及应用情况,对盾构始发与到达、机械法联络通道、车站出入口顶管施工、先隧后站等新型施工技术进行简要叙述,并以实际工程为案例,对卵石地层中型盾构长距离快速掘进技术、泥水平衡盾构施工技术、小净距下穿既有运营隧道微沉降控制技术、管片上浮控制技术、盾构工程智能化发展进行详细论述,结合风险事件对盾构法施工关键技术做出总结,为类似盾构工程安全风险管理提供借鉴。

2019 年“城市轨道工程建设安全管理系列丛书”首次出版,今年系第二次出版。2019 年以来,北京轨道交通工程建设在安全风险管控方面面临新的形势,其管控技术和管理方法也在持续创新,因此,为总结新近成果推出。本丛书图文并茂,实用性和可参考性强,对北京新一轮城市轨道交通工程建设管理具有重要的参考价值。

北京市轨道交通建设管理有限公司

党委书记、执行董事:

2023 年 11 月

目　　录

第 1 章　城市轨道交通工程建设整体情况

1.1　全国城市轨道交通工程建设情况

据中国城市轨道交通协会《城市轨道交通 2022 年度统计和分析报告》数据，截至 2022 年底，中国(统计未含港澳台地区，下同)共有 55 个城市开通城市轨道交通(以下简称“城轨交通”)运营线路 308 条，运营线路规模迈进 10 000 km 大关，总长度达 10 287.45 km。其中，地铁运营线路 8 008.17 km，占比 77.84%；其他制式城轨交通运营线路 2 279.28 km，占比 22.16%；当年新增运营线路长度 1 080.63 km。已投运城轨交通线路系统制式达到 9 种，市域快轨增长较快，中运能城轨交通系统稳步发展，新型低运能城轨交通系统研制成功并开工建设，城轨交通多制式协调发展。2022 年城轨交通客运量占公共交通客运总量的分担比率为 45.82%，比上年提升 2.45 个百分点，其中上海、深圳、广州、杭州、成都、南京、南宁、南昌、北京、武汉 10 个城市城轨交通客运量占公共交通的分担比率均超过 50%。2022 年全年共完成建设投资 5 443.97 亿元，在建项目的可研批复投资累计 46 208.39 亿元，在建线路总长 6 350.55 km，其中市域快轨线路占比明显增加。

截至 2022 年底，城轨交通线网建设规划在实施的城市共计 50 个，线路总长 6 675.57 km(不含统计期末已开通运营线路)；可统计的在实施建设规划项目可研批复总投资额合计为 41 688.79 亿元。2022 年当年，共有 2 个城市新一轮规划和 3 个城市的建设规划调整方案获中华人民共和国国家发展和改革委员会批复，规划新增线路长度约 330 km，投资额约 2 600 亿元。2022 年各城市城轨交通运营线路长度及增长幅度如图 1.1-1 所示。

从在建线路的条数来看，2022 年在建城轨交通线路共计 243 条，2022 年各城市城轨交通在建线路规模情况如图 1.1-2 所示。共有 29 个城市在建线路为 3 条及以上，其中，在建线路 5 条及以上的城市 22 个，在建线路 10 条及以上的城市 7 个。从在建线路的规模来看，共有 25 个城市的在建城轨交通线路长度超过 100 km。其中，深圳市建设规模超过 400 km，郑州、青岛两市建设规模超过 300 km，成都、广州、北京、宁波、南京、重庆、天津、杭州、佛山、合肥 10 个城市建设规模均在 200 km 以上，建设规模在 150 ~ 200 km 之间的有厦门、武汉、福州、沈阳、苏州、西安、济南 7 市，建设规模超过 100 km 的还有上海、贵阳、石家庄、长春、无锡

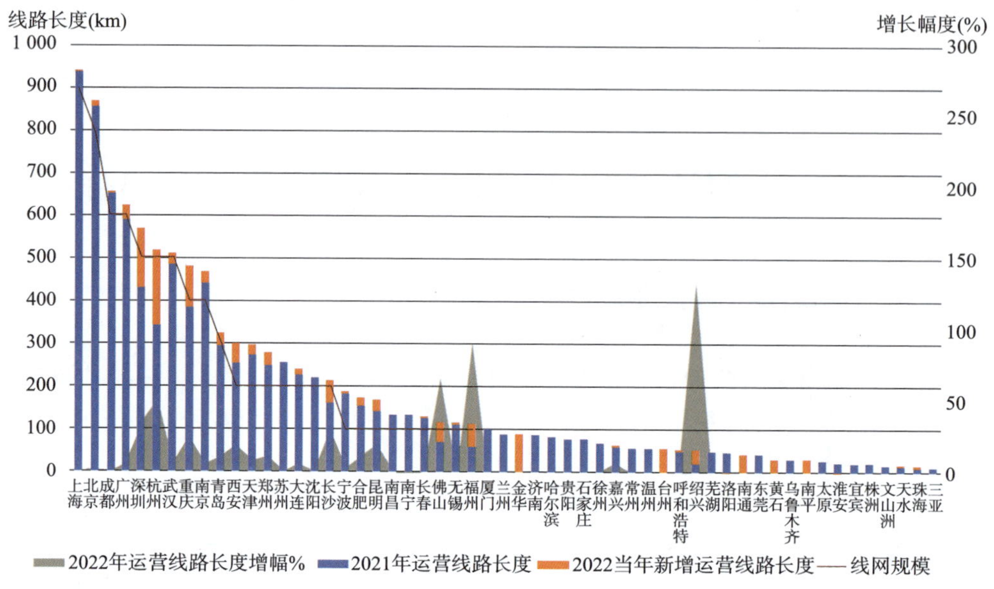

图 1.1-1 2022 年各城市城轨交通运营线路长度及增长幅度

5 个城市,中心城市的城轨交通建设持续发力。

在 6 350.55 km 的在建城轨交通线路中,按照在建线路的敷设方式来看,地下线 5 326.88 km,占比 83.88%,同比增加 2.33 个百分点;地面线 377.67 km,占比 5.95%,同比下降 2.90 个百分点;高架线 646 km,占比 10.17%,同比增加 0.57 个百分点。同比来看,地下线和高架线占比略有增加。

从在建线路的车站规模来看,全国在建线路车站总数共计 3 860 座(按线路累计计算),其中换乘站 1 307 座(按线路累计计算),换乘站计算占比为 33.86%,同比略有增加。近年来在建项目的换乘站占比持续上升,从一定程度上反映出城轨交通总体网络化程度的持续提升。

据不完全统计(不含部分地方政府批复项目和个别数据填报不完整的项目资金情况),截至 2022 年底,中国在建城轨交通线路可研批复投资累计 46 208.39 亿元,初设批复投资累计 39 669.35 亿元。2022 年共完成城轨交通建设投资 5 443.97 亿元,同比下降 7.10%,年度完成建设投资额连续两年回落。2022 年完成建设投资约占可研批复总投资的 11.78%,占初设批复投资额的 13.72%。

2022 年共有 11 个城市全年完成建设投资超过 200 亿元,11 市完成建设投资合计 3 215.95 亿元,占全国完成建设投资总额的 59.07%。其中,深圳、成都 2 市全年完成建设投资均超过 400 亿元;武汉、杭州 2 市全年完成建设投资均超过 300 亿元;广州、北京、西安、南京、重庆、郑州、苏州 7 市全年完成建设投资均超过

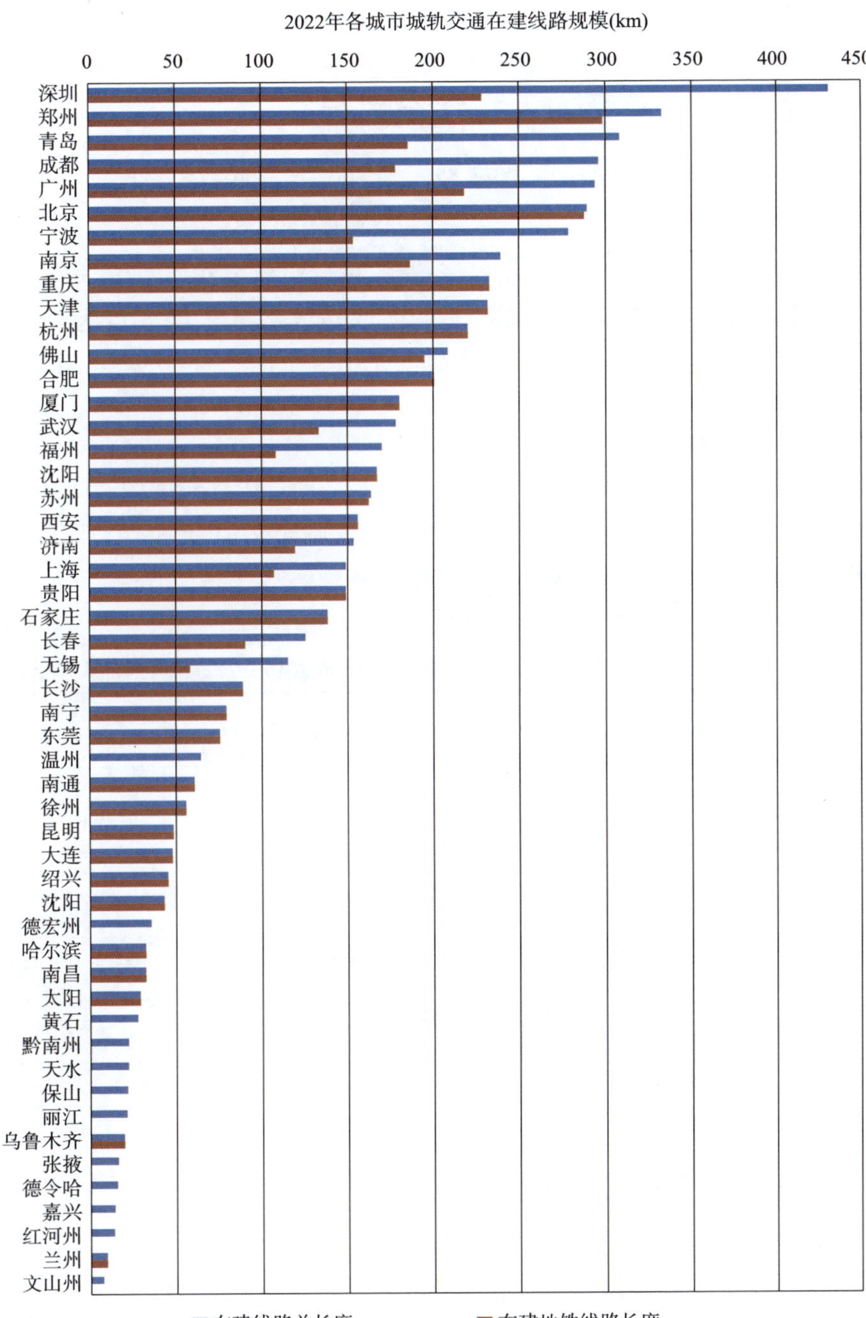

图 1. 1-2　2022 年各城市城轨交通在建线路规模

200 亿元;青岛、福州、上海、宁波、合肥、天津、厦门、长沙、沈阳、贵阳、长春 11 市全年完成建设投资超过 100 亿元。

1.2 北京城市轨道交通工程建设情况

1.2.1 北京市城市轨道交通第二期规划

1. 线网规划

依据城市总体规划和综合交通规划,北京市城市轨道交通 2020 年线网由 30 条线组成,总长度为 1 177 km;远景年线网由 35 条线路组成,总长度为 1 524 km。规划曾预测 2021 年,北京市公共交通占机动化出行量比例为 60%,轨道交通占公共交通出行量比例为 62%。

2. 第二期建设规划

第二期建设规划方案 2015—2021 年建设 12 个项目,总长度为 262.9 km。另外,同意北京新机场线(不计入本期规划)起点调整为牡丹园站,线路长度为 59.8 km,投资 426.7 亿元,见表 1.2-1。到 2021 年,形成 27 条运营线路、总长 998.5 km 的轨道交通网络。

表 1.2-1 北京市城市轨道交通第二期规划(2015—2021 年)线路

序号	线　　路	起点站	终点站	长度(km)	车站(个)	投资(亿元)	建设周期
1	3 号线	田村	曹各庄北	37.4	27	415	2016—2021 年
2	7 号线东延	焦化厂	环球影城	17.2	7	153.3	2016—2020 年
3	8 号线四期	五福堂	瀛海	3.3	2	34.2	2016—2018 年
4	12 号线	四季青	东坝	29.2	21	324	2017—2021 年
5	17 号线	未来科技城	亦庄前区南站	49.7	21	492	2015—2020 年
6	19 号线一期	牡丹园	新宫	22.4	9	221.8	2017—2021 年
7	22 号线	东风北桥	泃河湾	71	11	212.3	2018—2021 年
8	25 号线二期	郭公庄	丰益桥南	5	4	48.6	2017—2020 年
9	27 号线二期	西二旗	国家图书馆	16.6	8	142.3	2017—2020 年
10	八通线二期	土桥	环球影城	4.2	1	27.2	2017—2019 年
11	首都机场线二期	东直门	北新桥	2	1	18	2015—2018 年
12	中央商务区 CBD 线	东大桥	九龙山站	4.9	8	34.1	2018—2021 年
13	新机场线(不计入本期规划)	牡丹园	大兴机场	59.8	6	426.7	—

3. 主要技术标准

3 号线、12 号线、17 号线、19 号线、22 号线采用 A 型车 8 辆编组,3 号线、12 号线最高运营时速 80 km,17 号线最高运营时速 100 km,19 号线最高运营时速 120 km,22 号线最高运营时速 120 km 以上;八通线、8 号线、25 号线、27 号线采用 B 型车 6 辆编组,其中八通线、8 号线最高运营时速 80 km,25 号线、27 号线最高运营时速 100 km;7 号线采用 B 型车 8 辆编组,最高运营时速 80 km;机场线采用 L 型车 4 辆编组,最高运营时速 110 km;中央商务区(CBD)线采用自动导轨(APM)系统 4 辆编组,最高运营时速 70 km。在规划实施阶段,进一步深化主要技术标准和运营组织方案。

4. 资金安排

建设项目总投资为 2 122.8 亿元,其中资本金占 40%,计 849.12 亿元,由北京市级财政资金解决。资本金以外的资金以国内银行贷款为主,并辅以多元化融资模式。

5. 实施保障

建设规划由北京市人民政府组织实施,结合北京市轨道交通管理体制的特殊情况,制定好相关政策,安排专项资金用于保证建设和保障正常运营,结合城市开发进程,把握节奏、稳步推进项目建设,确保工程质量和安全。在规划实施过程中,注重优化综合交通衔接,提高公共交通整体效率和吸引力;统筹协调城市轨道交通建设与周边生态、环境以及建设工程的关系,深化线路方案研究;专项规划设计车站周边土地利用和交通接驳,重点控制好车辆段和停车场建设用地,积极探索利用土地开发保障城市轨道交通持续发展的途径。

1.2.2　北京市城市轨道交通第二期规划调整

《北京市轨道交通第二期建设规划调整》(2019—2021 年)涉及 5 条线。其中平谷线、CBD 线和新机场线都是原建设规划中既有项目,而 13 号线扩能提升和冬奥支线则是最新调整增加的项目。5 条线路总长度共计 200.8 km,其中新建里程 161.1 km,既有线改造 39.7 km;涉及车站 71 座,其中新建车站 56 座,改造车站 15 座。

1. 22 号线(平谷线)

22 号线在 2016 年底时曾宣布开工,但之后相关部门又对原有方案进行了大调。原批复方案中 22 号线工程自东风北桥至洵河湾站,线路长度 71 km,设站 11 座。调整后 22 号线车站翻倍,连接北京城市副中心和北三县,线路路由、制式都发生调整,地下线路长度大幅度增加。

调整后平谷线起点由东风北桥站调整至东大桥站,终点由洵河湾站调整为平谷站。线路长度由原 71 km 调整为 78.6 km,车站由原 11 座调整为 20 座。

调整平谷线,也是为解决中心城与副中心之间的通勤需求,增强副中心对于北三县地区以及东北部外围新城的辐射带动作用。

2. 新机场线

2016 年 12 月 26 日,新机场线一期工程(北航站楼—草桥段)正式开工建设。于 2019 年 9 月与新机场同步开通试运营。但原批复方案中新机场线全长达到 59. 8 km,南起新机场南航站楼,北至中心城牡丹园。

调整后新机场线延伸至丽泽金融商务区,不再连接牡丹园站。丽泽商务区土地开发规模大、人流客流密集,是城市西南地区重要的航空客流主客源地。新机场线 2019 年启动向北延伸至丽泽,这一段全长 3. 5 km,设丽泽金融商务区站与在建的 14 号线、16 号线和规划的 11 号线换乘,并在丽泽商务区北区选址建设城市航站楼一座。新机场线未来全线贯通后的线路长度,将由原规划的 59. 8 km 调整为 47. 5 km,车站由原规划的 6 座调整为 5 座。新机场线北延工程线路示意如图 1. 2-1 所示。

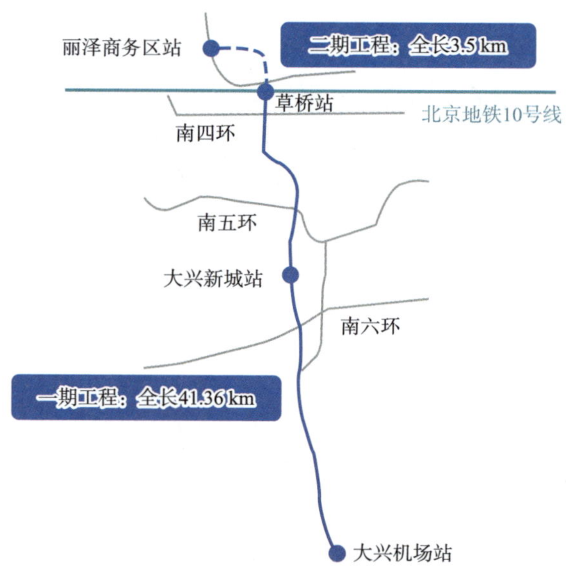

图 1. 2-1　新机场线北延工程线路示意图

3. 28 号线(CBD 线)

原批复方案中 28 号线由东大桥至九龙山,线路全长 4. 9 km,均为地下线,共设车站 8 座。为了实现更多线路与 28 号线换乘,弥补中心城东部“井”字形轨道交通线网的不足,同时衔接北京东站铁路枢纽,提升中心城与副中心联络的通达性,CBD 线向外延伸,解决东西向的交通问题,由过去仅服务特定区域的地铁 CBD 线升级成线网大动脉 28 号线。

28 号线的线路终点由原规划的九龙山站调整为广渠东路站。线路由 4. 9 km 调整为 8. 77 km。车站由 8 座调整为 9 座,由北向南分别是东大桥站(换乘 6 号线、17 号线)、京广桥站(即金台夕照站换乘 10 号线)、光华路站(换乘规划中的

R4线)、核心区站、大望路站(换乘1号线、14号线)、北京东站、大郊亭站(换乘7号线)、百子湾站、广渠东路站。

调整后8.77 km地铁线路有9座车站,平均不到一公里就会有一座车站。28号线的车辆制式也变了。最初,这条线路计划采用APM线,也就是首都机场T3航站楼里的"小火车"。后经研究决定采用直线电机技术,4辆编组变6辆编组,也能搭载更多的乘客。28号线于2019年开工,2022年开通运营。

4. 冬奥支线

冬奥支线属于二期建设规划调整新增项目,是11号线的一部分。11号线西段(冬奥支线)工程北起金顶街站,沿石门路、金顶西街向南敷设,过阜石路后由北辛安路转向首钢地区,之后沿规划的修理厂西路向南,过石景山路后至本期工程终点。线路长约3.6 km,设站4座,分别为金顶街站、金安桥站、北辛安路站、首钢站。冬奥支线连接首钢北区的冬奥广场、石景山景观公园、首钢工业遗址公园、城市织补创新工场、公共服务配套区5大功能区及外围的1个换乘中心金安桥站和两条中、大运量轨道交通线路(S1线、6号线),构建区域内南北骨干线。11号线西段(金顶街站—首钢站)于2019年开工,如图1.2-2所示。

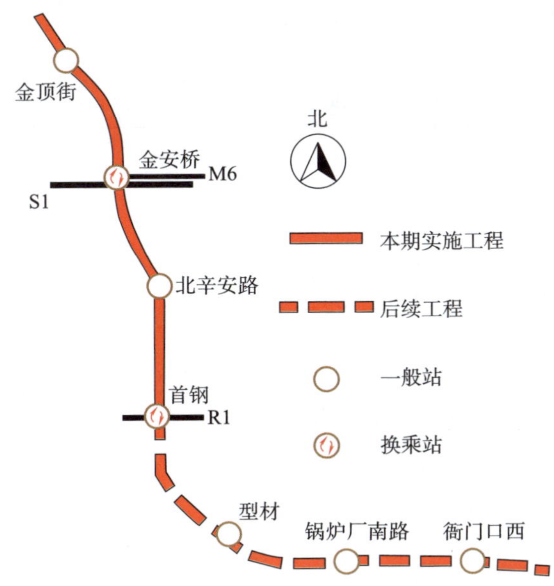

图1.2-2　11号线西段工程线路示意图

5. 13号线扩能

13号线受西直门折返能力的限制,本身系统能力严重不足,车站站台窄、出入口少、楼扶梯通过能力有限、设备系统接近使用寿命、供电及信号系统难以满足运能提升,部分车站排队时长达到25~30 min,回龙观、天通苑的车站是线网中早高峰进站量最大的车站,也是限流最为严重的车站。因此,迫切需要通过制定合理的扩能改造方案来缓解北部区域的拥堵,与其他线路不同,13 号线扩能提升工程属于既有项目改造,主要是为了缓解北部轨道交通线路的供需矛盾。

按照调整的规划,13 号线被拆分为 A、B 两段。13A 线为车公庄站—天通苑东站,线路全长 30.28 km,其中新建 16.76 km,全线设车站 18 座,新建车站13 座,改造 5 座,采用 8B 编组;13B 线为东直门站—马连洼站,线路全长 32.0 km,其中新建 5.8 km,车站 15 座,新建车站 6 座,采用 6B 编组。

1.2.3 北京轨道交通规划建设与完成情况

截至 2022 年 7 月,北京地铁运营线路共有 27 条,运营里程 783 km,车站 463 座(其中换乘站 73 座)。2019—2021 年完成二期规划建设线段 10 条,其中新机场线、17 号线、27 号线二期等线段只完成部分区段,累计新增运营 115.3 km;同时还完成 8 号线三期中段(中国美术馆站—珠市口站)、14 号线剩余段(西局站—北京南站)、16 号线中段(西苑站—玉渊潭东门站)、S1 线剩余段(金安桥站—苹果园站)等老线路的建设。北京市城市轨道交通第二期规划线路完成情况见表 1.2-2。

表 1.2-2 北京市城市轨道交通第二期规划线路完成情况

序号	线 路	起点站	终点站	长度(km)	车站(座)	运营时间
1	8 号线四期	五福堂	瀛海	3.3	2	2018 年 12 月 30 日
2	7 号线东延	焦化厂	环球影城	17.2	7	2019 年 12 月 28 日
3	八通线二期	土桥	环球影城	4.2	1	2019 年 12 月 28 日
4	新机场线	草桥	大兴机场线	41.4	3	2019 年 9 月 26 日
5	25 号线二期	郭公庄	丰益桥南	5	4	2020 年 12 月 31 日
6	11 号线西段	模式口	新首钢	2.5	4	2021 年 12 月 31 日
7	17 号线	十里河	嘉会湖	15.8	7	2021 年 12 月 31 日
8	19 号线一期	牡丹园	新宫	22.4	10	2021 年 12 月 31 日
9	27 号线二期	西二旗	清河	1.5	1	2021 年 12 月 31 日
10	机场线二期	东直门	北新桥	2	1	2021 年 12 月 31 日

截至 2022 年 3 月,北京地铁在建线路 10 条。到 2025 年,北京地铁将形成线网由 30 条运营、总长 1 177 km 的轨道交通网络。北京地铁在建线路情况见表 1.2-3。

表 1.2-3　北京地铁在建线路情况

序号	线路名称	区　段　名	起点站	终点站	长度(km)	站数(座)	预计开通年份
1	1 号线	未启用车站及区段改造	福寿岭	苹果园(不含)	—	1	2023 年
2	12 号线	一期	四季青	东风	29.6	21	
3	16 号线	南段剩余段	榆树庄(不含)	宛平城	5.8	2	
4	17 号线	北段	未来科学城北	工人体育场	26.4	10	
5	大兴机场线	二期	丽泽商务区	草桥(不含)	3	1	
6	3 号线	一期西段	东四十条	东风	15.6	10	2024 年
7	17 号线	中段	工人体育场(不含)	十里河(不含)	7.1	4	
8	6 号线	二期南延	潞城(不含)	东小营南	2.1	1	2025 年及以后
9	13A 线	新建及既有线改造	车公庄	大钟寺(不含)	19	12	
			西二旗(不含)	天通苑东			
10	13B 线	新建及既有线改造	龙泽	马连洼	9	6	
11	22 号线	平谷线	东大桥	平谷	78.6	20	
12	28 号线	一期	东大桥	广渠东路	8.88	9	

1.3　北京轨道交通工程建设新特点

1. 同时在施线路多，参建单位多，管理难度大

北京轨道交通工程自 2018 年以来，新开工建设昌平线南延、28 号线、13 号线扩能提升、新机场线北延、22 号线等多条地铁线路，同时在施线段达到 13 条，涉及土建施工标段 70 余个，施工、监理、设计等参建单位众多。各单位专业多、环节多、接口多，新单位进入北京地铁建设经验不足，在工程建设环境、地质条件掌握、安全风险管理体系融入等方面需要不断磨合。

2. 施工环境复杂(基坑加深、埋深加大)

随着建设环境的变化，目前新建地铁车站因既有线条件限制，明挖基坑深度加大、暗挖车站埋深大或浅埋等现象不断出现。

3. 工程穿越风险工程多，风险类别等级多样

北京轨道交通建设第二期规划特点：加密重点功能区轨道线网，增强线网整体性和灵活性，建成功能层次明确、级配结构合理的城市轨道网。因此，建设穿越主城区线路多，涉及穿越大量市政管线、建筑物、桥梁、铁路、既有地铁线、河湖、南水北调、道路等多种风险工程。

4. 节水环保要求高,止水施工增加

为响应国家对地下水保护的新要求,更好保护地下水资源,基本执行“能明则明、能盾则盾”的原则,新建13号线扩能提升工程仅4座暗挖站(共16座车站),28号线位于北京市核心区,仅有2座暗挖站(共9座车站)。全部明挖车站地下水控制均采用地连墙止水措施,附属采用围护桩+搅拌桩(旋喷桩)施工,地下水整体控制措施以止水为主。13号线新建地下车站施工工法如图1.3-1所示,28号线新建地下车站施工工法如图1.3-2所示。

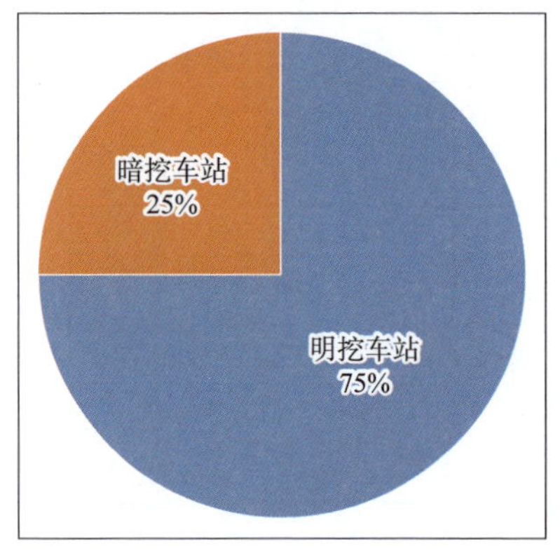

图1.3-1　13号线新建地下车站施工工法

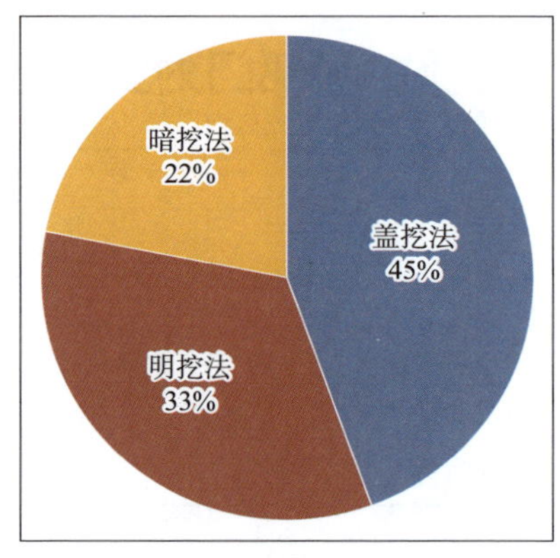

图1.3-2　28号线新建地下车站施工工法

5. 盾构法比例提高,区间长度增大,盾构同时在施数量多

随着盾构法应用不断成熟,盾构区间比例不断增加,在施盾构机数量常年保持高位,近几年北京地铁每年约30台盾构机施工,小型顶管机在出入口、联络通道等附属工程的应用也日益增多,盾构始发与接收方法也逐渐多样化,针对不同地层从简单的端头加固、注浆发展到水下接收、钢套筒、暗挖导洞内始发与解体等。13号线新建区间施工工法如图1.3-3所示,28号线新建区间施工工法如图1.3-4所示。

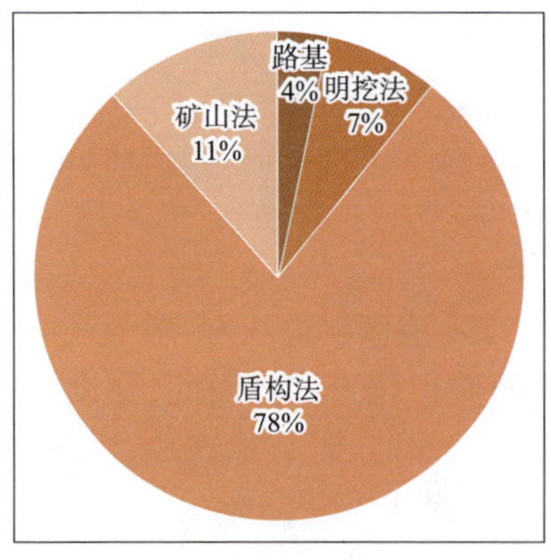

图1.3-3　13号线新建区间施工工法

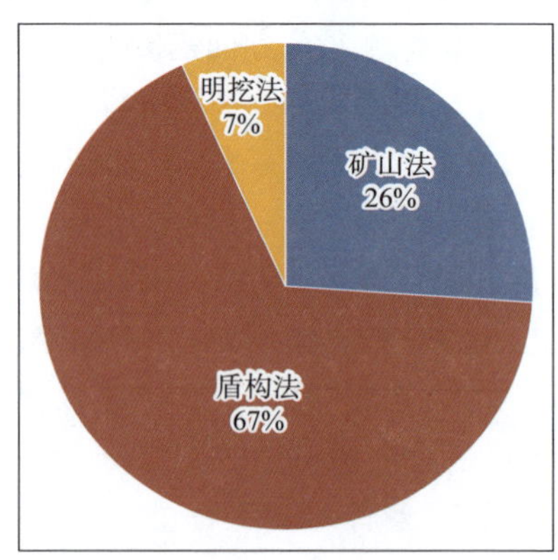

图1.3-4　28号线新建区间施工工法

第2章　城市轨道交通工程建设安全风险管理新形势

2.1　行业主管部门对安全管理的要求

2.1.1　国内法律法规和规范对安全管控的要求

2.1.1.1　《中华人民共和国安全生产法》摘编

1. 第一章　总则

(1)第一条　为了加强安全生产工作,防止和减少生产安全事故,保障人民群众生命和财产安全,促进经济社会持续健康发展,制定本法。

(2)第二条　在中华人民共和国领域内从事生产经营活动的单位(以下统称生产经营单位)的安全生产,适用本法;有关法律、行政法规对消防安全和道路交通安全、铁路交通安全、水上交通安全、民用航空安全以及核与辐射安全、特种设备安全另有规定的,适用其规定。

(3)第三条　安全生产工作坚持中国共产党的领导。

安全生产工作应当以人为本,坚持人民至上、生命至上,把保护人民生命安全摆在首位,树牢安全发展理念,坚持安全第一、预防为主、综合治理的方针,从源头上防范化解重大安全风险。

安全生产工作实行管行业必须管安全、管业务必须管安全、管生产经营必须管安全,强化和落实生产经营单位主体责任与政府监管责任,建立生产经营单位负责、职工参与、政府监管、行业自律和社会监督的机制。

(4)第四条　生产经营单位必须遵守本法和其他有关安全生产的法律、法规,加强安全生产管理,建立健全全员安全生产责任制和安全生产规章制度,加大对安全生产资金、物资、技术、人员的投入保障力度,改善安全生产条件,加强安全生产标准化、信息化建设,构建安全风险分级管控和隐患排查治理双重预防机制,健全风险防范化解机制,提高安全生产水平,确保安全生产。

平台经济等新兴行业、领域的生产经营单位应当根据本行业、领域的特点,建立健全并落实全员安全生产责任制,加强从业人员安全生产教育和培训,履行本法和其他法律、法规规定的有关安全生产义务。

(5)第五条　生产经营单位的主要负责人是本单位安全生产第一责任人,对本单位的安全生产工作全面负责。其他负责人对职责范围内的安全生产工作负责。

(6)第六条　生产经营单位的从业人员有依法获得安全生产保障的权利,并应当依法履行安全生产方面的义务。

(7)第七条　工会依法对安全生产工作进行监督。

生产经营单位的工会依法组织职工参加本单位安全生产工作的民主管理和民主监督,维护职工在安全生产方面的合法权益。生产经营单位制定或者修改有关安全生产的规章制度,应当听取工会的意见。

(8)第八条　国务院和县级以上地方各级人民政府应当根据国民经济和社会发展规划制定安全生产规划,并组织实施。安全生产规划应当与国土空间规划等相关规划相衔接。

各级人民政府应当加强安全生产基础设施建设和安全生产监管能力建设,所需经费列入本级预算。

县级以上地方各级人民政府应当组织有关部门建立完善安全风险评估与论证机制,按照安全风险管控要求,进行产业规划和空间布局,并对位置相邻、行业相近、业态相似的生产经营单位实施重大安全风险联防联控。

(9)第九条　国务院和县级以上地方各级人民政府应当加强对安全生产工作的领导,建立健全安全生产工作协调机制,支持、督促各有关部门依法履行安全生产监督管理职责,及时协调、解决安全生产监督管理中存在的重大问题。

乡镇人民政府和街道办事处,以及开发区、工业园区、港区、风景区等应当明确负责安全生产监督管理的有关工作机构及其职责,加强安全生产监管力量建设,按照职责对本行政区域或者管理区域内生产经营单位安全生产状况进行监督检查,协助人民政府有关部门或者按照授权依法履行安全生产监督管理职责。

(10)第十条　国务院应急管理部门依照本法,对全国安全生产工作实施综合监督管理;县级以上地方各级人民政府应急管理部门依照本法,对本行政区域内安全生产工作实施综合监督管理。

国务院交通运输、住房和城乡建设、水利、民航等有关部门依照本法和其他有关法律、行政法规的规定,在各自的职责范围内对有关行业、领域的安全生产工作实施监督管理;县级以上地方各级人民政府有关部门依照本法和其他有关法律、法规的规定,在各自的职责范围内对有关行业、领域的安全生产工作实施监督管理。对新兴行业、领域的安全生产监督管理职责不明确的,由县级以上地方各级人民政府按照业务相近的原则确定监督管理部门。

应急管理部门和对有关行业、领域的安全生产工作实施监督管理的部门,统称负有安全生产监督管理职责的部门。负有安全生产监督管理职责的部门应当相互配合、齐抓共管、信息共享、资源共用,依法加强安全生产监督管理工作。

(11)第十八条　国家鼓励和支持安全生产科学技术研究和安全生产先进技

术的推广应用，提高安全生产水平。

(12)第十九条　国家对在改善安全生产条件、防止生产安全事故、参加抢险救护等方面取得显著成绩的单位和个人，给予奖励。

2. 第二章　生产经营单位的安全生产保障

(1)第二十条　生产经营单位应当具备本法和有关法律、行政法规和国家标准或者行业标准规定的安全生产条件；不具备安全生产条件的，不得从事生产经营活动。

(2)第二十一条　生产经营单位的主要负责人对本单位安全生产工作负有下列职责：

(一)建立健全并落实本单位全员安全生产责任制，加强安全生产标准化建设；

(二)组织制定并实施本单位安全生产规章制度和操作规程；

(三)组织制定并实施本单位安全生产教育和培训计划；

(四)保证本单位安全生产投入的有效实施；

(五)组织建立并落实安全风险分级管控和隐患排查治理双重预防工作机制，督促、检查本单位的安全生产工作，及时消除生产安全事故隐患；

(六)组织制定并实施本单位的生产安全事故应急救援预案；

(七)及时、如实报告生产安全事故。

(3)第四十一条　生产经营单位应当建立安全风险分级管控制度，按照安全风险分级采取相应的管控措施。

生产经营单位应当建立健全并落实生产安全事故隐患排查治理制度，采取技术、管理措施，及时发现并消除事故隐患。事故隐患排查治理情况应当如实记录，并通过职工大会或者职工代表大会、信息公示栏等方式向从业人员通报。其中，重大事故隐患排查治理情况应当及时向负有安全生产监督管理职责的部门和职工大会或者职工代表大会报告。

县级以上地方各级人民政府负有安全生产监督管理职责的部门应当将重大事故隐患纳入相关信息系统，建立健全重大事故隐患治理督办制度，督促生产经营单位消除重大事故隐患。

2.1.1.2 《“十四五”国家安全生产规划》摘编

1. 现状与形势

(1)取得的进展

“十三五”期间，习近平总书记站在新的历史方位，就安全生产工作作出了一系列重要指示批示，提出了一系列新思想新观点新思路，反复告诫要牢固树立安全发展理念，正确处理安全和发展的关系，坚持发展决不能以牺牲安全为代价这条红线。在党中央、国务院的坚强领导和各地区、各有关部门的共同努力下，全国安全生产水平稳步提高，事故总量、较大事故、重特大事故持续下降。按可比口径计算，

2020 年全国各类事故、较大事故和重特大事故起数比 2015 年分别下降 43. 3%、36. 1% 和 57. 9%,死亡人数分别下降 38. 8%、37. 3% 和 65. 9%。

(2)面临的形势

“十四五”时期是我国在全面建成小康社会、实现第一个百年奋斗目标之后,乘势而上开启全面建设社会主义现代化国家新征程、向第二个百年奋斗目标进军的第一个五年。立足新发展阶段,党中央、国务院对安全生产工作提出更高要求,强调坚持人民至上、生命至上,统筹好发展和安全两件大事,着力构建新发展格局,实现更高质量、更有效率、更加公平、更可持续、更为安全的发展,为做好新时期安全生产工作指明了方向。但同时也要看到,我国各类事故隐患和安全风险交织叠加、易发多发,安全生产正处于爬坡过坎、攻坚克难的关键时期。一是全国安全生产整体水平还不够高,安全发展基础依然薄弱。一些地方和企业安全发展理念树得不牢,安全生产法规标准执行不够严格。危险化学品、矿山等高危行业产业布局和结构调整优化还不到位,小、散、乱的问题尚未得到根本解决,机械化、自动化和信息化程度不够高,企业本质安全水平仍比较低。二是安全生产风险结构发生变化,新矛盾新问题相继涌现。工业化、城镇化持续发展,各类生产要素流动加快、安全风险更加集聚,事故的隐蔽性、突发性和耦合性明显增加,传统高危行业领域存量风险尚未得到有效化解,新工艺新材料新业态带来的增量风险呈现增多态势。三是安全生产治理能力还有短板,距离现实需要尚有差距。安全生产综合监管和行业监管职责需要进一步理顺,体制机制还需完善。安全生产监管监察执法干部和人才队伍建设滞后,发现问题、解决问题的能力不足。重大安全风险辨识及监测预警、重大事故应急处置和抢险救援等方面的短板突出。

2. 指导思想、基本原则与规划目标

(2)基本原则

系统谋划,标本兼治。坚持总体国家安全观,树立系统观念,统筹发展和安全,将安全发展贯穿于经济社会发展各领域和全过程,努力塑造与安全发展相适应的生产生活方式,筑牢本质安全防线,构建新安全格局,更好地实现发展质量、结构、规模、速度、效益、安全相统一。

源头防控,精准施治。坚持目标导向、问题导向和结果导向,科学把握安全风险演化规律,坚持底线思维,在补短板、堵漏洞、强弱项上精准发力,加快实施一批重大政策和重大工程,从源头上防范化解风险,做到风险管控精准、预警发布精准、抢险救援精准、监管执法精准。

深化改革,强化法治。坚持运用法治思维和法治方式提高安全生产法治化、规范化水平,深化安全生产体制机制改革,加快形成系统完整、责权清晰、监管高效的安全生产治理制度体系;深入推进科学立法、严格执法、公正司法、全民守法,依靠法治筑牢安全生产屏障。

广泛参与,社会共治。坚持群众观点和群众路线,充分发挥社会力量的作用,动员全社会积极参与安全生产工作,积极推进安全风险网格化管理,进一步压实企业安全生产主体责任,构建企业负责、职工参与、政府监管、行业自律、社会监督的安全生产治理格局。

3. 织密风险防控责任网络

(4)强化企业主体责任

严格落实生产经营单位主要负责人安全生产第一责任人的法定责任。推动生产经营单位建立从法定代表人、实际控制人等到一线岗位员工的全员安全生产责任制,健全生产经营全过程安全生产责任追溯制度。引导企业完善安全生产管理体系,健全安全风险分级管控和隐患排查治理双重预防工作机制,构建自我约束、持续改进的安全生产内生机制。推动重点行业领域规模以上企业组建安全生产管理和技术团队。监督企业按规定提取使用安全生产费用,用好用足支持安全技术设备设施改造等有关财税政策。实施工伤预防行动计划,充分发挥工伤保险基金的事故预防作用。建立事故损失的评估和认定机制。强化守信激励和失信惩戒,依法建立健全安全生产严重违法失信名单管理制度并依法实施联合惩戒,加大对安全生产严重违法失信主体的责任追究。

4. 筑牢安全风险防控屏障

(1)优化城市安全格局

完善规划安全风险评估会商机制,有效衔接国土空间规划,推动形成有效防控重大安全风险的城市空间安全发展格局。完善城市建设与运行安全的全生命周期管理,强化韧性城市建设。深化城市安全风险评估,健全城市安全风险管控体系。加强超大特大城市安全风险演化规律研究,健全重大安全风险全过程管控机制,强化特大城市重大安全风险综合管控。强化与市政设施配套的安全设施建设,推动将公共安全设施、消防训练、安全科普教育基地等纳入控制性详细规划和国土空间规划"一张图"。加强城市高层建筑、大型综合体、综合交通枢纽、隧道桥梁、管线管廊、道路交通、轨道交通、燃气、排水防涝、垃圾填埋场、渣土受纳场、电力设施、公园等的安全风险管控。推动有条件的地方制定危险化学品、烟花爆竹、矿山、工贸等"禁限控"目录。加强城市棚户区、城中村、城镇老旧小区与危房改造的安全监管,实施城市塌(沉)陷区安全专项治理。

(2)严格安全生产准入

持续推进企业安全生产标准化建设,推进重点行业领域企业安全生产标准化达标升级,推动安全生产基础薄弱、保障能力低下且整改后仍不达标的企业退出市场。建立落后产能化解机制,加快淘汰矿山、危险化学品、烟花爆竹等生产企业落后产能,防范产业升级过程中的系统风险。深化产业园区安全风险评估与规划布局,推进产业园区安全入园的清单管理。严格高危行业领域建设项目安全审查，完善建设项目安全设施同时设计、同时施工、同时投入生产和使用制度。加快淘汰不符合安全生产强制性标准的工艺技术和装备设施。实施高危行业领域企业主要负责人、安全生产管理人员和特种作业人员等从业人员安全素质提升行动。

(3)强化安全风险管控

推动安全生产深度融入“平安中国”“智慧城市”“城市更新”建设，强化安全风险动态监测、预警、识别、评估和处置。建立大客流监测预警和应急管控处置机制。加强国际性重大活动安全风险评估。严密防控电化学储能站等新技术新产业新业态安全风险。加快推进各行业领域安全生产风险监测预警系统建设，推进城市电力、燃气、供水、排水管网和桥梁等城市生命线及重大危险源安全风险监测预警网络建设，构建重大安全风险防控的全生命周期管理模式。开展智能化作业和危险岗位的机器人替代，实施安全风险综合防范工程，有序推进智能化试点，在关键风险位置实施机器人替代示范。推动第五代移动通信(5G)、物联网、大数据、人工智能等技术与安全生产风险防控的深度融合，实施智能化工厂、数字化车间、网络化平台项目试点。加强化工、桥梁、隧道、电力、油气、水利、核电等重大工程和设施安全风险防控。强化能源结构改革新形势下的电网安全保障，提升大面积停电等事故的防范和应急处置能力。

(4)精准排查治理隐患

深入推进全国安全生产专项整治三年行动，建立专项整治成果评估推广应用机制，总结推广专项整治在责任体系、工作机制、制度规范和技术标准等方面的典型经验做法。强化危险化学品、矿山等重点行业领域企业“一企一策”指导服务，加大仓储物流、储能设施、农村道路、防疫物资生产企业的隐患排查治理力度。制定完善有关行业领域重大事故隐患判定标准，严格落实重大事故隐患“双报告”制度，健全重大事故隐患治理督办制度。完善事故隐患举报奖励制度，畅通事故隐患举报渠道。完善举报信息收集、核实、受理和查处的办事程序和规章制度，落实事故隐患举报奖励，依法保护举报人的合法权益。借助云计算、大数据技术，健全事故隐患数据库，加强对重大事故隐患的动态分析和全过程记录管理。

5. 防范遏制重特大事故

(1)其他交通运输(除道路运输外)

强化城市轨道交通全过程安全评估，健全城市轨道交通运营安全风险分级管控和隐患排查治理制度，强化运营安全风险管控。强化寄递企业安全生产基础能力建设，完善实名收寄、收寄验视、过机安检“三位一体”安全防控模式，推动邮件快件作业场所安全管理规范化。

(2)城市建设

改革建筑施工安全生产许可证制度，完善隧道工程事故预防机制，严格落实工程质量安全手册制度。完善建筑施工安全监管信息系统，健全建筑施工安全信用体系。深化公路、铁路、水利、电力、民航等建设工程的专项整治。强化施工现场安全管理和安全生产费用提取使用监管，推动施工现场安全管理标准化规范化。督促企业对临边、洞口、攀登、悬空和交叉作业部位等区域实施重点防护，加强劳动防护用品管理，严防高处坠落事故。推动智慧工地建设，实施建设施工全生命周期管理。规范建设工程用工管理及分包单位准入规定，培育高素质施工作业人员，稳定施工劳务用工队伍。

6. 强化应急救援处置效能

(1)夯实企业应急基础

完善应急预案管理与演练制度，加大对企业应急预案监督管理力度，加强政企预案衔接与联动。强化重点岗位、重点部位现场应急处置方案实操性监督检查，强化制度化、全员化、多形式的应急救援演练。建立企业应急预案修订与备案制度。推动规模以上高危行业领域企业加强专兼职应急救援队伍建设与应急物资装备配备，建立内部监测预警、态势研判及与周边企业、属地政府的信息通报、资源互助机制。加强超大桥梁垮塌、超长隧道火灾、大型客船遇险、大型船舶原油溢油等巨灾情景构建，建设一批应急演练情景库。开展以基层为重点的实战化应急演练、救援技能竞赛等活动，提升自救互救技能。

(2)提升应急救援能力

合理规划安全生产应急救援基地和队伍布局，推动安全生产应急救援装备建设制度化、标准化。加快推进重点区域、重点行业领域国家级安全生产应急救援队伍建设，提升国家矿山、危险化学品、油气开采、水上搜救、核事故、铁路交通等事故应急处置能力。规范地方骨干、基层安全生产应急救援队伍职能定位、建设规模与装备配备。推动工业园区、开发区等产业聚集区内企业联合建立专职救援队伍。推进国家综合性环境应急、航空应急救援和事件调查、无人智能救援装备测试、航空器消防救援等实训设施建设。完善重点城市群跨区域联合救援机制，提高京津冀、长三角、粤港澳大湾区、长江经济带等跨地区应急救援资源共享与联合处置能力。健全安全生产应急救援社会化运行模式，培育专业化应急救援组织。引导社会力量有序参与安全生产应急救援。

(3)提高救援保障水平

完善国家、省、市、县等各级应急管理部门互联互通的安全生产应急救援指挥平台体系，提升应急救援机构与事故现场的远程通信指挥保障能力。加强应急救援基础数据库建设，完善应急救援装备技术参数信息库，建立应急救援基础数据普查与动态采集报送机制。加强救援实训基础设施建设，提升国家级安全生产应急救援队伍跨区域作战自我保障能力。健全道路交通事故多部门联动救援救治长效机制，完善事故救援救治网络。

7. 统筹安全生产支撑保障

(3)推进安全信息化建设

制定完善安全生产信息化标准规范,提高信息化系统的整体适配度,拓展和深化安全生产数字化应用场景。加强重点行业领域企业安全生产风险监测预警系统建设,实现分级分类、实时监测、动态评估和及时预警。汇聚消防安全、交通运输、城市生命线、大型综合体等城市风险感知数据,加快完善城市安全风险监测预警公共信息系统。建立全国统一的应急管理监管执法信息系统,加快推进“互联网+执法”信息系统应用,培育“工业互联网+安全生产”协同创新模式,以物联网、大数据为基础,加强重点行业领域安全生产监管,构建基于工业互联网的安全感知、评估、监测、预警与处置体系。引导高危行业领域企业开展基于信息化的安全风险分级管控和隐患排查治理双重预防机制建设。建立基于大数据的特种设备智慧监管体系。

2.1.2 行业管理要求

2.1.2.1 《危险性较大的分部分项工程安全管理规定》摘编

1. 第一章　总则

(1)第三条　本规定所称危险性较大的分部分项工程(以下简称“危大工程”),是指房屋建筑和市政基础设施工程在施工过程中,容易导致人员群死群伤或者造成重大经济损失的分部分项工程。

危大工程及超过一定规模的危大工程范围由国务院住房城乡建设主管部门制定。

省级住房城乡建设主管部门可以结合本地区实际情况,补充本地区危大工程范围。

(2)第四条　国务院住房城乡建设主管部门负责全国危大工程安全管理的指导监督。

县级以上地方人民政府住房城乡建设主管部门负责本行政区域内危大工程的安全监督管理。

2. 第三章　专项施工方案

(1)第十条　施工单位应当在危大工程施工前组织工程技术人员编制专项施工方案。

实行施工总承包的,专项施工方案应当由施工总承包单位组织编制。危大工程实行分包的,专项施工方案可以由相关专业分包单位组织编制。

(2)第十一条　专项施工方案应当由施工单位技术负责人审核签字、加盖单位公章,并由总监理工程师审查签字、加盖执业印章后方可实施。

危大工程实行分包并由分包单位编制专项施工方案的,专项施工方案应当由总承包单位技术负责人及分包单位技术负责人共同审核签字并加盖单位公章。

(3)第十二条　对于超过一定规模的危大工程,施工单位应当组织召开专家论证会对专项施工方案进行论证。实行施工总承包的,由施工总承包单位组织召开专家论证会。专家论证前专项施工方案应当通过施工单位审核和总监理工程师审查。

专家应当从地方人民政府住房城乡建设主管部门建立的专家库中选取,符合专业要求且人数不得少于5名。与本工程有利害关系的人员不得以专家身份参加专家论证会。

(4)第十三条　专家论证会后,应当形成论证报告,对专项施工方案提出通过、修改后通过或者不通过的一致意见。专家对论证报告负责并签字确认。

专项施工方案经论证需修改后通过的,施工单位应当根据论证报告修改完善后,重新履行本规定第十一条的程序。

专项施工方案经论证不通过的,施工单位修改后应当按照本规定的要求重新组织专家论证。

3. 第四章　现场安全管理

(1)第十四条　施工单位应当在施工现场显著位置公告危大工程名称、施工时间和具体责任人员,并在危险区域设置安全警示标志。

(2)第十五条　专项施工方案实施前,编制人员或者项目技术负责人应当向施工现场管理人员进行方案交底。

施工现场管理人员应当向作业人员进行安全技术交底,并由双方和项目专职安全生产管理人员共同签字确认。

(3)第十六条　施工单位应当严格按照专项施工方案组织施工,不得擅自修改专项施工方案。

因规划调整、设计变更等原因确需调整的,修改后的专项施工方案应当按照本规定重新审核和论证。涉及资金或者工期调整的,建设单位应当按照约定予以调整。

(4)第十七条　施工单位应当对危大工程施工作业人员进行登记,项目负责人应当在施工现场履职。

项目专职安全生产管理人员应当对专项施工方案实施情况进行现场监督,对未按照专项施工方案施工的,应当要求立即整改,并及时报告项目负责人,项目负责人应当及时组织限期整改。

施工单位应当按照规定对危大工程进行施工监测和安全巡视,发现危及人身安全的紧急情况,应当立即组织作业人员撤离危险区域。

(5)第十八条　监理单位应当结合危大工程专项施工方案编制监理实施细则,并对危大工程施工实施专项巡视检查。

(6)第十九条　监理单位发现施工单位未按照专项施工方案施工的,应当要求其进行整改;情节严重的,应当要求其暂停施工,并及时报告建设单位。施工单位拒不整改或者不停止施工的,监理单位应当及时报告建设单位和工程所在地住房城乡建设主管部门。

(7)第二十条　对于按照规定需要进行第三方监测的危大工程,建设单位应当委托具有相应勘察资质的单位进行监测。

监测单位应当编制监测方案。监测方案由监测单位技术负责人审核签字并加盖单位公章,报送监理单位后方可实施。

监测单位应当按照监测方案开展监测,及时向建设单位报送监测成果,并对监测成果负责;发现异常时,及时向建设、设计、施工、监理单位报告,建设单位应当立即组织相关单位采取处置措施。

(8)第二十一条　对于按照规定需要验收的危大工程,施工单位、监理单位应当组织相关人员进行验收。验收合格的,经施工单位项目技术负责人及总监理工程师签字确认后,方可进入下一道工序。

危大工程验收合格后,施工单位应当在施工现场明显位置设置验收标识牌,公示验收时间及责任人员。

(9)第二十二条　危大工程发生险情或者事故时,施工单位应当立即采取应急处置措施,并报告工程所在地住房城乡建设主管部门。建设、勘察、设计、监理等单位应当配合施工单位开展应急抢险工作。

(10)第二十三条　危大工程应急抢险结束后,建设单位应当组织勘察、设计、施工、监理等单位制定工程恢复方案,并对应急抢险工作进行后评估。

(11)第二十四条　施工、监理单位应当建立危大工程安全管理档案。

施工单位应当将专项施工方案及审核、专家论证、交底、现场检查、验收及整改等相关资料纳入档案管理。

监理单位应当将监理实施细则、专项施工方案审查、专项巡视检查、验收及整改等相关资料纳入档案管理。

2.1.2.2 《城市轨道交通工程质量安全检查指南》

为有效指导城市轨道交通工程质量安全检查工作,科学评价质量安全管理现状,推动建设、勘察、设计、施工、监理以及施工图审查、第三方监测、检测等单位落实质量安全主体责任和相关责任,提升检查工作标准化水平,建设部在 2016 年第 137 号文,制定检查指南。

2.1.2.3 《住房和城乡建设部关于开展房屋市政工程安全生产治理行动的通知》摘编

1. 严格管控危险性较大的分部分项工程

(1)健全管控体系。认真落实《危险性较大的分部分项工程安全管理规定》(住房和城乡建设部令第 37 号),严格要求工程参建单位建立健全危险性较大的分部分项工程(以下简称危大工程)安全管控体系,加强危大工程专项方案编制、审查、论证、审批、验收等环节管理，严格按专项施工方案施工作业，确保危大工程安全风险受控。

(2)排查安全隐患。严格按照重大事故隐患判定标准，突出建筑起重机械、基坑工程、模板工程及支撑体系、脚手架工程、拆除工程、暗挖工程、钢结构工程等危大工程，以及高处作业、有限空间作业等高风险作业环节，"逐企业、逐项目、逐设备"精准排查各类重大隐患。

(3)狠抓隐患整改。工程参建单位要建立重大事故隐患台账，明确隐患整改责任、措施、资金、时限、预案，分级分类采取有效措施消除隐患，边查边改、立行立改，坚决防止隐患变成事故。各地要对重大事故隐患进行挂牌督办，实现闭环管理，逐项跟踪整改落实。对拒绝整改或拖延整改的企业和人员，依法依规整顿，确保整改到位。

2. 全面落实工程质量安全手册制度

(1)严格落实手册要求。加快编制印发地方手册和企业手册，国有企业要带头落实手册要求。要把贯彻落实手册与日常监督检查、建筑工人技能培训等工作有机结合起来，推动手册制度落地见效，实现企业、项目和人员全覆盖，不断提升安全生产管理水平。

(2)夯实安全生产基础。工程参建单位要根据手册有关要求，完善企业内部安全生产管理制度，加大对安全生产资金、物资、技术、人员的投入保障力度，改善安全生产条件，加强安全生产标准化、信息化建设，进一步健全完善安全生产保障体系。

(3)落实关键人员责任。工程参建单位安全生产关键人员，特别是施工单位主要负责人、项目负责人、专职安全生产管理人员及监理单位项目总监理工程师要认真履行安全生产职责，切实将手册要求落实到每道工序、每名员工、每个岗位，做到职责到岗、责任到人、措施到位。

3. 提升施工现场人防物防技防水平

(1)加强安全生产培训教育。工程参建单位要落实安全培训主体责任，严格企业全员年度安全培训、新进场人员"三级安全教育"、特种作业人员和"三类人员"安全培训等制度，强化持证上岗和先培训后上岗制度，提高从业人员安全生产意识和安全技能水平，减少违规指挥、违章作业和违反劳动纪律等行为。

(2)强化现场安全防护措施。工程参建单位要依法依规使用建筑工程安全防护、文明施工措施费用，及时购置和更新施工安全防护用具及设施，加强临时用电管理，强化楼板、屋面、阳台、通道口、预留洞口、电梯井口、楼梯边等部位保护措施，做好高空作业、垂直方向交叉作业、有限空间作业等环节安全防护，切实改善施工现场安全生产条件和作业环境。

(3)提升安全技术防范水平。鼓励工程参建单位应用先进适用、安全可靠的新工艺、新设备、新材料,加快淘汰和限制使用危及生产安全的落后工艺、设备和材料。加快推广涉及施工安全的智能建造技术产品,辅助和替代"危、繁、脏、重"的人工作业,降低施工现场安全生产风险。鼓励利用先进信息技术推动智慧工地建设,提高施工现场安全生产智能化管理水平。

(4)增强风险应急处置能力。工程参建单位要根据项目事故风险特点和工程所在地可能存在的泥石流、滑坡、内涝、台风等风险,制定完善各类应急预案,储备必要的医疗应急装备和抢险救援设备,定期组织预案演练。加强应急值守工作,遇到紧急情况和突发事件,及时报告、妥善处置。

2.1.2.4 《北京市住房和城乡建设委员会关于进一步强化北京市房屋建筑和市政基础设施工程综合风险分级管控有关工作的通知》摘编

(1)本市房屋建筑(含装饰装修工程)和市政基础设施工程(不含轨道交通工程)应根据工程项目的工程规模、周边环境、规划用途及人员密集情况、超规模危大工程数量等因素确定工程项目综合风险等级。综合风险分为低风险、一般风险、较大风险和重大风险四个等级。

(2)北京市房屋建筑和市政基础设施工程风险分级管控平台(以下简称"风险分级管控平台")通过自动归集工程项目施工许可信息,完成工程综合风险定级。未通过自动归集信息确定综合风险等级的工程(如办理施工登记意见函的工程、风险分级管控平台未定级工程等),建设单位项目部或建设单位委托施工单位项目部应登录风险分级管控平台进行综合风险定级。

风险分级管控平台将工程综合风险等级信息共享至北京市建设工程质量安全监督执法管理平台(以下简称"监督执法平台")。

(3)市、区安全质量监督机构应根据工程综合风险等级开展相应频次的监督检查。

工程综合风险为低风险的,取消首次监督会议,在施工过程中,质量监督机构会同安全监督机构仅开展1次现场监督检查(对于新建、改扩建项目宜在工程结构施工阶段开展监督检查,对于内部装修项目应当根据工程施工进度以及技术特点等情况开展监督检查),检查时间不超过1天,形成北京市低风险建设工程施工期间质量安全监督检查情况表,且不再另行通过"双随机"方式开展。

工程受到安全质量类行政立案处罚、通报或发生影响较大突发事件的,低风险工程风险等级应升级为一般风险,其他风险等级工程应至少增加一次安全质量监督检查。

(4)工程建设期间发生安全质量事故的,该工程及其施工总承包单位在京总承包的其他工程的综合风险等级应动态升级,安全质量监督机构应按照升级后的综合风险等级调整监督检查计划,增加监督检查频次。

工程发生一起一般安全质量事故的,该工程综合风险等级直接升级为"重大风险”，且该工程施工总承包单位在京总承包的其他工程综合风险等级提升一级（重大风险工程应进一步加大监督检查频次），即：低风险升级为一般风险，一般风险升级为较大风险，较大风险升级为重大风险。

工程发生两起及以上一般安全质量事故或一起较大及以上安全质量事故的，该工程及其施工总承包单位在京总承包的其他工程综合风险等级均升级为“重大风险”。

（5）市住房城乡建设委通过升级监督执法平台和风险分级管控平台，实现了监督检查发现问题下发以及整改报告在线提交审核功能。

（6）竣工联合验收（以下简称联合验收）按照工程项目综合风险等级分类实施。

2.1.3　相关国家规范或行业规范

随着社会的发展、技术的更新和行业的进步，新的相关国家规范或行业规范进一步的编制、修订和更新等，新的规范和要求亦是从业者面临和遵守的新的要求，相关规范如下：

（1）《工程测量标准》（GB 50026—2020）；

（2）《建筑变形测量规范》（JGJ 8—2016）；

（3）《建筑基坑工程监测技术标准》（GB 50497—2019）；

（4）《城市轨道交通工程监测技术规范》（GB 50911—2013）；

（5）《城市轨道交通设施运营监测技术规范　第1部分：总则》（GB/T 39559.1—2020）；

（6）《建设工程第三方监测技术规程》（DB11/T 1626—2019）；

（7）《穿越城市轨道交通设施检测评估及监测技术规范》（DB11/T 915—2012）；

（8）《穿越既有道路设施工程技术要求》（DB11/T 716—2019）；

（9）《城市轨道交通综合监控系统工程技术标准》（GB/T 50636—2018）；

（10）《城市桥梁养护技术标准》（CJJ 99—2017）；

（11）《城市轨道交通线路设施检测技术规范》（DB11/T 1988—2022）。

2.2　主要城市轨道交通建设安全风险管控情况

2.2.1　上海市轨道交通建设安全风险管控

1. 管理组织体系

所有参与上海轨道交通工程项目建设的各方均纳入工程风险管理网络，在集团层面由建设事业部和技术管理部牵头实施，项目公司全面负责所承接建设工程的风险管理,施工现场参建的施工单位、监理单位、业分包单位等其他参建各方均应成立工程风险控制小组。

在设计阶段,以总体设计单位为责任主体,项目公司牵头协调负责工程风险及重大市政工程交叉施工工点的梳理、评级工作,明确工程的风险等级、风险点、风险期,并按照沪重建〔2010〕12 号“关于印发《上海重大工程交叉施工风险评估管理新行办法》的通知”、沪道监办设〔41〕号“关于加强 2010 年交叉施工风险管理的通知”、沪市政建〔2008〕156 号“关于印发《上海市重大工程交叉施工风险评估管理暂行办法》的通知”、沪市政建〔2008〕400 号“关于开展重大工程交叉施工风险评估管理的通知”等文件要求,梳理、明确市政重大工程交叉点。总体设计单位针对风险工程,须制定专项设计方案,从源头上落实各项技术防范措施。同时,应特别加强对勘察、物探等工作的管理和质量控制。

在施工阶段,由项目公司协调,以施工现场监理单位的现场总监理工程师为风险管控的第一责任人,总包单位为风险实施的责任主体,根据不同风险体级对应的风险控制要求,实施工程风险过程控制工作。现场层面应充分重视工程边界条件变化对工程风险的影响和上道工序质量交底工作,强化责任落实、措施落实和效能监察。

2. 工程风险评估体系

工程风险评估工作以项目公司总牵头组织、协调、管理并检查落实。在设计阶段,由总体设计单位牵头,会同各有关分项设计单位,对水文工程地质、周边环境制约及工程本身特征,开展工程项目的风险评估工作,形成轨道交通工程项目的总体风险评价,并通过专家鉴定会评审。评审通过后,在工程实施之前,由设计勘察单位向施工现场各参建单位进行交底,并形成书面交底记录。

在单个工程项目实施之前,在监理单位与现场总监的组织下,总包单位应根据勘察、设计等要求,结合水文工程地质、周边环境、施工工艺、工序、施工能力等条件,并根据施工总体筹划,进一步细化、详化,形成单项工程的风险评估报告。单项风险评估报告作为施工组织设计的重要组成部分,须通过专家议审,并作为开工条件验收的重要内容,纳入开工验收范围,在项目公司的远程监控分中心备案。

3. 工程风险过程控制差别化管理要求

各参建单位须成立轨道交通风险监控领导小组或工作小组,强化对轨道交通风险工程的监管。

要求一级风险的监控管理第一责任人为各参建单位(包括专业分包和关键劳务分包)的企业法人或企业行政主要领导;二级风险的监控管理第一责任人为各参建单位分管质量安全的企业负责人;三级、四级风险的监控管理第一责任人为现场参建单位各负责人(项目经理、总监、设计负责人)。工程节点验收时,原则上参建各方责任人(或其书面授权代理人)须到场对施工条件进行确认。

一级、二级风险工程其关键的施工应急设备、物资等，在工程处于高风险期时，须在施工现场配置。

一级、二级风险等级的工程项目，其专业或劳务分包必须优先选用优秀分供方的单位或资质等级为行业内最高等级的专业或劳务分包实施。

一级、二级风险工程的风险期内，现场必须建立每日工作例会制度，工程风险控制管理网络的责任人必须到会。风险期内现场实行24 h值班制度，由各参建单位主要管理人员值班。

风险工程发生预报警事件时，工程风险控制管理网络内参建各方责任人须在第一时间内到位（监理、施工、设计、关键专业分包和劳务分包必须参加），由监理单位召集抢险专题会议，分析、查明预警事件发生的真实原因，并制订针对性应急抢险措施，组织实施应急抢险工作。警情发生后三个工作日内，由监理单位负责，向项目公司分监控中心上报警情处置报告。

4. 工程风险监管制度

公司对在建工程的风险管理依托远程监控管理平台，以责任制落实为抓手，对参建各方开展红牌处理、黄牌警示及不良行为记录，并在远程监控管理平台上公示，工程风险管理信息发布和企业合格分供方资格注册、考核也依托远程监控管理平台进行。

公司对风险工程结合效能监察实施责任追究制度。被红牌处理的单位、责任人在三年内不得从事上海轨道交通建设工作。不良行为或不良事件（含红、黄牌）在远程监控管理平台至少公示12个月。公示期满后，由被记录单位进行申请，项目公司审核后撤销（红牌除外）。

监理单位对红牌处理、黄牌警示的施工单位、专业分包单位负有连带责任。

2.2.2　广州市轨道交通建设安全风险管控

1. 管理组织体系

广州地铁针对11条线同步开展建设，累计同期有360多个工点，遍及全市各区，在如此大规模、高强度的建设形式下，加上技术与管理力量的不足，加剧了安全风险管控的难度。建立广州地铁集团有限公司和施工单位的上级单位（如中国中铁股份有限公司、中国铁建股份有限公司、广东省建筑工程集团有限公司、广州市建筑集团有限公司）的安全生产联动管理组织体系，通过体系建立工作机制，一年组织两次约见施工企业上级单位，通过高层领导的顶层沟通，做到信息互通，形成上级单位、法人单位、项目部三个层级齐抓共管的管理组织体系。通过三层级组织体系，形成安全风险分析与评审制度，通过施工单位自身排查、分析风险，并组织风险评审，监理单位与建设单位加强监督管理，通过实施全过程动态跟踪管理，实现工程建设风险的及时辨识、分析、处置与消除，减少工程建设风险的发生，避免或降低事故、险情事件的发生。

2. 风险分级管理体系

按照技术风险的等级划分，风险等级从危险性大小依次为Ⅰ、Ⅱ、Ⅲ、Ⅳ级。Ⅰ级表示是极其危险、不可控的、不能继续作业的；Ⅱ级表示是高危险的；Ⅲ级表示是中度危险的；Ⅳ级表示一般危险的。风险等级可以通过制定有效的针对性安全防范措施来降低风险等级。

按照管理层级划分，将风险等级为Ⅰ级、Ⅱ级对应的风险点划分总公司级；风险稍小的Ⅱ级对应的风险点划分为总部级；Ⅲ级对应的风险点划分为中心级，重大的Ⅲ级风险点划分为总部级；Ⅳ级对应的风险点划分项目部级。

总公司级风险点：重大风险源、过江河隧道掘进开挖、穿越既有线路、超深基坑开挖、周边环境很复杂等工程。

总部级风险点：较大风险源、爆破工程、深基坑开挖、穿越复杂地质条件等工程。

中心级风险点：危险性较大分部分项工程，盾构始发、到达、开仓作业，高大模板支撑，起重吊装，隧道开挖，轨行区安全等。

项目部级风险点：日常施工风险源，周边环境风险，盾构掘进等。

3. 风险分析与工程控制制度

新线新建工点（含车辆段工程）在开展安全风险分析与评审前，必须做好“四个报告”（地质补勘、房屋调查鉴定、管线调查评估、周边环境调查报告），作为风险分析与评审的基础。项目开工之前，施工项目部按照中华人民共和国住房和城乡建设部《城市轨道交通工程周边环境调查指南》（建质〔2012〕56号），结合工程项目的实际情况，组织开展工程地质补勘、房屋调查鉴定与调查、管线调查评估和周边环境调查，形成“四个报告”，作为开工的必备条件，并纳入开工前安全交底及安全验收范畴。各施工标段，由法人单位组织开展工程重大风险分析与评审工作，编写风险分析评审报告，并组织专家评估咨询后，作为工程风险防控的重要指导意见。为落实施工企业的主体责任，积极发挥施工单位各层级（集团、分公司、项目部）管理与技术优势，针对城市轨道交通工程安全风险的特点，要求由施工企业法人单位牵头，对本企业中标广州地铁的所有工程项目逐个标段进行工程风险分析，从项目部、分公司、集团公司三层次制定相应防控措施，分级落实防控责任人，组织内部或外部专家进行评审，形成《重大安全风险分析与评审报告》，报送建设单位；由建设单位组织业内专家对《重大安全风险分析和评审报告》进行咨询与检查，提出意见或建议；再由企业法人单位组织修改、完善，编制专项方案和责任人，过程中严格组织落实实施制度。每月，各施工项目点组织进行安全风险源的辨识、动态更新，由总监理工程师主持召开评审会，全面分析与评审；每季度，各工程中心组织所辖工点开展安全风险排查动态更新评审工作，并对其进行初步评审后报质量安全部。质量安全部组织总部季度安全风险排查动态更新评审工作，并将结果上报总公司安全监察部；每年年初，各工程中心组织所辖工点开展本年度工程安全风险排查评审工作，并对其进行初步评审后报质量安全部。质量安全部组织总部年度安全风险排查评审工作，并将结果上报总公司安全监察部。

4. 风险预防预控体系

(1)管理措施。与相关单位沟通协调并建立联动机制；编制暗挖隧道的专项施工方案并严格履行审查批准程序；建立并实施领导带班制度；编制专项应急预案并做好各项演练；数字化管理平台软件切实运用到各项管理制度、风险管控措施和专项方案中；做好各项方案、预案的交底工作，并对作业层人员进行作业前风险管控交底和培训。

(2)技术措施。以广州市轨道交通为例，暗挖隧道下穿 1 号线陈家祠车站，范围内施作大管棚超前支护，首先施作不受既有围护结构影响的部分，待开挖至既有围护结构并拆除后，再施作剩余的拱部超前大管棚。暗挖隧道采用非爆破开挖以减小对围岩的扰动。暗挖隧道施工严格遵守“管超前、严注浆、短进尺、强支护、早封闭、勤量测”的方针。在完成对 1 号线陈家祠站主体段穿越后，及时施作二次衬砌。制定专项监测方案，设置自动监测系统对运营的地铁 1 号线受影响段实施全过程动态监测，确保 1 号线运营安全。

(3)风险过程化管控的举措。鉴于该工程具有施工风险点多、等级高，工程规模大、结构形式多，技术难度高、工程地质复杂的特点，广州地铁将其列为公司级重点工程项目，要求施工单位和项目部按公司重点工程管理要求，每周按时向广州地铁报告项目相关情况，进一步加强对该项目的管理，并做好以下工作：

将该项目施工组织设计列为一级，由总工程师组织相关专家审批。

①专项方案必须严格按广州地铁和中铁二局的专项方案管理办法和规定履行编制、报批、交底、实施、变更修改程序，提出了 7 个一级专项方案。

②施工单位成立风险管理和技术专家组，对项目进行全过程的帮助和指导，施工单位及项目部应定期向“中铁二局广州地铁土建工程管理和技术专家组”报告工作情况。关键环节和重大专项方案实施前，两级专家组必须共同赴现场进行交底和指导。

③部署实施城市轨道交通项目数字化管理平台，对各关键工序和环节进行有效卡控，使各项管理制度、风险管控措施和专项方案能够得到切实的贯彻和落实。

④按规定编制应急预案，定期组织演练，确保紧急情况下响应及时、处置得当。

5. 监督与考核体系

建设单位将安全风险管控情况纳入各工程中心、各部(室)年度安全责任目标考核。通过安全会议、安全检查等形式不定期通报安全风险管控情况。对现场单位制定安全奖罚制度，按照奖优罚劣，奖罚平衡原则，对现场违章行为、不安全状态进行经济处罚,将每季度所处罚款项,全部用于奖励各条线路安全生产文明施工排名前列的单位。针对问题隐患重复出现的标段,采取约谈单位负责人、通报批评等形式督促落实,纳入企业诚信综合评分。

安全风险管控责任人(单位)未履行管控职责,导致安全事故发生的,质量安全部将根据总公司、总部相关规定,采取约谈、通报等形式督促整改。

以广州市轨道交通 8 号线北延线施工 2 标为例,介绍风险分析与评审的实施情况。8 号线北延段施工 2 标按陈家祠站、陈家祠站前暗挖段、陈家祠站—彩虹桥区间、彩虹桥站(含连接通道)、彩虹桥站换乘节点、彩虹桥站—西村站区间共 6 个工点分别进行了风险辨识、分析和评估。共计辨识出Ⅲ级以上安全风险点 15 个,其中,Ⅰ级风险 0 个,Ⅱ级风险 9 个,Ⅲ级风险 6 个。

6. 应用成效

地铁施工安全风险分析与过程控制制度,在广州地铁工程建设中得到全面应用。通过制度的应用与实施,突出了施工单位是安全风险管理的主体责任单位,强化了施工单位自身排查风险、分析风险与防控风险的能力,并通过加强监理单位与建设单位监督管理,实现全过程动态跟踪管理,使得工程建设风险能够及时辨识、分析、处置与消除,降低工程建设风险。

通过坚持风险预控与风险动态管控,明确责任人,落实保护措施,推进施工企业法人单位的重大安全风险分析与评估工作,让风险管理由项目负责制向法人负责制转变。通过加强施工单位安全风险分析与分级的管理,有助于城市轨道交通安全风险的预防与控制。

2.2.3 深圳市轨道交通建设安全风险管控

1. 管理组织体系

建立了以深圳市地铁集团有限公司安质部门、建设单位、实施单位的三级安全管理体系,建设单位承担工程质量安全风险的综合管理责任,对勘察、设计、施工、监理、监测等单位进行质量安全履约管理;勘察、设计、施工、监理、监测等单位根据合同约定承担工程质量安全风险管理的实施责任,各参与城市轨道交通工程建设的单位根据要求建立健全质量安全管理体系,设置质量安全管理机构,制定完善的质量安全管理制度,并进行全过程的安全风险管控。

2. 全过程风险管理体系

深圳地铁工程建设实施全过程风险管理,包括规划、可行性研究、勘察设计、施工、竣工验收阶段。重点对勘察设计阶段、施工阶段、竣工验收阶段的建设风险进行管理。

1)规划阶段

管理目标:通过规划方案风险评估和重大风险因素分析,对不同规划方案的风险进行对比，提出重大建设风险处置方案和措施，为确定工程建设技术方案奠定基础。风险评估报告通过专项评审后作为其他后续风险管理的依据。

管理内容：规划方案风险评估，重大风险因素分析。

2）可行性研究阶段

管理目标：通过现场风险调查和方案可行性风险评估，优化方案，选择风险可接受的施工方法，初步制定重大风险的控制方案，为工程勘察、设计、施工及保险做好前期准备。风险评估报告通过专项评审后作为后续风险管理的依据。

管理内容：现场风险调查，可行性方案风险分析与评估。

3）勘察设计阶段

在勘察设计阶段，结合规划阶段和可行性研究阶段的风险管理资料，按照实施内容和不同风险等级分别开展风险管理。依据工程勘察、环境调查、设计计算等资料，进行量化分析，对重大风险因素进行专项风险分析与评估，编制风险应急预案。

管理目标：根据深圳地铁工程建设前期风险管理资料，遵循“分阶段、分对象、分等级”的基本原则，辨识工程重大风险。通过风险评估，提出勘察与设计阶段的风险控制措施和方案，为合同签订和工程施工提供风险管理依据。

管理内容：工程勘察风险管理，总体设计风险管理，初步设计风险管理，施工图设计风险管理。

4）施工阶段

施工阶段风险管理工作主要由建设单位负责组织、协调、监督；各参建单位负责各自工作范围和标段范围的施工风险管理工作。施工阶段实施动态风险管理，利用监测数据和风险记录，实现施工风险动态跟踪和控制。

管理目标：通过地质、环境核查及对设计文件的全面分析，结合施工图设计文件和施工条件（施工设备、工艺、工序等），提出风险控制的优化措施和建议，确保施工工艺、工法、施工设备等满足设计要求，为施工风险管理提供依据；通过施工过程的风险监控、评估预警和预警处理等风险预防和控制措施，避免工程事故的发生。

管理内容：地质和环境核查，设计交底，风险深入识别及分级调整，施工风险通告，危险性较大分部及分项专项施工方案的编制和审查，对施工过程中出现的新的风险源进行辨识与评估，进行现场风险巡查，风险源动态管理，工程变更的风险分析，监控量测风险管理，预（消）警管理，视频监控管理，风险监控信息平台管理，应急救援管理，风险管理阶段性报告等。

5）竣工验收阶段

竣工验收阶段主要由施工单位进行风险管理总结，提交风险管理资料，并经监理单位审核。

2.3 北京市轨道交通建设安全风险管控新形势

2.3.1 主管部门对安全管理要求

1.《中华人民共和国安全生产法》第三次修正

第一条 为了加强安全生产工作，防止和减少生产安全事故，保障人民群众生命和财产安全，促进经济社会持续健康发展，制定本法。

第二条 在中华人民共和国领域内从事生产经营活动的单位（以下统称生产经营单位）的安全生产，适用本法；有关法律、行政法规对消防安全和道路交通安全、铁路交通安全、水上交通安全、民用航空安全以及核与辐射安全、特种设备安全另有规定的，适用其规定。

第三条 安全生产工作坚持中国共产党的领导。

安全生产工作应当以人为本，坚持人民至上、生命至上，把保护人民生命安全摆在首位，树牢安全发展理念，坚持安全第一、预防为主、综合治理的方针，从源头上防范化解重大安全风险。

安全生产工作实行管行业必须管安全、管业务必须管安全、管生产经营必须管安全，强化和落实生产经营单位主体责任与政府监管责任，建立生产经营单位负责、职工参与、政府监管、行业自律和社会监督的机制。

第四条 生产经营单位必须遵守本法和其他有关安全生产的法律、法规，加强安全生产管理，建立健全全员安全生产责任制和安全生产规章制度，加大对安全生产资金、物资、技术、人员的投入保障力度，改善安全生产条件，加强安全生产标准化、信息化建设，构建安全风险分级管控和隐患排查治理双重预防机制，健全风险防范化解机制，提高安全生产水平，确保安全生产。

第五条 生产经营单位的主要负责人是本单位安全生产第一责任人，对本单位的安全生产工作全面负责。其他负责人对职责范围内的安全生产工作负责。

第六条 生产经营单位的从业人员有依法获得安全生产保障的权利，并应当依法履行安全生产方面的义务。

第七条 工会依法对安全生产工作进行监督。

生产经营单位的工会依法组织职工参加本单位安全生产工作的民主管理和民主监督，维护职工在安全生产方面的合法权益。生产经营单位制定或者修改有关安全生产的规章制度，应当听取工会的意见。

第八条 国务院和县级以上地方各级人民政府应当根据国民经济和社会发展规划制定安全生产规划，并组织实施。安全生产规划应当与国土空间规划等相关规划相衔接。

各级人民政府应当加强安全生产基础设施建设和安全生产监管能力建设，所需经费列入本级预算。

县级以上地方各级人民政府应当组织有关部门建立完善安全风险评估与论证机制，按照安全风险管控要求，进行产业规划和空间布局，并对位置相邻、行业相近、业态相似的生产经营单位实施重大安全风险联防联控。

第九条　国务院和县级以上地方各级人民政府应当加强对安全生产工作的领导，建立健全安全生产工作协调机制，支持、督促各有关部门依法履行安全生产监督管理职责，及时协调、解决安全生产监督管理中存在的重大问题。

乡镇人民政府和街道办事处，以及开发区、工业园区、港区、风景区等应当明确负责安全生产监督管理的有关工作机构及其职责，加强安全生产监管力量建设，按照职责对本行政区域或者管理区域内生产经营单位安全生产状况进行监督检查，协助人民政府有关部门或者按照授权依法履行安全生产监督管理职责。

第十条　国务院应急管理部门依照本法，对全国安全生产工作实施综合监督管理；县级以上地方各级人民政府应急管理部门依照本法，对本行政区域内安全生产工作实施综合监督管理。

国务院交通运输、住房和城乡建设、水利、民航等有关部门依照本法和其他有关法律、行政法规的规定，在各自的职责范围内对有关行业、领域的安全生产工作实施监督管理；县级以上地方各级人民政府有关部门依照本法和其他有关法律、法规的规定，在各自的职责范围内对有关行业、领域的安全生产工作实施监督管理。对新兴行业、领域的安全生产监督管理职责不明确的，由县级以上地方各级人民政府按照业务相近的原则确定监督管理部门。

应急管理部门和对有关行业、领域的安全生产工作实施监督管理的部门，统称负有安全生产监督管理职责的部门。负有安全生产监督管理职责的部门应当相互配合、齐抓共管、信息共享、资源共用，依法加强安全生产监督管理工作。

第十一条　国务院有关部门应当按照保障安全生产的要求，依法及时制定有关的国家标准或者行业标准，并根据科技进步和经济发展适时修订。

生产经营单位必须执行依法制定的保障安全生产的国家标准或者行业标准。

第十二条　国务院有关部门按照职责分工负责安全生产强制性国家标准的项目提出、组织起草、征求意见、技术审查。国务院应急管理部门统筹提出安全生产强制性国家标准的立项计划。国务院标准化行政主管部门负责安全生产强制性国家标准的立项、编号、对外通报和授权批准发布工作。国务院标准化行政主管部门、有关部门依据法定职责对安全生产强制性国家标准的实施进行监督检查。

第十三条　各级人民政府及其有关部门应当采取多种形式，加强对有关安全生产的法律、法规和安全生产知识的宣传，增强全社会的安全生产意识。

第十四条　有关协会组织依照法律、行政法规和章程,为生产经营单位提供安全生产方面的信息、培训等服务,发挥自律作用,促进生产经营单位加强安全生产管理。

第十五条　依法设立的为安全生产提供技术、管理服务的机构,依照法律、行政法规和执业准则,接受生产经营单位的委托为其安全生产工作提供技术、管理服务。

生产经营单位委托前款规定的机构提供安全生产技术、管理服务的,保证安全生产的责任仍由本单位负责。

第十六条　国家实行生产安全事故责任追究制度,依照本法和有关法律、法规的规定,追究生产安全事故责任单位和责任人员的法律责任。

第十七条　县级以上各级人民政府应当组织负有安全生产监督管理职责的部门依法编制安全生产权力和责任清单,公开并接受社会监督。

第十八条　国家鼓励和支持安全生产科学技术研究和安全生产先进技术的推广应用,提高安全生产水平。

第十九条　国家对在改善安全生产条件、防止生产安全事故、参加抢险救护等方面取得显著成绩的单位和个人,给予奖励。

2.《北京市安全生产条例》(2022 年 5 月 25 日修订)

为贯彻落实《中华人民共和国安全生产法》等法律法规规定,《北京市安全生产条例》细化调整条款 24 条。《北京市安全生产条例》的主要创新点是在全面贯彻落实《中华人民共和国安全生产法》基础上,聚焦影响首都安全生产的突出问题,进一步抓好生产经营单位安全生产全员责任制、强化政府监管责任。

一是明确了安全生产工作的方针原则,突出核心价值理念。条例明确安全生产工作坚持党的领导,应当以人为本,坚持人民至上、生命至上,把保护人民生命安全摆在首位,树牢安全发展理念,坚持安全第一、预防为主、综合治理的方针,从源头上防范化解重大安全风险。坚持党政同责、一岗双责,实行管行业必须管安全、管业务必须管安全、管生产经营必须管安全。

二是织紧织密安全生产监管体系,形成全覆盖的长效机制。为了提升安全生产管理效能,促进安全生产治理体系和治理能力现代化,此次修改条例,重在健全监管体系,明确监管责任,堵住监管漏洞,疏通监管堵点。明确了各级人民政府、安委会、街道办事处的安全生产监管职责。明确了市、区应急管理部门实施综合监管;负有安全生产监督管理职责的部门对本行业、领域安全生产工作实施监管;新兴行业、领域的安全生产监管职责不明的,由市、区人民政府按照业务相近的原则确定监管部门。

三是压实生产经营单位主体责任,落实全员安全生产责任制。安全和发展是一体之两翼、驱动之双轮。关于单位主体责任的制度设计，力求平衡好履行安全生产责任与开展正常生产经营活动的关系。一方面，明确生产经营单位主要负责人是本单位的安全生产第一责任人，其他负责人对职责范围内的安全生产工作负责，还明确了主要负责人、专职分管负责人、安全总监、安全生产管理机构和人员的具体职责。要求生产经营单位落实全员安全生产责任制、安全风险分级管控、加强安全生产标准化建设。另一方面，在确保安全生产的前提下，对小微企业和安全风险较低、信用良好的生产经营单位采取差异化监管措施，这有利于减轻企业负担、优化营商环境。

四是明确针对新业态的安全生产要求，强化对新风险源的防范。当前，北京市传统和新型生产经营方式并存，各类事故隐患和安全风险交织。这次修订进一步完善了对公众聚集场所等生产经营单位的行为要求，同时，也回应了一些社会关注的安全生产问题，"图之于未萌，虑之于未有"。例如，在调研中有关方面提出，现行法律、法规对电动车充电场所和密室逃脱等新业态的安全生产责任缺乏规范，而隐患颇多。修改条例时，反复研究并多方听取意见，结合此类业态的特点，明确了对电动车集中充电场所及室内体验、竞技类新业态的生产经营单位的安全管理要求。这里所说的室内体验、竞技类新业态，涵盖了目前市场上流行的密室逃脱、桌面游戏、VR 体验等各类新型室内娱乐项目。

五是加强事故应急救援队伍建设，确保应急救援到位。结合北京市安全生产形势要求，补充、完善了有关应急救援队伍建设的规定，形成比较完整的制度框架，包括：加强生产安全事故应急能力建设，统筹规划应急救援队伍建设；鼓励建立社会化应急救援队伍；针对不同类型生产经营单位提出建立应急救援队伍的相关要求；政府的应急救援队伍依法承担应急救援服务，政府可以委托社会应急救援队伍开展应急救援并给予必要的支持。

六是根据解决问题的需要设置法律责任，使法规有用有效、便于执行。安全生产领域的法律、行政法规体系完备，法律责任设置较为全面、具体。此次修改条例，立足"小快灵"定位，从北京实际出发，针对生产经营单位不履责、未投保安全生产责任保险、未执行北京市危化品禁限控措施等行为补充，细化了部分法律责任条款，而不是简单重复照抄上位法的内容。在具体适用中，执法部门应当依据上位法并结合本条例，对相关违法行为予以处理。

3.《地下水管理条例》

《地下水管理条例》自 2021 年 12 月 1 日起施行。地下水具有重要的资源属性和生态功能，在保障我国城乡生活生产供水、支持经济社会发展和维系良好生态环境中发挥着重要作用。近年来，随着经济社会发展，我国地下水开发利用程度不断加大，导致部分地区地下水超采和污染问题突出。为了加强地下水管理，《地下水管理条例》从调查与规划、节约与保护、超采治理、污染防治、监督管理等方面作出规定。

一是规范地下水状况调查评价与规划编制。县级以上人民政府应当组织水行政、自然资源、生态环境等主管部门开展地下水状况调查评价工作,根据地下水状况调查评价成果,统筹考虑经济社会发展需要、地下水资源状况、污染防治等因素,编制本级地下水保护利用和污染防治等规划。

二是强化地下水节约与保护。实行地下水取水总量控制和水位控制制度。明确用水过程的节约用水要求,强化用经济手段调控地下水节约和保护,明确地下水资源税费的征收原则。除特殊情形外,禁止开采难以更新的地下水。

三是严格地下水超采治理。规范地下水禁止开采区、限制开采区的划定。除特殊情形外,在禁止开采区内禁止取用地下水,在限制开采区内禁止新增取用地下水并逐步削减地下水取水量。要求各省、自治区、直辖市编制本行政区域地下水超采综合治理方案,明确治理目标、治理措施、保障措施等内容。

四是完善地下水污染防治措施。建立地下水污染防治重点区划定制度。强化对污染地下水行为的管控,禁止以逃避监管的方式排放水污染物,禁止利用无防渗漏措施的沟渠、坑塘等输送或者储存含有毒污染物的废水等行为。细化防止生产建设活动污染地下水的制度。细化防止土壤污染导致地下水污染的制度。

五是加强监督管理。县级以上人民政府水行政、自然资源、生态环境等主管部门应当依照职责加强监督管理,完善协作配合机制。加强地下水监测站网和监测信息共享机制建设,完善对地下水取水工程的监督管理,强化对需要取水的地热能开发利用项目的管理。

2.3.2　地下水水位回升增加地下工程施工风险

2021 年 12 月 28 日,全市平原区地下水平均埋深为 16.39 m。2021 年 1 月 1 日~12 月 10 日,累计降水量为 924 mm,比上年同期增加 65%,地下水水位比年初回升 5.52 m,地下水储量增加 28.3 亿 m^3;与 2015 年同期对比,地下水水位回升 9.36 m,地下水储量增加 47.9 亿 m^3。2021 年地下水埋深变化过程曲线对比如图 2.3-1 所示。

近年来北京市地下水位总体呈现上升趋势,截至 2022 年 9 月 26 日,全市平原区地下水平均埋深为 16.38 m,三年来累计回升约 7 m(2020 年 1 月 22.59 m、2021 年 1 月 21.83 m、2022 年 1 月 16.31 m)。受降水丰沛和生态补水影响,2021 年水位与 5 年平均值相比回升了 5.2 m。全市 16 个区地下水水位普遍回升,其中平谷区回升值最大为 15.00 m,其次是门头沟区,回升值为 12.23 m,其他区回升值介于 0.76~10.79 m 之间。

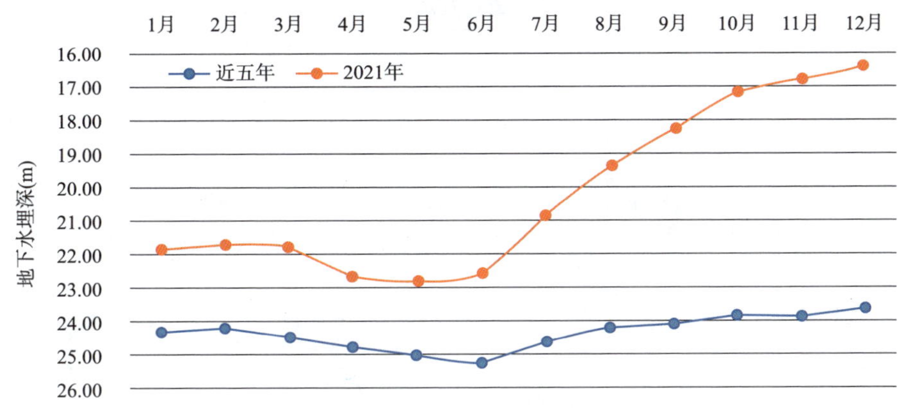

图 2. 3-1　地下水埋深变化过程曲线对比图

2. 3. 3　新工法、新工艺的应用

近年北京地铁为应对新形势、新变化，验证和应用了多项之前未在北京地区使用的技术，积累了大量应用经验，为新技术、新工艺在北京地区大面积推广，提供了大量技术基础。

1. 机械法联络通道

机械法联络通道施工首先要在盾构掘进施工至联络通道位置时完成主隧道复合管片拼装。常规情况下，在隧道洞通后，开始顶管设备吊装下井并运输全联络通道位置，待始发、接收端套筒焊接完毕及设备安装调试完后，开始下管节、顶进作业，如图 2. 3-2 所示。相比传统的冷冻法联络通道，解决了冻结效果难以控制及后期融沉注浆的难题；相比传统的矿山法联络通道施工，解决了开挖面失稳及地下水处置等风险问题，既高效地完成联络通道施工，同时又节约工期缩减管理成本，区间隧道管片示意如图 2. 3-3 所示。

图 2. 3-2　机械法联络通道整体效果图

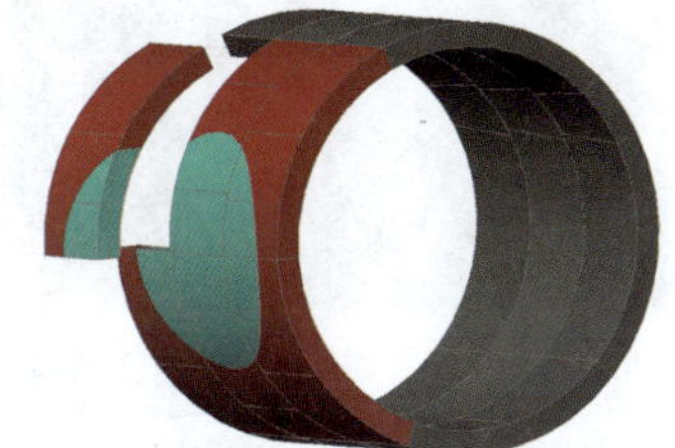

图 2. 3-3　区间隧道管片示意图（单位：mm）

目前北京地铁在建线路已有 7 处联络通道采用机械法施工，截至 2022 年 10 月完成 3 处，在施工 1 处，施工过程顺利，未出现涌水、涌砂情况，风险控制效果好。北京在建线路机械法联络通道简况见表 2. 3-1。

表 2. 3-1 北京在建线路机械法联络通道简况

序号	线路	区间	联络通道	通道地质情况	完成情况
1	17 号线	望京西站—勇士营站区间	2 号联络通道	覆土 24. 31 m,隧道围岩:粉质黏土层、粉细砂层	已完成
2			4 号联络通道	覆土 21. 51 m,隧道围岩:砂质、黏质粉土层,粉质黏土层,粉细砂层	未施工
3			6 号联络通道	覆土 10. 25 m,隧道围岩:粉质黏土层,黏质、砂质粉土层	未施工
4			7 号联络通道	覆土 9. 18 m,隧道围岩:砂质、黏质粉土,粉质黏土层,黏质、砂质粉土	未施工
5	昌平线南延	19 号线支线—清河站南侧区间	5 号联络通道	覆土 17. 6 m,隧道围岩:卵石圆砾层、粉质黏土层	已完成
6			6 号联络通道	覆土 23. 5 m,隧道围岩:粉质黏土层、黏质粉土、砂质粉土层	已完成
7			7 号联络通道	覆土 15. 16 m,隧道围岩:卵石圆砾层、粉质黏土、重粉质黏土和粉细砂层	已完成

2. 出入口通道顶管施工

顶管施工是继盾构施工之后发展起来的一种地下管道施工方法,它不需要开挖面层,并且能够穿越公路、铁道、河川、地面建筑物、地下构筑物以及各种地下管线等。顶管施工借助于主顶油缸及管道间中继间等的推力,把工具管或掘进机从工作井内穿过土层一直推到接收井内吊起,如图 2. 3-4 所示。与此同时,也就把紧随工具管或掘进机后的管道埋设在两井之间,以期实现非开挖敷设地下管道的施工方法。

图 2. 3-4 矩形顶管始发与推进情况

2022 年 6 月 ~8 月,北京地铁昌平线南延上清桥站 B 出入口矩形盾构顺利完成从始发、接收、再到顶管机吊出等全部工序,成功穿越京藏高速公路,监测数据、推进参数控制正常,也是北京地铁首次应用顶管技术施工车站出入口通道。

3. 盾构钢套筒始发与到达

钢套筒始发与到达技术是通过设计制造一种盾构密闭始发与到达的钢套筒装置,

使其与洞门连接，盾构在套筒内形成一个密闭空间，可以有效平衡洞门结构外的水土压力，确保盾构进出洞过程中不出现漏水、漏砂等情况，可确保盾构安全进出洞。根据现场始发与接收条件不同，目前已发展出常规钢套筒、短套筒、斜套筒等多种形式。

北京地铁分别在 8 号线三期永木区间盾构始发、天永区间接收开始首次使用钢套筒作为盾构始发与接收应用，如图 2. 3-5 所示。

图 2. 3-5　钢套筒始发与斜套筒始发图

4. 盾构机水下接收

盾构水下接收原理是利用接收井内外水压力平衡可控制渗透的机理，主动将盾构接收井用水回灌，而后在水压力平衡情况下再将盾构安全推入接收井的施工工艺。

盾构水下接收方法作为一项安全保障率较高的技术，近年来在国内外已得到多次应用，如特拉维夫红线轻轨东标段本古里安车站由于接收端为富水地层且地表情况复杂无法进行传统加固措施，最终选择进行盾构水下接收；北京地铁于昌平线南延 19 号线支线清河站南侧区间盾构接收时采用了水下接收技术，如图 2. 3-6 所示。

图 2. 3-6　盾构水下接收情况

5. 波纹板作为初期支护结构

为研究新型技术在隧道衬砌结构中的应用效果，提高暗挖工程初期支护标准化、模块化施工技术，北京地铁在昌平线南延学院桥站 1 号竖井及横通道采用了波纹板技术作为初期支护形式，来验证该技术在北京地层条件下的使用情况。波纹板的刚度、与围岩贴合性、初期支护背后回填注浆控制等方面,与传统的钢格栅+钢筋网的模式有很大不同,在作为初期支护时与隧道围岩受力再平衡过程,受到组件安装工艺、连接方式等因素影响大,因此其安全风险管控与传统暗挖工程具有很大不同,如图 2.3-7 所示。

图 2.3-7　波纹板作为初期支护结构施工情况

6. 隧道结构自动化预制拼装

隧道结构自动化预制拼装技术,是近年来较为新兴的技术研究和实践方向,在北京轨道交通工程建设中亦有应用,其中北京地铁 14 号线将台站和高家园站应用盾构法扩挖建造地铁车站,该方法是预制装配式结构在地下工程中应用的另一种表现形式。施工中形成了盾构管片拆除、不断筋二次衬砌施工、洞桩机械施工、大断面隧道独立洞体开挖等专利技术,为地下空间建设快速发展提供了新的技术储备和支持。

中铁隧道局集团有限公司研制了可实现单块 32.6 t 弧形件和 22.8 t 中隔墙一键智能化拼装机器人(图 2.3-8),该装备具有精调测量数据系统,能够实现自动感知、检测、分析、决策与动作执行;该装备利用双六轴机械臂与主动视觉伺服姿态定位控制技术,设备系统控制与定位精度达到 0.5 mm;该装备基于视觉相机识别中心孔定位与多传感信息融合技术,实现弧形件与中隔墙重载大尺寸构件高精度拼装,在高精度拼装技术上取得了突破。

图 2.3-8　智能化拼装机器设备

第 3 章　城市轨道交通工程建设安全风险分级管控创新

3.1　安全风险分级管控概述

风险分级管控一般指通过识别生产经营活动中存在的危险、有害因素，并运用定性或定量的统计分析方法确定其风险严重程度，进而确定风险控制的优先顺序和风险控制措施，以达到改善安全生产环境、减少和杜绝安全生产事故的目标而采取的措施和规定。

北京轨道交通工程从 2008 年建立安全风险管理体系开始，已经形成一套完整的风险识别与分级系统，将风险源分为特、一、二、三级，是国内最早的安全风险分级体系。经过几年的发展与实践，于 2013 年又建立了公司层、项目层、现场实施层的三级风险管理模式，实现了从技术到管理的升级，对北京轨道交通工程建设安全具有重要意义。

目前的风险分级主要表现在设计阶段的风险识别与评估，按照风险严重程度进行高低分级，针对高风险制定针对性的控制措施降低风险程度，通过保护措施使得所有识别的风险在施工过程中均处于可控状态。这种模式理论上仍属于静态管理的范畴，然而地下工程施工过程受地质水文条件不确定性、周边环境复杂因素的影响，出现很多设计时无法充分识别的风险问题。特别是在轨道交通建设体量的不断增大情况下，目前的分级管控模式在日常安全风险管控过程中逐渐不足，主要表现以下方面：

（1）风险工程增多，导致分级效应减弱。特别是超大城市的地铁建设，城市化发展程度高，地铁沿线既有建构筑物多，需要穿越大量的市政管线及设施。在设计时能够识别出大量的风险工程，即便经过分类分级，仍能出现大量的高等级风险工程。以北京地铁建设为例，2022 年北京地铁在建线段 12 条之多，累计识别风险工程 12 970 处，日常在施的风险工程 2 900 余处，其中在施工特、一级风险达到 1 245 处，这样大量的风险工程根据分级标准是需要建设管理部门持续关注，但其中大量风险还都是处于安全状态，大量风险严重程度与关注级别出现不符，导致风险分级的差异化管理优势减弱。

（2）风险分级在施工阶段不能准确反应施工风险。目前的风险分级模式在施工阶段最重要的体现是高等级风险的专项保护措施，在措施落实效果较好的情况下，高等级风险工程实际施工风险已经减小，处于低风险或风险可控状态。但是很多设计识别低风险工程可能由于边界条件变化出现暂时的风险增高情况，这种状态可能是局部的或短暂的，如果进行风险等级调整，可能等调级程序完成风险又降低为低风险状态，从而再次出现风险程度与关注级别的错位。

为避免出现风险分级无法真实反映现场风险状态的情况出现，就需要一套动态的安全风险评估过程，通过日常或定期地对施工过程风险进行综合研判，形成一套施工过程的风险再分级，充分发挥分级管理的制度优势。

3.2　北京轨道交通工程安全风险动态分级管理

为进一步加强北京轨道交通工程建设安全风险分级管理，强化施工阶段过程管理，规避和降低工程安全风险，在施工过程中定期对在施工工程进行综合评估，北京轨道交通工程建立了一套施工期的安全风险动态分级机制，结合设计分级、现场实际的施工状态综合分析，通过安全风险状态评价、周安全风险清单、月度安全风险分级清单等一系列手段，实现从静态分级到动态分级的转变。

3.2.1　安全风险状态评价

安全风险状态评价是在施工过程中结合安全风险咨询、第三方监测、监理等风险管控单位，综合分析监测、巡视、视频监控等风险信息，每日对巡视的作业面、工程部位进行风险评价，将风险状态分为风险可控、存在风险、存在较高风险等三个级别，属于日常安全风险动态管控手段。安全风险状态评价模型如图 3.2-1 所示，施工安全风险状态等级划分见表 3.2-1。

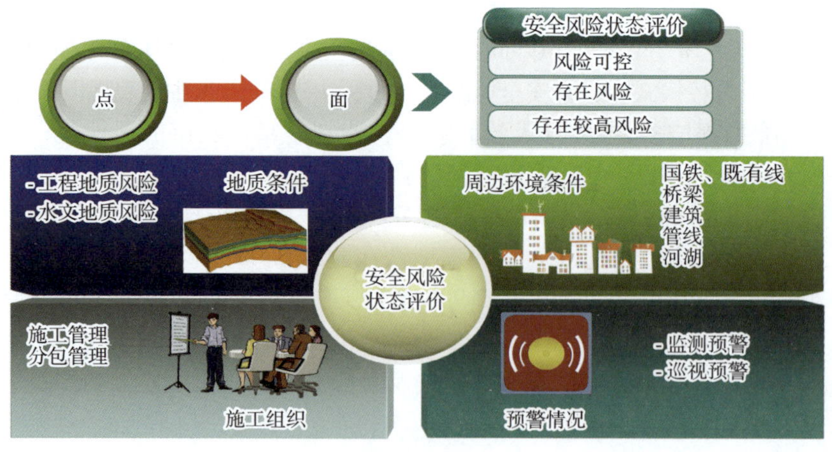

图 3.2-1　安全风险状态评价模型

表 3.2-1　施工安全风险状态等级划分

施工安全风险状态等级	划分条件	
	基本条件	参考条件(满足以下条件之一时)
风险可控	基本不存在风险,可通过日常施工管理进行控制	(1)工程没有发生任何预警; (2)仅存在黄色监测预警
存在风险	存在风险,应通过加强施工管理措施进行控制	(1)存在橙色监测预警; (2)存在黄色巡视预警
存在较高风险	出现危险征兆,应通过加强施工管理措施或制定及实施风险处置措施进行风险控制	(1)存在红色监测预警; (2)存在较多黄色、橙色巡视预警; (3)存在红色巡视预警

安全风险动态评价与综合预警挂钩,作为安全风险管理体系三类、三级预警机制的一部分,当出现存在风险时发布黄色综合预警,出现存在较高风险时发布橙色或红色综合预警,通过预警发布、响应、处置、消警闭环管理达到及时控制现场风险的目的。综合预警等级划分见表 3.2-2。

表 3.2-2　综合预警等级划分

综合预警等级	划分条件
黄色	施工安全风险状态评价为风险较高,且严重程度或影响范围小
橙色	施工安全风险状态评价为风险较高,且严重程度或影响范围较大
红色	施工安全风险状态评价为风险不可控,且严重程度或影响范围大

3.2.2　安全风险清单重点整改标段管理

安全风险清单重点整改标段管理是北京轨道交通工程每周发布的针对部分风险较高的施工标段管理,指一周内存在多次发生预警或发生风险事件、存在较高安全风险和管理难度的施工标段,目的是督促各层级加强施工标段的安全管理,对标段施工管理、技术措施落实、问题处置等进行全面跟踪,从而提高标段安全风险管控意识。主要参考标准如下:

(1)该标段一周内产生 3 点次以上红色监测预警;

(2)该标段产生红色、橙色巡视预警;

(3)该标段有 7 天未消警的巡视预警;

(4)该标段一周内发布 2 次及以上巡视预警;

(5)该标段一周内发生风险事件及其他影响安全风险的异常情况。

3.2.3　安全风险动态分级清单

安全风险动态分级是每月综合评估全网在施工工程的工程条件和风险状态,

将在施工工程进行管理分层,利用差异化的管理手段达到控制现场风险的目的。一般将在施工工程分为特等、一等、二等、三等四个级别,分级依据一般包括预警、施工状态、周边环境风险等级、结构复杂程度等。

(1)特等工程:存在支护结构严重变形、开裂并影响结构安全,或施工导致周边土体失稳、出现涌水涌砂,或评估当月发生综合预警、风险事故等情况的工程,见表3.2-3。

表3.2-3　特等工程分级标准

明挖法分级依据	矿山法分级依据	盾构法分级依据
(1)车站、区间支护结构出现严重开裂、变形,影响结构安全; (2)基坑突涌或周边土体出现滑移破坏迹象; (3)评估当月发生综合预警; (4)评估当月发生风险事故	(1)车站、大断面区间初期支护结构出现严重收敛变形、开裂,影响结构安全; (2)评估当月发生综合预警; (3)评估当月发生风险事故	(1)盾构隧道施工导致地表发生塌陷; (2)盾构始发与接收阶段,洞门土体失稳或发生涌水涌砂; (3)评估当月发生综合预警; (4)评估当月发生风险事故

(2)一等工程:存在大量超限沉降点、多次发布高等级预警,或支护结构出现较大变形并可能影响结构安全,或穿越高等级风险工程,或不利于工程条件施工,或评估当月发生风险事件等情况的工程,见表3.2-4。

表3.2-4　一等工程分级标准

明挖法分级依据	矿山法分级依据	盾构法分级依据
1. 累计沉降标准 (1)车站或区间沉降监测累计变形值超过变形控制值的监测点数量比例超过50%; (2)车站或区间地表沉降监测累计变形平均值超过变形控制值。 2. 预警等级标准 (1)单位工程单次出现3点次及以上红色监测预警,或单点出现连续3次红色监测预警; (2)单位工程单周出现2次及以上橙色巡视预警; (3)单位工程出现红色巡视预警。 3. 结构变形标准 (1)车站或区间土方作业区域围护结构累计变形超过控制值(桩)或1.5倍控制值(地连墙)及以上; (2)应力监测达到控制标准1.5倍及以上或达到构件正常使用极限;	1. 累计沉降标准 (1)车站或区间沉降监测累计变形值超过变形控制值的监测点数量比例超过80%; (2)车站或区间地表沉降监测累计变形平均值超过变形控制值的1.5倍及以上。 2. 预警等级标准 (1)单位工程单次出现8点次及以上红色沉降监测预警; (2)单位工程单周出现2次及以上橙色巡视预警; (3)单位工程出现红色巡视预警。 3. 结构变形标准 (1)收敛监测达到控制标准1.5倍及以上; (2)初期支护结构出现纵向裂缝2 m以上; 4. 环境风险标准 (1)穿越河湖;	1. 累计沉降标准 (1)区间沉降监测累计变形值超过变形控制值的监测点数量比例超过30%; (2)区间地表沉降监测累计变形平均值超过变形控制值的1.2倍及以上的。 2. 预警等级标准 (1)单位工程单次出现8点次及以上红色沉降监测预警; (2)单位工程单周出现2次及以上橙色巡视预警; (3)单位工程出现红色巡视预警。 3. 结构变形标准 (1)管片上浮量大于100 mm; (2)盾构姿态偏差超过80 mm,有可能导致结构轴线超限; 4. 环境风险标准 (1)穿越河湖; (2)穿越特级风险工程;

续上表

明挖法分级依据	矿山法分级依据	盾构法分级依据
(3)围护结构出现裂缝2 m以上； 4. 环境风险标准 (1)邻近河湖，且河湖底无防渗措施； (2)邻近特级风险工程； 5. 风险事件 评估当月发生风险事件； 6. 工程条件 (1)开挖深度超过25 m； (2)穿越富水厚砂层，且不具备降水条件、采用除地连墙外的止水方案	(2)穿越特级风险工程； 5. 风险事件 评估当月发生风险事件； 6. 工程条件 (1)底板埋深超过30 m； (2)车站主体覆土小于6 m； (3)不具备降水条件、采用止水方案	5. 风险事件 评估当月发生风险事件； 6. 工程条件 (1)盾构带压开仓； (2)在高风险环境条件下盾构进行洞内解体； (3)盾构发生重大故障，导致停机检修； (4)盾构处于有水始发、接收阶段

(3)二等工程：存在较多超限沉降点、多次发布预警，或支护结构变形偏大，或穿越重要风险工程，或于复杂工程条件施工等情况的工程，见表3.2-5。

表3.2-5　二等工程分级标准

明挖法分级依据	矿山法分级依据	盾构法分级依据
1. 累计沉降标准 (1)车站或区间沉降监测累计变形值超过变形控制值的监测点数量比例超过10%； (2)车站或区间地表沉降监测累计变形平均值超过预警值。 2. 预警等级标准 (1)单位工程出现1～2点次红色监测预警或单点连续2天出现红色监测预警； (2)单位工程单周出现2点次及以上黄色巡视预警； (3)单位工程发生橙色巡视预警。 3. 结构变形标准 (1)车站或区间土方作业区域围护结构累计变形达到控制值的85%及以上(桩)或达到控制值以上(地连墙)； (2)应力监测超过控制标准； (3)围护结构或地表出现裂缝，地表出现沉降错台。 4. 环境风险标准 (1)邻近大直径带水带压管线或其他对变形较敏感的风险工程；	1. 累计沉降标准 (1)车站或区间沉降监测累计变形值超过变形控制值的监测点数量比例超过50%； (2)车站或区间地表沉降监测累计变形平均值超过变形控制值。 2. 预警等级标准 (1)单位工程单次出现5点次及以上红色监测预警，或单点连续2天出现红色监测预警； (2)单位工程单周出现2次及以上巡视预警； (3)单位工程出现橙色巡视预警。 3. 结构变形标准 (1)收敛监测超过控制标准； (2)初期支护结构出现环、纵向裂缝。 4. 环境风险标准 下穿大直径雨污水管线等重要一级风险工程。 5. 工程条件 (1)埋深超过25 m； (2)覆土小于8 m	1. 累计沉降标准 (1)区间沉降监测累计变形值超过变形控制值的监测点数量比例超过15%； (2)区间地表沉降监测累计变形平均值超过变形控制值。 2. 预警等级标准 (1)单位工程单次出现5点次及以上红色监测预警，或单点连续2天出现红色监测预警； (2)单位工程单周出现2次及以上巡视预警； (3)单位工程出现橙色巡视预警。 3. 结构变形标准 (1)管片上浮量大于50 mm且小于100 mm； (2)盾构姿态偏差超过50 mm且小于80 mm。 4. 环境风险标准 一天之内连续穿越3处及以上一级风险工程。 5. 工程条件 (1)盾构暗挖横通道始发、接收阶段；

续上表

明挖法分级依据	矿山法分级依据	盾构法分级依据
(2)邻近河湖或其他未实现规划的地面排水设施; (3)邻近处于土方开挖阶段的在建工程。 5. 工程条件 (1)开挖深度 15 ~25 m(不含); (2)穿越含水砂层或淤泥质土、深厚杂填土等地质不良地层; (3)采用大跨钢支撑支护体系		(2)盾构将采用钢套筒进行始发、接收; (3)盾构将进行浅覆土(覆土小于 1 倍洞径)段掘进; (4)盾构常压开仓; (5)盾构进行水下接收; (6)在无水地层盾构进行洞内解体

(4)三等工程:存在较少超限沉降点及预警,或支护结构变形较小,或于一般工程条件施工等情况的工程,见表 3.2-6。

表 3.2-6　三等工程分级标准

明挖法分级依据	矿山法分级依据	盾构法分级依据
1. 累计沉降标准 (1)车站或区间沉降监测累计变形值超过变形控制值的监测点数量比例不超过 10%; (2)车站或区间地表沉降监测累计变形平均值小于预警值。 2. 预警等级标准 (1)单位工程未发生红色监测预警; (2)单位工程单周未出现 2 次及以上巡视预警; (3)单位工程未出现橙色、红色巡视预警。 3. 结构变形标准 车站或区间土方作业区域围护结构累计变形未超过控制值的 85%(桩)或未超过控制值(地连墙)	1. 累计沉降标准 (1)车站或区间沉降监测累计变形值超过变形控制值的监测点数量比例不超过 50%; (2)车站或区间地表沉降监测累计变形平均值未超过变形控制值。 2. 预警等级标准 (1)单位工程单次出现 5 点次以下红色监测预警; (2)单点未连续 2 天出现红色监测预警; (3)单位工程单周未出现 2 次及以上巡视预警; (4)单位工程未出现橙色、红色巡视预警。 3. 结构变形标准 收敛监测未超过控制标准。 4. 工程条件 车站处于梁柱体系施工	1. 累计沉降标准 (1)区间沉降监测累计变形值超过变形控制值的监测点数量比例未超过 15%; (2)区间地表沉降监测累计变形平均值未超过变形控制值。 2. 预警等级标准 (1)单位工程单次出现 5 点次以下红色监测预警; (2)单点未连续 2 天出现红色监测预警; (3)单位工程单周未出现 2 次及以上巡视预警; (4)单位工程未出现橙色、红色巡视预警。 3. 结构变形标准 管片存在上浮量但未超过 50 mm。 4. 工程条件 (1)盾尾发生漏浆; (2)盾构处于无水始发、接收阶段; (3)盾构机累计掘进超 8 km; (4)使用再制造盾构设备; (5)盾构处于叠落段施工阶段; (6)盾构处于小间距施工阶段

3.2.4 安全风险动态分级管理制度

安全风险动态分级一般以月为评估调整周期，由安全风险主管部门每月发布“轨道交通工程动态综合评估等级划分清单”，发送至建设单位各主管领导、相关部门及参建单位。各部门、单位依据清单组织开展工作。北京市轨道交通工程动态综合评估分级工作内容见表3.2-7。

3.3 汛期安全风险管理

汛期防汛是国家、各级政府部门每年的重点工作，《中华人民共和国防汛条例》规定石油、电力、邮电、铁路、公路、航运、工矿以及商业、物资等有防汛任务的部门和单位，汛期应当设立防汛机构，在有管辖权的人民政府防汛指挥部统一领导下，负责做好本行业和本单位的防汛工作。在轨道交通工程建设方面保证汛期安全施工就是防汛的第一要务，其中汛期安全风险管理至关重要。

3.3.1 汛期安全风险管理特点

轨道交通工程属于线性地下工程，在施工工点多，需要大量明挖基坑、竖井等作为地下施工的联系通道，还涉及穿越河湖、下穿大口径雨污水管线等，其中换乘车站还涉及与既有地铁运营线路的接驳，这些都是防汛的重点部位，一旦防汛出现漏洞对地下工程安全施工影响重大，对于安全风险管控方面影响主要有以下几点：

1. 自身风险

明挖基坑地表水倒灌，影响基坑支护结构稳定性；地下水补给加强，水位进一步回升，设计的地下水控制措施无法保证暗挖作业面、盾构始发与接收施工安全。

2. 环境风险

(1)汛期雨污水管线堵塞、超负荷运行等导致管线出现破裂，冲刷地层进一步造成隧道突发涌水。

(2)汛期强降雨导致水土流失加强，叠加隧道施工扰动，容易出现地面塌陷、路面脱空等情况。

(3)汛期河流水位上涨，加剧了与隧道建立水力联系的风险。

(4)既有线接驳部位雨水倒灌。

3.3.2 汛期前安全风险准备

1. 汛期风险识别

汛前安全风险管控重要工作就是汛期风险识别，提前梳理各类工程风险点，分析风险控制措施有效性，建立汛期施工风险台账作为汛期施工的重点管控对象。各工法汛期风险识别参考见表3.3-1。

表 3.2-7　北京市轨道交通工程动态综合评估分级工作内容

<table>
<tr><th rowspan="2">管控层等级</th><th rowspan="2">公司主管领导</th><th colspan="4">项目管理单位</th><th colspan="2">安全监控中心</th><th rowspan="2">专家技术委员会办公室</th><th colspan="4">参建单位</th></tr>
<tr><th>总经理</th><th>主管安全副总经理</th><th>副总经理</th><th>风险监测部</th><th>安全监控中心</th><th>安全风险咨询单位</th><th>第三方监测单位</th><th>施工单位</th><th>监理单位</th><th>设计单位</th></tr>
<tr><td>特等</td><td rowspan="2">公司安全质量风险管理和隐患排查分析周例会提出工作要求</td><td>项目管理单位经理办公会提出工作要求</td><td>项目管理单位经理办公会汇报分管工程安全情况</td><td>项目管理单位经理办公会汇报分管工程安全情况</td><td>每日掌握安全风险情况，定期反馈各工点包保领导，特殊情况第一时间反馈</td><td rowspan="2">(1)公司安全质量风险管理和隐患排查分析周例会汇报工点风险管控情况；
(2)掌握工点安全风险情况</td><td rowspan="2">(1)安全风险周例会汇报风险管控情况；
(2)每日研判风险，定期反馈安全监控中心，特殊情况第一时间反馈；
(3)每周不少于2次现场巡视</td><td rowspan="2">(1)现场巡查；
(2)针对巡查中发现的影响工程安全的问题，发送至公司机关相关部室和项目管理单位，对于需公司层面决策的问题，上报公司相关会议研究</td><td rowspan="2">(1)在项目管理单位安全风险周例会汇报安全管控情况；
(2)每日研判风险，反馈项目管理单位风险监测部；
(3)按要求加密监测；
(4)涉及工点每日进行现场巡视</td><td rowspan="2">预警、响应、处置等级提高一级</td><td rowspan="2">红色监测预警、巡视预警、综合预警第一时间组织预警分析会，制定处置措施，监督施工单位处置措施落实情况</td><td rowspan="2">预警、响应等级提高一级</td></tr>
<tr><td>一等</td><td>—</td><td>项目管理单位经理办公会汇报一等工程风险管控情况，对安全工作提出要求</td><td rowspan="3">(1)项目管理单位经理办公会汇报分管工程安全情况；
(2)定期掌握分管工程风险管控情况</td><td>(1)在项目管理单位经理办公会汇报风险管控情况；
(2)每日掌握安全风险情况，定期反馈各工点包保领导，特殊情况第一时间反馈</td></tr>
<tr><td>二等</td><td>—</td><td>—</td><td>—</td><td>每日掌握安全风险情况，定期反馈各工点包保领导，特殊情况第一时间反馈</td><td rowspan="2">每周掌握安全风险情况</td><td rowspan="2">(1)每周研判风险，并反馈安全监控中心；
(2)每周不少于1次现场巡视</td><td>—</td><td>(1)在项目管理单位安全风险周例会汇报风险管控情况；
(2)每日研判风险，反馈项目管理单位风险监测部；
(3)每日进行现场巡视</td><td colspan="3" rowspan="2">按照体系相关文件要求完成日常管控工作</td></tr>
<tr><td>三等</td><td>—</td><td>—</td><td>—</td><td>每周掌握安全风险情况，反馈项目管理单位副总经理</td><td>—</td><td>(1)每周研判风险，反馈项目管理单位风险监测部；
(2)每周现场巡视不少于3次</td></tr>
</table>

表3.3-1　各工法汛期风险识别参考

风险工程	主要风险情况
明挖法工程	(1)排水能力不足,基坑地表水倒灌; (2)地下水位上升,边坡稳定性受到影响; (3)围护结构渗漏水,基坑支护结构稳定性受到影响; (4)汛期地下管线水量较大,带水管线变形渗漏甚至破坏; (5)基坑挡水墙高度、强度、闭合性不足的风险
矿山法工程	(1)地层含水率上升,受力变化、作业面渗水、开挖面自稳能力变差; (2)管线变形较大,管线渗漏风险; (3)地下水位上升,降水能力不足,施工进度缓慢,初期支护封闭周期长; (4)注浆堵水加固难度加大; (5)穿越河湖风险
盾构法工程	(1)穿越河湖风险; (2)下穿带水管线风险; (3)始发、接收的带水风险
其他	(1)汛期抽排水能力不足、雨污水管线堵塞、超负荷运行等导致管线出现破裂,冲刷地层进一步造成突发涌水; (2)汛期强降雨导致水土流失加强,叠加隧道施工扰动,容易出现地面塌陷、路面脱空等情况; (3)汛期河流水位上涨,加剧了与隧道建立水力联系的风险; (4)与既有线结构联通、接驳部位等加大风险

2. 汛前检查

汛前检查包括现场自查、建设单位抽查、巡视单位日常检查,重点检查在建工程防汛预案编制、防汛措施落实、防汛演练情况;检查工程技术措施有效性,作业面施工是否可控;周边雨污水管线、河湖等是否存在渗漏;地表沉降是否超限,雷达探测是否存在空洞等。必要时组织技术专家对重点作业面施工状态进行评估,对于无法确保风险可控的作业面要求及时整改。

3.3.3　汛期安全风险过程管理

1. 汛期安全风险管理重点

汛期在动态更新、评估安全风险台账基础上,风险巡视单位加强现场巡视,尤其加强雨前、雨中、雨后监测及巡视工作,要求现场单位在以下方面重点防范:

(1)明挖基坑及工作竖井,防止雨污水倒灌,防止明挖基坑因暴雨或洪水的侵害造成变形,影响结构及周边建(构)筑物的安全。

(2)穿越或邻近河、湖的施工段,防止因暴雨或河(湖)水猛涨对施工造成不利影响,防止河、湖渗水流入工程作业区。

(3)暗挖区间或车站,防止因暴雨造成隧道坍塌、路面塌陷。

(4)管线复杂的地段,防止因雨污水等管线渗漏、断裂造成的灾害。

(5)邻近废弃雨污水管线封堵的地段,防止管线封堵强度不够造成的灾害。

2. 汛期施工应对措施

(1)做好抢险物资、应急预案和抢险队伍的准备工作。建立迎汛物资台账,迎汛物资由专人保管,单独存放,定期检查,确保完好。上汛前,各重点部位应确保存放一部分装好的沙袋。

(2)在施工基坑、竖井井口设置挡水墙。挡水墙高度应高于所处地区特大暴雨最高水位 50 cm 以上;挡水墙厚度不小于二四墙的厚度。

(3)水泵配备到位。汛期每个明挖工点,均须至少配备 2 台流量为 50 m^3/h、扬程不小于 40 m 的水泵,并确保接线完好。入汛前,应完成试水试验,并留存相应的影像资料。

(4)落实既有线隔墙审批制度和废弃雨污水管线封堵验收制度。施工单位应在施工工程与既有线之间设置隔墙,监理单位按正式工程进行验收。隔墙拆除前,施工单位要按程序书面申请隔墙拆除,并报请业主代表、监理同意。对废弃雨污水管线的封堵,监理单位要组织验收并填写隐蔽工程验收单。

(5)明确各防汛风险点的责任人。所有在施工点均应明确防汛责任人。其中,涉及河(湖)工程、运营线路工程以及距工程结构 3 m 以内且管径大于 ϕ800 mm 的雨污水管线的暗挖工程,防汛责任人为施工单位项目经理、监理单位总监理工程师。

(6)风险不可控的工程停止施工。汛期在施工程部位安全风险状态评价结果为存在风险或存在较高风险时,应立即采取安全措施封闭作业面,编制专项整改方案经监理审批通过后方能恢复施工。

3. 汛情预警响应

汛期内,关注政府部门发布的汛情预警,当接到汛情预警时,各单位应按如下原则组织响应。

1)蓝色汛情预警响应(Ⅳ级)

各施工标段项目经理、总工程师等主要负责人带班、人员到岗,24 h 值班,确保通信畅通;重点部位抢险人员做好抢险的各项准备工作。甲方代表对施工监理单位预警响应工作进行检查。

2)黄色汛情预警响应(Ⅲ级)

在蓝色汛情预警响应的基础上,加强领导带班,加强对风险隐患部位的监控和数据监测,建立 24 h 专人看守制度。重点区域、重点房屋、重点工程防汛责任人加强巡查,发现问题及时组织处置、及时报告。根据情况,甲方代表对施工标段主要负责人上岗到位情况进行抽查,组织对深基坑、重要管线等重点工程防汛工作进行检查。

下穿直径大于(含)1 m 的雨污水管线,开挖作业面距管线前后 3 m 范围,且拱顶距管线小于 1 m 的暗挖作业面,停止施工,采取措施确保掌子面安全。

3)橙色汛情预警响应(Ⅱ级)

在黄色汛情预警响应的基础上,建设公司安排驻场人员进行职守,直至预警解除;各施工标段抢险队做好抢险准备;有线、无线通信设备处于开通状况;重大险情区域成立现场指挥部。建设公司分管领导按照防汛责任划分区域到岗带班,甲方代表24 h值守。

下穿直径大于(含)1 m的雨污水管线或河湖工程,开挖作业面距管线(或河湖)前后5 m范围,且拱顶距管线(或河湖)小于3 m的暗挖作业面,停止施工,采取措施确保掌子面安全。

4)红色汛情预警响应(Ⅰ级)

在橙色汛情预警响应的基础上,建设公司安排驻场人员进行职守,直至预警解除;各施工标段应急抢险队做好抢险准备,抢险力量和抢险设备物资24 h待命;建设公司主要负责人到岗带班指挥,分管领导按照防汛责任划分区域到岗带班,甲方代表24 h值守。

下穿直径大于(含)0.8 m的雨污水管线或下穿河湖,开挖作业面距管线(或河湖)前后5 m范围,且拱顶距管线(或河湖)小于5 m的暗挖作业面,停止施工,采取措施确保掌子面安全。对出现的风险险情,各单位立即采取有效措施解决。必要时,施工集团总公司指挥部领导到场督办风险处置。

4. 突发事故应急响应

汛期内,因降雨原因导致轨道交通建设工程施工现场突发事故。事故发生地施工单位应立即按照报告程序进行报告。同时,立即启动施工现场防汛应急预案,对事故现场人员进行疏散,抢救伤员,保护现场,设置警戒标志,防止次生、衍生事故发生,实施先期抢险救援工作。必要时,由建设单位调动相邻标段抢险小分队参加抢险救援工作。切实需要时,建设单位协助政府部门对可能造成影响的周边单位或住宅内的人员进行疏散。

3.3.4　汛期风险事件案例

1. 案例1:某明挖车站深大基坑汛期涌水事件

1)工程概况

车站为三层岛式车站,地下一层为设备层,地下二层为站厅层,地下三层为站台层。车站主体结构基本位于现况广渠路北幅路下,采用明挖法施工。

2)工程地质与水文地质

车站主体基坑深度范围内主要为杂填土层、粉土③层、粉质黏土$③_1$层、粉细砂$③_3$层、粉质黏土④层、粉细砂$④_3$层、中粗砂$④_4$层、粉质黏土⑥层、黏土$⑥_1$层、粉土$⑥_2$层、中粗砂$⑦_1$层和粉细砂$⑦_2$层。

车站主体基坑深度范围内地下水类型分别为上层滞水(一)、潜水(二)和承压水(三)。地铁结构基本上位于上层滞水(一)和潜水(二)含水层内,地下水特征见表3.3-2。

表 3.3-2　地下水特征（m）

地下水性质	水位/水头埋深	含水层
上层滞水（一）	4.65 ~ 4.7	粉土③层和粉细砂$③_3$层
潜水（二）	11.00 ~ 13.20	粉细砂$④_3$层和中粗砂$④_4$层
承压水（三）	17.63 ~ 19.11	圆砾⑦层、粉细砂$⑦_2$层、中粗砂$⑦_1$层

车站主体基坑范围于基坑外共设置降水井 94 眼，主要参数为：井距 6 m，井深为 32 ~ 34 m，井径为 650 mm。

3）基坑支护

（1）围护结构采用钻孔灌注桩加钢管内支撑。围护桩 ϕ1 000@1 500 mm；桩长为 26.7 ~ 29.4 m，混凝土强度等级为 C25。

（2）桩顶冠梁采用 C25 混凝土，断面规格为 1 000 mm × 800 mm；桩间网喷 C20 混凝土，厚度为 100 m，挂网规格为 ϕ6.5@150 mm × 150 mm 钢筋网片。

（3）内支撑采用 ϕ609 mm 钢管，自上而下设 4 道（东侧盾构井区域为 5 道），外加1 道倒撑，水平间距为 2.6 m，钢管壁厚均为 16 mm；支撑预加轴力自上而下分别为 150 kN、210 kN、310 kN 和 140 kN。倒撑不施加预应力，安装时楔紧。

4）工程重要风险

车站主体基坑深度范围内含水层透水性较好，粉细砂地层处置不当易造成流砂、坍塌现象，影响施工安全。

基坑北侧邻近改移后的 ϕ800 mm 的污水管，距离围护桩外缘约 3.6 m，埋深约 5.0 m；基坑南侧邻近 ϕ1 100 mm 雨水管，距离围护桩外缘约 2 m，埋深 3.5 m；ϕ600 mm 上水管，距离围护桩外缘 11.5 m，埋深 2.6 m。

基坑总长 184.9 m，标准段结构宽 21.3 m，深 23 m；盾构井宽 25 m，深 24.45 m。

5）监测方案

监测对象及控制标准见表 3.3-3。

表 3.3-3　监测对象及控制标准

监测对象	控制标准		
	累计变形值（mm）	变形速率（mm/d）	差异变形（‰）
上水管	10	2	2
雨水管	20	3	2.5
地面	30	4	—
周边建筑物	15	1	—
围护桩	30	2	—
钢管支撑	自上而下各道支撑每延米控制值为 300 kN、600 kN、890 kN 和 400 kN		

6）实施过程及问题

2012年5月下旬，主体基坑由东向西进行土方开挖。6月中旬，基坑由东向西进行土方开挖，东端开挖至第四道围檩以下，如图3.3-1所示。7月上旬，东端底板施作完成，其余段继续土方开挖，如图3.3-2所示。7月21日，受连续暴雨及管线破裂影响，基坑南侧壁坑边地表出现局部垮塌，如图3.3-3所示。2012年11月底，车站结构封顶。

图3.3-1　基坑东端开挖至第四道围檩以下

图3.3-2　基坑东端及标准段施工

图3.3-3　侧壁渗水、喷护质量欠佳

7)风险事件

2012 年 7 月 21 日,中午 12:20 开始下暴雨,持续至 19:30 时路面积水已深达 1 m,排水管线失去排水功能,如图 3.3-4 ~ 图 3.3-6 所示。20:00 时现场巡视人员发现,基坑南侧围挡内路面塌陷,沉陷处发生喷涌,大量雨水通过桩间网喷处涌入基坑,同时约 20 m 围墙倒塌,路面积水通过围墙缺口处涌入基坑。

图 3.3-4　基坑西南侧地面坍塌情况

图 3.3-5　基坑东部南侧的塌陷坑

图 3.3-6　基坑南侧的雨水管和基坑内未抽完的积水

基坑南侧路面出现 25 m × 10 m 范围塌陷,坑深为 16 ~ 17 m,直径 ϕ1 100 mm 雨水管线、中国电信 20 孔通信管道、联通公司 48 孔通信管道遭破坏,直径 ϕ600 mm 上水管局部悬空但未破坏。基坑内水深约 14 m,涌入基坑水量约 40 000 m^3。

险情发生后,现场抢险方将该区域内的雨水管及上水管线阀门关闭,通信管线临时采取了架空方式连通,并向塌陷区域内浇筑 C15 混凝土。现场风险得到了控制,未进一步扩大蔓延。

风险事件主要原因为 7 月 21 日当日罕见暴雨使基坑南侧 ϕ1 100 mm 雨水管线流量骤增,无压管线承受巨大的水头压力而破损,该区域围护桩外土体被掏空,地表塌陷引起施工围挡外墙倒塌,墙外广渠路路面雨水夹杂泥沙涌入基坑内,使塌陷区域进一步扩大。

风险事件之后,施工单位暂停土方开挖,首先开始修复塌陷区域管线,并抽除坑内积水,之后开始修复道路地表以及挖掘清除基坑内的泥沙。8月初,塌陷区域彻底修复完成,如图3.3-7所示。8月中旬,基坑内泥沙清除完毕,如图3.3-8所示。2012年8月底开始复工,东端负三层顶板完成。9月底,西端收口段土方接近开挖到底,准备清底,如图3.3-9和图3.3-10所示。10月底,东端顶板完成,西端头收口段结构施工。

图3.3-7　南侧塌陷区域已处理完成

图3.3-8　基坑内泥沙清除完成

图3.3-9　收口段土方施工情况

图3.3-10　收口段准备底板施工

8)经验总结与建议

(1)本站所处的工程地质、水文地质条件下,采用基坑外降水进行地下水的控制是有效的,在汛期发生风险事件前的大部分基坑施工阶段,基坑所在地层的地下水得到了有效疏浚,能够保证基坑正常施工。

(2)明挖基坑施工总体筹划应考虑季节和天气因素,明挖基坑土方开挖阶段应尽可能避让汛期,如不能避免在汛期施工,应综合考虑区域排水、基坑防汛措施等工程措施的可靠性,在采用市政雨水管线作为基坑降水、排水路由时,应考虑并核实市政管线的排水能力。

(3)邻近城市主干道的明挖基坑,开工前应对道路的汇水量、排水能力以及邻近基坑的雨污水管的排水能力进行调研,必要时拟定专项处置措施。

2. 案例2:某明挖基坑邻近河道汛期河水倒灌事件

1)工程概况

某地铁车站1号风道及2号出入口工程,采用明暗挖结合法施工。明挖段长度约 57.5 m,标准段宽 12.8 m,基坑深 16.07 m,北侧为未实现规划的旱河。车站平面示意如图 3.3-11 所示。

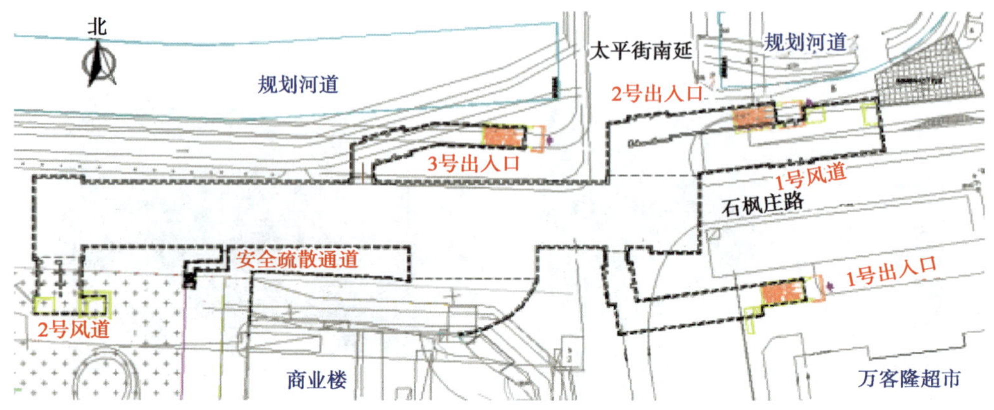

图 3.3-11　车站平面示意图

2)工程地质与水文地质

附属工程基坑深度范围内的土层主要以杂填土、砂质粉土①$_1$ 层、卵石素填土①$_2$ 层、砂质粉土黏质粉土②层、粉细砂②$_1$ 层,粉质黏土②$_2$ 层、卵石③层为主,基底以下为砂卵石层。地质剖面如图 3.3-12 所示。

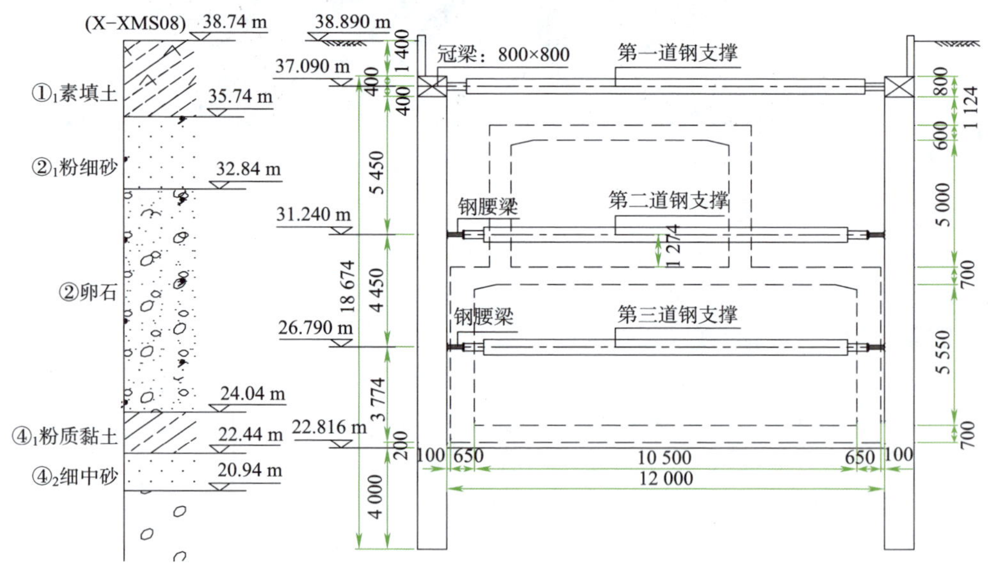

图 3.3-12　地质剖面图(单位:mm)

基坑深度范围内存在两层地下水,均为潜水(二)层,地下水特征见表 3.3-4。

表 3.3-4　地下水特征(m)

地下水性质	水位/水头埋深	含水层
潜水(二)	10.7	圆砾③层、细中砂$③_2$层
潜水(二)	22.1～22.8	卵石④层

3)工程重要风险

基坑周边环境复杂,紧邻旱河及西罗园小区旱河桥(以下简称"旱河桥")、多条重要管线,管线说明见表 3.3-5。具体情况如下:

(1)围护桩外缘距旱河最近为 7.1 m,距桥桩结构最近为 3.6 m。

(2)基坑北侧有三条重要管线,分别为 ϕ1 050 mm 污水管、ϕ800 mm 输水管和 ϕ400 mm 上水管。

表 3.3-5　管线说明

序号	管线类型	与区间主体围护结构外缘距离(m)	埋深(m)
1	ϕ1 050 mm 污水管	1.9	8.35
2	ϕ800 mm 输水管	1.65	2.3
3	ϕ400 mm 上水管	6.4	1.5

西罗园桥下河道断面宽×深为 18 m×4.5 m;下游(桥东侧)河道断面宽×深为 2 m×2.5 m,河道上口距附属工程基坑北侧最近处约 6 m。河道未实现规划,上游宽、下游窄,河道在旱河桥下形成瓶颈。

4)基坑支护参数

基坑围护结构采用钻孔灌注桩加钢管内支撑。围护桩为 ϕ800 mm@1 400 mm,桩长为 19.27 m,混凝土强度等级为 C30。桩顶冠梁采用 C30 混凝土,断面规格为 800 mm×800 mm;桩间网喷 C20 混凝土,厚度为 80 m,挂网规格为 ϕ6.5 mm@150 mm×150 mm 钢筋网片。内支撑采用 ϕ609 mm 钢管,自上而下设 3 道,水平间距为 6 m,钢管壁厚均为 12 mm;支撑预加轴力自上而下分别为 500 kN、800 kN 和 600 kN。

钻孔灌注桩之间采用旋喷桩止水,桩间设置两根旋喷桩,旋喷桩施工采用双重管法施工,旋喷桩径 ϕ600 mm,桩间咬合 200 mm,桩心间距为 400 mm,桩长约 15 m。在实际施工过程中,局部受基坑外废弃管道的影响,旋喷止水帷幕未能完全封闭。

5)监测工作

各类监测对象及控制标准见表 3.3-6。

表 3.3-6　监测对象及控制标准

序号	监测对象	监测项目	控制标准	
			累计变形值(mm)	变形速率(mm/d)
1	管线	沉降	有压管 10,无压管 20	2

续上表

序号	监测对象	监测项目	控制标准	
			累计变形值(mm)	变形速率(mm/d)
2	桥梁墩台基础	沉降	15	—
3	旱河	护砌沉降	30	2
4	周边地表	沉降	30	2
5	围护桩	桩顶变形	20	2
6		桩体变形	25	3
7	钢管支撑	轴力	各道支撑控制值为 1 300 kN、1700 kN 和 1 400 kN	

6)实施过程及问题

(1)施工过程

2012 年 6 月中旬,基坑开挖约 8 m,西端清理废弃管道,如图 3. 3-13 和图 3. 3-14 所示。6 月 20 日,西侧开挖至第二道支撑下约 2 m,废弃管道处理完成,如图 3. 3-15 和图 3. 3-16 所示。6 月 24 日,基坑北侧地表塌陷,污水管道破裂以及旱河水渠破损导致大量水体涌入基坑,并由基坑南侧暗挖通道流入车站。

图 3. 3-13　土方开挖约 8 m

图 3. 3-14　西端开始清理废弃管道

图 3. 3-15　开挖至第二道支撑下约 2 m

图 3. 3-16　西端废弃管道处理完成

(2)出现的主要问题

6月6日现场巡视发现基坑西侧坑洞未填实,地面未硬化,如图3.3-17所示。基坑东南侧防汛墙未封闭,挖掘机紧邻基坑作业,如图3.3-18所示。6月13日现场巡视发现基坑第一道支撑架设滞后,基坑西侧及西南侧喷不及时,如图3.3-19和图3.3-20所示。

图3.3-17　基坑西侧地面空洞未填实

图3.3-18　基坑东南侧防汛墙未封闭

图3.3-19　第一道支撑架设滞后

图3.3-20　开挖喷护不及时

7)风险事件

2012年6月23日,城区普降暴雨,旱河水暴涨。6月24日凌晨1:28,2号出入口及1号风道基坑北侧壁桩间突然出现水土涌入,旱河河底出现东西向约12 m,南北宽约10 m,深约8 m的塌陷,如图3.3-21和图3.3-22所示;该区域DN 1 050 mm污水管、DN 400 mm上水管断裂,DN 800 mm输水管线悬空,10 kV架空线1根电杆倾斜,1根架空电线杆陷落,陷落坑内存有废弃DN 500 mm燃气钢管及其DN 1 500 mm混凝土套管(南北向)。涌入基坑的雨污水突破正在施工的1号暗挖风道进入车站站台层,并继续涌入相邻隧道及车站,如图3.3-23和图3.3-24所示。项目部立即启动应急预案,向相关部门汇报险情,并组织人员进行抢险。

现场抢险指挥部立即请专家到现场,了解险情后召开专家会,对事故原因进行了初步分析,并形成处置建议。主要内容如下:

图 3.3-21 基坑周边塌陷状况(向西拍摄)

图 3.3-22 基坑周边塌陷状况(向东拍摄)

图 3.3-23 北侧壁涌水涌土(向北拍摄)

图 3.3-24 涌水进入 1 号风道(向南拍摄)

(1)确保旱河的截流和应急导流措施的落实,并加快抢险速度,尽快恢复旱河排水功能。

(2)加速塌方区域回填,尽快恢复 DN 1 050 mm 污水管线及 DN 400 mm 上水管线,以及其他管线的恢复。

(3)加强抢险过程中的监测工作,包括基坑变形、桥梁沉降、北侧围墙、邻近管线、洞内邻近暗挖结构及掌子面等监测与巡查工作,确保抢险过程中的安全,防止次生灾害的发生。基坑内的回填范围视基坑监测结果综合分析确定。

(4)河道的恢复方案应征求丰台区水务局意见,基坑的施工恢复方案可通过四方会议确定。各方应做好近期降雨条件下的防汛应急措施。

6 月 24 日上午 8:00,按照现场协调会和专家论证会给出的意见和要求,迅速采取措施组织抢险:旱河采取 3 道截流并进行应急导流,如图 3.3-25 所示;关闭 DN 800 mm 输水管线和 DN 400 mm 上水管线;封堵 DN 1 050 mm 污水管线;基坑和坍塌坑采取混凝土和渣土回填,如图 3.3-26 所示;切断 10 kV 电力架空线,电信线设置临时杆保持畅通;对流入地铁车站及区间隧道内的泥水进行抽水清淤。到 6 月 24 日 11:00,旱河河水第一次被截断,塌陷区回灌混凝土约 500 m^3 至断裂的污水管管底高程位置，如图 3. 3-27 和图 3. 3-28 所示。

图 3. 3-25　旱河上游截流

图 3. 3-26　基坑内回填渣土

图 3. 3-27　塌陷区开始回填混凝土

图 3. 3-28　塌陷区回填混凝土至管底高程

6 月 24 日 12:00～14:00，再次出现强降雨，旱河水位暴涨，冲毁了围堰，河水再次涌入车站，车站水位漫过站台板以上 20 cm 位置处。现场进一步加快回填封堵速度，到 6 月 24 日 17:00，围堰再次筑起，使流入基坑的旱河河水得以控制，但 DN 1 050 mm 污水管仍持续流入基坑，如图 3. 3-29 和图 3. 3-30 所示。

图 3. 3-29　基坑北侧壁涌水

图 3. 3-30　站台层流水情况

6 月 24 日 19:00,往塌陷区回灌的混凝土再次到达断裂的污水管管底高程位置,灌注混凝土量达 1 100 m^3,如图 3.3-31 和图 3.3-32 所示。由于排水集团实施污水管道恢复,19:00 ~ 22:00 混凝土停止浇筑。

6 月 24 日 22:00,旱河河堤第三次被冲垮,大量泥水涌入明挖基坑及相邻的区间及车站。23:00,现场抢险协调会提出在地铁抢险与污水管恢复不能同时满足的条件下,优先保证地铁抢险作业。

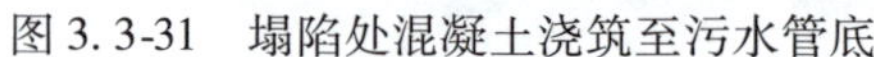

图 3.3-31　塌陷处混凝土浇筑至污水管底

图 3.3-32　塌陷处回填

6 月 24 日凌晨 3:00,车站水位处于站台板以上 2 m,邻近车站水位处于站台板以上 1.2 m。出入口基坑北侧土方被大量冲刷,基坑北侧壁涌水口迅速向东发展,塌陷区域扩大至塌陷范围东西向约 30 m,南北宽约 15 m,深约 9 m,基坑南侧 1 号风道暗挖段拱顶上方土体流失并塌陷至地表基坑相应各种监测数据出现较大变化,如图 3.3-33 ~ 图 3.3-36 所示。另外,由于持续降雨,旱河水位暴涨,断裂的 DN 1 050 mm 污水发生倒灌,河水涌入地铁的流量最大约 10 m^3/s。至 25 日清晨 6:00 流量仍约 3 m^3/s。在建车站内进水高度达站台板以上约 3 m,并危及既有线正常运营。

图 3.3-33　附属工程基坑整体状况

图 3.3-34　基坑内大量涌水

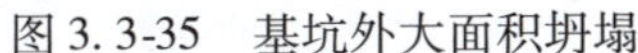
图3.3-35　基坑外大面积坍塌

图3.3-36　1号风道暗挖段上方塌陷

6月25日6:00,现场再次紧急召开专家会,形成如下处置建议:

(1)立即在旱河上游筑坝不少于两道,截住上游来水,防止河水进一步灌入在建的10号线地铁结构,尽可能减轻危害程度。

(2)尽快回填2号出入口及1号风道基坑北侧塌陷区域,恢复原状河道。对于本次破坏的DN 1 050 mm污水管线暂不恢复,待抢险完成后再行研究处理。

(3)截流后立即进行基坑南、北侧壁桩间网喷混凝土封闭。

(4)应严格控制施工区域内的堆载和作业动载,适当扩大现场防护围挡区域的范围,防止次生灾害的发生。

(5)进一步加强现场监测与巡视,并定时上报监测与巡视情况,及时分析,监测重点为基坑变形、桥梁沉降、邻近管线及建筑物、2号口暗挖通道。

(6)河道北岸因河水冲刷已出现局部掏蚀,河床出现下切,应对相应部位抛填沙袋进行防护。

施工方响应了专家会的意见,为防止河水进一步灌入在建线路,上游修砌两道坝,截住上游来水,如图3.3-37和图3.3-38所示;以最快的速度对塌陷区域进行回填;基坑内南侧回填土反压,保证基坑稳定;在1号风道暗挖段与基坑交界处(即基坑西南角)进行回填及封堵,以切断水土进入车站内的渠道;通过堵塞井口、抽水导流措施以控制并截断DN 1 050 mm污水管上下游来水。

到6月26日上午8:00,旱河采取了截流和应急导流措施,旱河流入基坑水被截断;角门东侧下游DN 1 050 mm污水管返流基坑水被截断,如图3.3-39所示。旱河桥下DN 1 050 mm污水管铺设完毕;基坑外北侧坍塌坑渣土回填至DN 1 050 mm污水管东侧接口区域,旱河塌坑区域河堤回填及挡墙、河床修筑至河道既有高程,如图3.3-40所示。

到6月27日,基坑北侧塌陷区域回填完成;桥下DN 1 050 mm污水管接长铺设,管道上部回填基本完成;旱河塌坑区域回填至河床高程,河床混凝土护坡墙体施工完毕;完成基坑南侧1号风道进水口封堵。

图 3. 3-37 旱河上游砌筑第一道坝

图 3. 3-38 旱河上游砌筑第二道坝

图 3. 3-39 污水管对接

图 3. 3-40 河堤浇筑

现场根据专家意见对基坑北侧塌陷区域进行浇筑混凝土,并在上周修筑围堰安装强力水泵进行导排。6 月 25 日傍晚基坑北侧壁渗水已基本止住。为了随时对现场抢险进行技术指导并实时监控现场风险变化,监控中心安排专家组现场 24 h 轮值。6 月 29 日险情得到控制,专家组撤出现场,施工方按照原计划继续执行善后修复工作。

8)原因分析

(1)车站 1 号风道及 2 号出入口基坑区域工程地质、水文地质条件差,工程环境复杂;基坑紧邻旱河河道,接近度远小于 $0.7H$(H 为基坑深度),河道位于基坑开挖的强烈影响区。

(2)场区地下空间局促,存有紧贴基坑围护结构的 DN 1 050 mm 污水管、DN 800 mm 和 DN 400 mm 自来水管、一条废弃燃气管的 $\phi 1$ 500 mm 保护套管和 DN 1 050 mm 污水管的顶管工作坑,地下管线复杂,施工风险和难度甚大。

(3)1 号风道及 2 号出入口基坑周围地下土体长期处于饱和状态,随着地铁基坑开挖的逐渐加深,因压差增大导致桩间土体突涌;并引起改移的 DN 1 050 mm 污水管断裂,造成旱河南岸河坡及半幅河道塌陷。

(4)6月24日20:00至25日凌晨4:00,降雨量较大(57 mm),引起河道和DN 1 050 mm污水管排量增大,致使河水和污水涌入基坑,经1号暗挖风道进入在建车站及相邻区间隧道。

9)后续控制

施工单位按照专家意见执行了回填方案,基坑施工暂缓。在汛期结束后,现场于2012年8月19日召开工程复工专题会,复工申请通过。2012年9月28日,2号出入口及1号风道基坑复工,由西向东开挖,施工方及时抽排旱河桥下积水,如图3.3-41所示。11月初,开始底板施工,如图3.3-42所示。2012年12月底,2号出入口及1号风道结构完工。

图3.3-41　抽排旱河桥下积水

图3.3-42　底板施工

10)经验总结与建议

(1)在该地区的城市规划中,旱河、桥梁、管线与地铁工程的整体设计考虑不足,水务系统仅在桥区上游实现了规划,雨季排水存在越流,河道内水的水动力学效应复杂,可能对地层形成掏蚀和水力补给。各方对旱河可能给工程带来的不利影响认识不足,桥下倒虹吸段造成了长期大量雨污水汇集,加大了基坑邻近区域土层中上层滞水的赋存量。

(2)周边管线复杂,邻近地铁基坑结构的管线改移、拆除等工作缺乏统一部署,在管线改移的过程中引入了新的风险因素。

(3)在前期专家论证意见中,明确要求基坑做好"桩间防水土流失措施",从实际效果看,桩间帷幕止水受管线等不利因素影响可能存在缺陷(不封闭),相关方没有采取其他针对性措施进行补救。

(4)抢险过程中应快速切断事故链,防止次生灾害的发生。专家在意见中要求"截流后立即进行基坑南、北侧壁桩间网喷混凝土封闭",而实际上没有得到落实,基坑内填筑了孔隙率很大的石笼,涌水能透过石笼进入风道暗挖段,进而灌入车站、区间正线隧道。

(5)未来总体工程筹划中,宜考虑邻近水系的地铁结构避让雨季施工,或者分区域施工，关键的“阀门或闸口”部位（如工程的 1 号风道暗挖段）应在后期打通，以降低工程风险和次生灾害。

（6）各部门应建立统一的抢险指挥系统，抢险中暴露出地铁、水务、道路等部门关切点不同，抢险中一度出现人力、资源未实现有效调配的情况。专家组意见未能及时执行，亦缺乏抢险效果及时报告专家的机制，这是值得各方深思的。

（7）要特别关注基坑周边新改移管线的转向、变径部位，该部位是事故易发点。

第 4 章　城市轨道交通工程建设地下水控制

4.1　城市轨道交通工程地下水控制整体形势

4.1.1　地下水对轨道交通工程施工的影响

地下水对地铁基坑和隧道的稳定性影响较大，地下水位控制不当可能会造成管涌、流土、基坑突涌、结构上浮和地表塌陷等破坏，尤其是在周边环境复杂、地下管线密集的地方，施工风险更高。所以，在地铁工程建设中，要加强对施工场地的工程地质勘查，根据勘察成果制定合理的地下水处理方案，做好相关的地下水控制措施。通常地下水对地下工程影响主要表现在地下水渗漏导致的周边环境沉降及支护结构破坏。

1. 地下水渗透的影响

渗透变形主要包括流土和管涌两种形式，还有接触冲刷和接触流失等其他形式。黏性土的渗透变形形式主要是流土，当向上的渗流产生的渗透力大于土的有效重度时就能使土颗粒悬浮流动，发生流土破坏。流土破坏一般是突然发生的，其发展结果是使基础发生滑移或不均匀沉降，基坑、隧道坍塌等，对地铁工程危害很大。管涌多发生在颗粒大小差别大，缺少某种粒径的砂土层中，在渗流作用下细颗粒在粗颗粒形成的孔隙中发生移动并被带出，逐渐形成管形通道，掏空支护结构背后土体，导致支护结构失去土体支撑而发生基坑、隧道结构破坏。当基坑下有承压水存在，开挖基坑导致隔水层厚度减小，当开挖导致隔水层重度小于承压水头时会发生基坑突涌，基坑底出现裂缝，地下水从裂缝涌出并带走土颗粒，导致基坑垮塌失效。地下水渗透影响如图 4. 1-1 所示。

2. 地下水对地铁支护结构影响

基坑挡土结构设计时，首先要计算作用在结构上的土压力和水压力，水压力包括静水压力、渗流压力和超静孔隙水压力。当基坑采用坑外降水或坑内明排的方式时，支护结构不承受水压力；当基坑设置止水帷幕，坑外地下水位高于坑内，支护结构承受水压力。地铁基坑设计时要根据地下水类型的不同，地下水位的高低，地层渗透系数、水源补给及基坑周边建筑物的情况综合分析，确定合理的基坑支护方案和地下水防治方案。地下水对围护结构的影响如图 4. 1-2 所示。

图 4.1-1　地下水渗透影响

图 4.1-2　地下水对围护结构的影响

地下水对地铁工程的不利影响还包括水浮力作用。通常地下车站和区间埋深大,位于地下水位以上,而且车站和区间都采用外包防水设计,当车站和区间所在区域的抗浮水位较高时,可能出现水浮力大于地铁结构及其上覆土自重的情况,导致结构和轨道上浮破坏。

4.1.2　对地铁工程施工存在影响的地下水形态

根据工程勘察资料揭露情况,结合区域水文地质资料,对地铁工程施工构成影响的地下水形态主要有上层滞水、潜水和承压水三种。

1. 上层滞水

上层滞水含水层岩性主要为粉土、砂土和人工填土,水位不同区段埋深情况变化较大,该层水透水一般,水量较小,主要接受大气降水和城市管线渗漏补给,以蒸发、向下越流补给潜水和人工抽降地下水的方式排泄。

2. 潜水

潜水是饱水带中第一个具有自由表面的含水层中的水。潜水没有隔水顶板,或者只有局部的隔水顶板,潜水的表面为自由水面,称作潜水面;从潜水面到隔水底板的距离为潜水含水层的厚度。潜水面到地面的距离为潜水埋深深度。

潜水含水层涉及范围广，含水层岩性主要为粉土层、粉细砂层、圆砾层、粉土层、粉细砂层、细中砂层、圆砾层及圆砾卵石层等。局部仅表现为滞留水，也有些区段由于含水层顶板隔水层的存在而表现有一定的承压性。该层水透水性较好，主要接受侧向径流及雨水入渗等补给，以侧向径流和向下越流方式排泄。

3. 承压水

承压水指充满于两个隔水层（弱透水层）之间的含水层中的水。上、下均为连续的隔水层，分别是隔水顶板和隔水底板，两者之间的距离为该承压含水层厚度。承压性是承压水的重要特性，只有钻孔揭穿含水层顶板时，才可见承压水，水位将顺着钻孔上升到含水层顶板以上一定高度，高出含水层顶板的距离便是承压水头。如果钻孔中的水位高出地表，钻孔能够自溢出水。该层水透水性好，水量很大，主要接受侧向径流及越流补给，以人工开采和侧向径流方式排泄。

承压水对地下工程施工的危害较大，一般由于埋深大、水头高、水量大等因素，给深基坑的治水工作带来一定的困难。

4.1.3　轨道交通工程地下水控制措施

目前普遍的地下水控制措施包括降水、止水两种。其中降水措施主要是在施工影响范围周边设置降水井，降低地下水位至开挖线以下，保证施工处于无水作业；止水措施是指采用地连墙、止水帷幕等措施隔断地下水对施工区域影响，达到开挖面无水的作用。经过多年发展两种方法在地下工程建设中已形成从设计到施工较为完善的工作流程。

1. 降水工程

降水工程主要包括集水明排、轻型井点、喷射井点、管井及深井、真空降水和辐射井等几种形式，其中以管井降水较为普遍，应用最为广泛，各种降水形式主要适用条件见表 4.1-1。

表 4.1-1　各种降水形式主要适用条件

适用条件 降水井类型	渗透系数 （m/d）	地下水降深 （m）	土层类别及地下水类型
集水明排	<3	<2	填土、黏性土、粉土
轻型井点	0.1～20	单级<6；多级<20	粉质黏土、粉土、细砂、细中砂
喷射井点	0.1～20	<20	粉质黏土、粉土、细砂、细中砂
管井及深井	1.0～20	不限	粉土、轻粉质黏土、粉细砂及砂、砾石层中富含潜水及承压水
真空降水	0.1～20	不限	粉质黏土、粉土、细砂、中砂
辐射井	>0.1	<30	砂土、碎石土、黏性土

各种降水井具体施工工艺不再具体说明，在工程实践中通常会采用多种降水工法结合使用来控制地下水。为达到无水施工要求，在降水井施工过程中要注意避免以下几种情况：

（1）降水井布设不封闭。

（2）降水井在成井过程中采用泥浆（自造浆或人工浆液）护壁，孔内浆液压力大，泥浆向井孔周围含水层渗透，阻断了渗水通道。

（3）成井后不能及时洗井或洗井不彻底，未将阻断的渗水通道完全打通。

（4）洗井后不能及时抽水，搁置造成井的降水能力降低。

（5）预降时间短，未达到设计降水效果即已开挖到含水土层。

2. 止水工程

止水工程主要包括地下连续墙、止水帷幕（搅拌桩、旋喷桩）、深孔注浆、冷冻法等几种形式。止水工法根据工程条件及地下水形态合理选择，应用最为广泛的是地下连续墙，其主要适用于以下条件的基坑工程：

（1）深度较大基坑。

（2）邻近区域存在保护要求较高的建（构）筑物，或对基坑自身的变形和防渗漏要求较高的工程。

（3）受地下水影响，但不适宜采用工程降水措施的工程。

其他如止水帷幕、深孔注浆、冻结法等主要用于小基坑、联络通道、盾构端头加固等部位内，通常在无法采用工程降水措施或采用后会引起不当影响的情况下，在考虑经济、实用前提下选取。

4.1.4　轨道交通工程地下水控制新形势

1. 法律、法规对地下水控制新要求

近年来地下水资源保护日益得到各级政府重视，2021 年发布的《地下水管理条例》，要求地下水管理坚持统筹规划、节水优先、高效利用、系统治理的原则，要求建设单位和个人应当采取措施防止地下工程建设对地下水补给、径流、排泄等造成重大不利影响。对开挖达到一定深度或者达到一定排水规模的地下工程，建设单位和个人应当于工程开工前，将工程建设方案和防止对地下水产生不利影响的措施方案报有管理权限的水行政主管部门备案。开挖深度和排水规模由省、自治区、直辖市人民政府制定、公布。矿产资源开采、地下工程建设疏干排水量达到规模的，应当依法申请取水许可，安装排水计量设施，定期向取水许可审批机关报送疏干排水量和地下水水位状况。

根据节水优先、高效利用原则，降水工程的审批难度加大，且降水计量需要交纳相应水资源费，使得工程进度和工程建设费用均出现不可控情况。在降水受挫情况下，止水措施的应用不断提高。

北京市自 2007 年至今,陆续发布《北京市建设工程施工降水管理办法》《北京地区城市建设工程地下水控制技术导则》《北京市节约用水办法》《北京市水资源税改革试点实施办法》等文件法规。在当前环境下,地铁建设工程中地下水控制采用止水方案不仅是大势所趋,更是切实践行"绿水青山就是金山银山"理念,是推动促进地铁工程地下水控制施工升级转型的历史机遇。

2. 地下水位回升影响

随着南水北调、国家对水资源保护意识加强,城市地下水水位逐年上升(其中北京地下水水位三年上升约 7 m),尤其在降水得不到保证的情况下,控制难度进一步增加。

4.2　北京轨道交通工程各工法面临的地下水控制难点

4.2.1　矿山法地下水控制难点

1. 部分地层条件下,降水对层间滞留水疏干效果差

在采用降水施工的地下工程中,当隧道遭遇厚度较大的砂层时,由于含水层透水性差,导致大量地下水无法通过降水井疏干,虽然监测水位已处于隧道底板以下,开挖过程中作业面因砂层厚度大、含水率高等原因无法保证无水施工,位于拱部时还容易出现拱部坍塌、涌水等风险情况。为保证作业条件,现场首先采用导流引排、真空抽排等措施,当渗水量较大无法保证开挖面地层稳定时,普遍会增加深孔注浆措施,起到止水、加固地层等作用,然而深孔注浆与降水井同时使用又导致浆液进入降水井,造成井位破坏,使得地下水控制出现两难选择。

典型案例:某区间地质较为复杂,处于黏质粉土、粉质黏土、细砂层,透水性差。标准断面拱顶处于粉细砂层和砂质粉土交接部位,砂层厚度为 6 ~ 8 m,停车线大断面拱脚处于粉细砂层和砂质粉土交接部位,粉细砂层渗透性差,降水无法全部疏干砂层水,存在残留水,开挖过程中会出现拱顶漏水、漏砂现象,如图 4.2-1 所示。

图 4.2-1　区间拱部涌水、涌砂

区间正线下台阶处于黏质粉土、粉质黏土、砂质粉土地层,该处地层遇水成泥,每次深孔注浆,下台阶都需要用工字钢封闭,喷混混凝土厚度 20 cm,且整个掌子面都要用彩条布进行防水保护,但也无法保证每次深孔注浆后下台阶稳定,也会出现下台阶滑塌、溜坡等情况,如图 4.2-2 所示。

图 4.2-2 流水导致下台阶滑塌

该区间设计地下水控制措施为管井降水,采用双线双排普通管井降水方案,降水井设计参数见表 4.2-1。

表 4.2-1 降水井设计参数表

降水部位	降水井类型	井径(mm)	管径/壁厚(mm)	井管类型	滤网(目)	井间距(m)	滤料(mm)	井深(m)	井数
区间正线内	普通管井	600	400/40	无砂水泥管	1 层 100	6.0	2～4,中粗砂	33	198
	普通管井	600	400/40	无砂水泥管	1 层 100	6.0	2～4,中粗砂	37	88

同时该区间拱部位于砂层,设计超前加固措施为深孔注浆,现场注浆施工时浆液进入降水井,导致多处降水井损坏,无法正常使用。因降水效果不佳,现场多次组织专家咨询会,采用"引排为主、堵水为辅"的方针,利用已完成作业面提前处理地下水,深孔注浆应以加固地层的目的为主,增加真空抽排、小井点引渗等多种措施,最终完成初期支护结构施工,如图 4.2-3 所示。

2. 注浆止水效果差

矿山法工程主体施工时,在不具备降水条件的情况下,较为成熟的地下水控制措施就是深孔注浆止水。深孔注浆止水在不同地层条件下需要参数控制、浆液配比等有很大的差别,对现场注浆技术有相对较高的要求,简单盲目的施工在砂层、粉土层等细颗粒地层中止水效果很难保证,无法形成良好的暗挖作业条件。

图 4.2-3　真空抽排、增设小井点措施

典型案例：某区间隧道主要穿越地层为粉细砂③$_2$ 层，圆砾③$_3$ 层，粉质黏土④层，粉土④$_1$ 层，细中砂④$_2$ 层，卵石⑤层。区间主要赋存有两层地下水，其类型分别为潜水（二）和层间潜水（三）。潜水（二）含水层岩性主要为粉细砂③$_2$ 层、圆砾③$_3$ 层、细中砂④$_2$ 层。层间潜水（三）含水层岩性主要为卵石⑤层、细中砂⑥$_2$ 层、卵石⑦层、细中砂⑧$_2$ 层。

该区间采用深孔注浆控制地下水，如图 4.2-4 所示。断面拱部位于透水地层或粉质黏土内（厚度小于 3 m），采用深孔注浆止水，范围为外轮廓线外 3.0 m 至透水层与非透水层分界线下 2 m，其余段拱部采用小导管超前注浆加固。对于仰拱

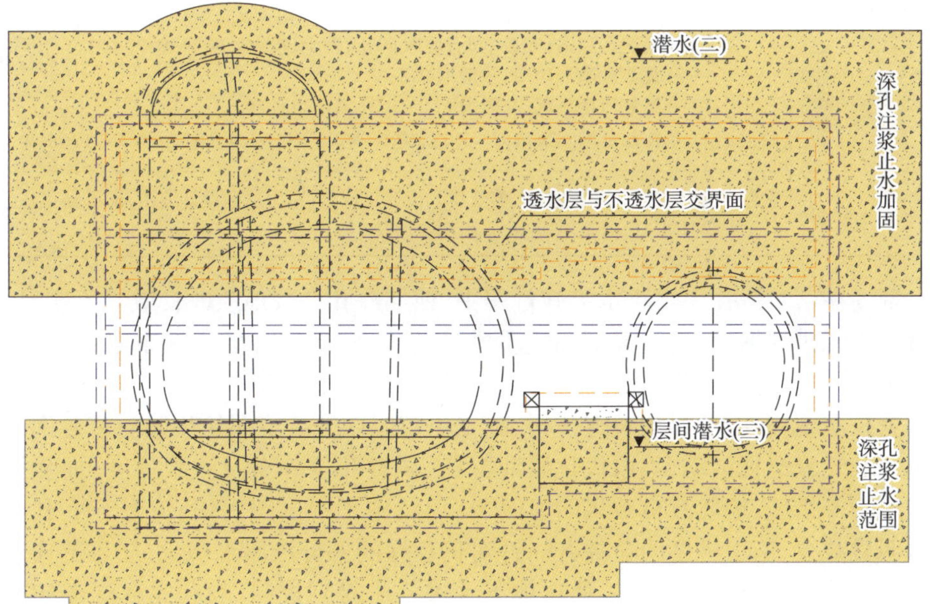

图 4.2-4　深孔注浆断面图

位于层间潜水(三)透水层采用深孔注浆加固止水,范围为水位线高程以上 1 m 至结构外轮廓外 2. 5 m(泵房下沉段 3. 0 m),保证施工作业和支护结构不受地下水的影响。另外,应根据实际情况在隧道内设排水沟、截水沟并及时将洞内的水抽出,隧道内不得积水。对渗透系数差异较大的土层、砂层,施工期间要密切注意流沙、流土或管涌等不良现象。深孔注浆参数见表 4. 2-2。

表 4. 2-2　深孔注浆参数

浆液配比	A 液:水:水玻璃 =0. 65:1 C 液:水:水泥:H 剂:C 剂 =1:0. 44:0. 016 8:0. 003 2
注浆孔直径	ϕ46 mm
浆液凝结时间	120 s ~30 min
注浆压力	0. 2 ~0. 8 MPa
浆液终压	0. 8 MPa
单管扩散半径	0. 5 m
浆液止水范围	区间正线外扩 2 ~3 m
循环段	注浆循环段长 10 m,开挖循环段长 7 m,搭接段长 3 m
注浆量	各注浆孔单孔理论注浆量参考公式 $Q=\pi\times R^2\times L\times n\times\alpha\times\beta$ 式中　Q——注浆量(m^3); R——浆液扩散半径(m); L——分段长度(m); n——地层孔隙率(粗砂、卵石层取 60%,粉土、粉细砂层取 40%); α——注浆孔隙充填率,一般取 0. 8; β——浆液消耗系数,一般为 1. 1 ~1. 2(取定为 1. 15)。 根据上式,单孔每延米注浆量 $Q=3.14\times0.5^2\times0.5\times0.6\times0.8\times1.15=0.217\ m^3$
注浆结束标准	注浆量和注浆压力双控注浆,单管注入设计浆液量,压力达到设计终压,即可结束注浆。压力持续不上升,流量不减少,采用间歇注浆

现场在落实深孔注浆止水措施过程中,前期深孔注浆地质改良效果不明显,注浆后仍出现拱部坍塌、流泥等不利地质风险情况,多次被各单位发布巡视预警,现场施工条件差,施工风险程度高,如图 4. 2-5 和图 4. 2-6 所示。

为控制现场施工风险,轨道公司、施工单位组织开展了多轮注浆专家咨询与地下水控制专家巡视活动,采取优化浆液配比、调整孔位分布及注浆角度、加强控制注浆压力等措施,地质改良效果明显改善,后续施工中拱部坍塌、流泥等不利地质风险明显减少,施工进度明显提升。针对仍存在的部分渗漏水现象,项目部通过采取补充注浆、真空抽水等措施,使得地下水进一步得到控制,顺利完成隧道初期支护施工。注浆优化及增加辅助措施后掌子面情况如图 4. 2-7 所示。

图 4.2-5　拱部涌水、涌砂

图 4.2-6　开挖面流水、流砂

图 4.2-7　注浆优化及增加辅助措施后掌子面情况

4.2.2　明挖法地下水控制难点

1. 止水帷幕施工质量不佳

明挖法基坑采用止水帷幕控制地下水时，止水帷幕的施工质量是管理重点，其中地连墙止水效果好且适应各种地层条件，应用范围最为广泛。受地质条件、施工技术、现场管理等因素影响，地连墙接缝处渗水情况时有发生，在墙体缺陷或地下水压力较小时，通过导流或注浆一般能够得到较好控制。但是在墙体缺陷大且地下水水头较高情况下，侧壁涌水控制难度巨大，涌水快速充满基坑，周边地层被水流带走造成地面塌陷、空洞等，往往能造成严重的风险事件。

典型案例：某区间风井主体结构尺寸为 22.4 m × 13 m，为地下四层结构，风井主体结构底板底埋深约 33.184 m。风井主体结构采用 14 幅 1 m 厚地连墙 + ϕ800 mm 钢支撑形式进行支护，有效墙身最深为 43.49 m，两侧连接盾构区间，在接收区域采用玻璃纤维筋。

地连墙深度范围内依次穿越黏质粉土填土、砂质粉土填土①$_1$ 层，黏质粉土、砂质粉土②层，粉砂②$_3$ 层，粉质黏土③层，黏质粉土、砂质粉土③$_1$ 层，有机质黏土

③$_2$ 层,粉黏土④层,黏质粉土、砂质粉土⑤$_1$ 层,细砂、中砂⑥层,有机质黏土⑦$_1$ 层,黏质粉土、砂质粉土⑦$_2$ 层,细砂、中砂⑧层,细砂、中砂⑨$_1$ 层,有机质黏土⑩层(下部粉土为 1 ~ 1.5 m,砂层为 13 ~ 13.7 m)。基坑范围内受四层地下水影响,采用地连墙止水,风井地下水情况见表 4.2-3。

表 4.2-3　风井地下水情况

序号	地下水类型	地下水稳定水位(承压水测压水头)		主要含水层
		水位埋深(m)	水位高程(m)	
1	台地潜水	5.4	27.37	黏质粉土、砂质粉土③$_1$ 层及细砂、粉砂③$_3$ 层
2	层间水(局部具承压性)	8.6	24.17	细砂、粉砂④层
3	层间水	14.5	18.27	黏质粉土、砂质粉土⑤$_1$ 层,细砂⑤$_3$ 层,细砂、中砂⑥层及黏质粉土、砂质粉土⑥$_2$ 层
4	承压水	25.2	7.57	细砂、中砂⑧层,圆砾、卵石⑨层和细砂、中砂⑨$_1$ 层

风井施工前期未受地下水影响,止水效果良好,施工过程一切正常。当施工至第六道钢支撑以下时,基坑东南侧第六道支撑以下约 1 m 处,地连墙接缝部位出现漏水点,施工沙袋反压及压灌混凝土后,渗漏点初步控制,坑内涌水涌砂量约 170 m^3,如图 4.2-8 所示。约 10 h 后第五道支撑下约 2.5 m 处地连墙中部突然出现宽约 90 cm 的漏水点,坑内涌入大量泥水,现场进入应急抢险状态,施工单位开始向坑内回灌水。

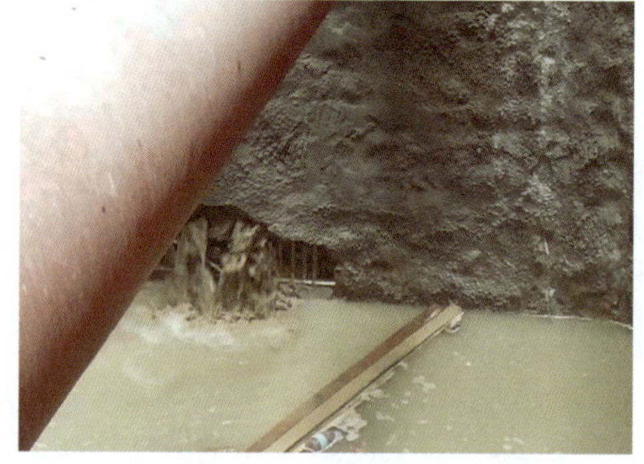

图 4.2-8　第一处渗水点和第二处渗水点情况

事件原因是地连墙接缝及混凝土质量缺陷导致涌水涌砂,根据统计基坑最终涌水量为 1 747.2 m^3,涌砂量约 280 m^3。处置过程中回灌注水量 583 m^3,灌注水泥 91 t、水玻璃 52 t、商品混凝土及砂浆 51 m^3。涌水涌砂导致周边地表最大沉降达到 50 mm,雷达探测显示周边出现两处松散、空洞区域,现场对该区域进行地面灌浆回填。

现场针对渗水点采用高压旋喷桩进行加固，加固范围参考盾构端头加固区域，桩径为 600 mm，单排布置间距为 0.5 m，钻孔深度自冠梁高程下 35.9 m，旋喷桩长为17.4 m，共 100 根。针对承压水（四）进行减压处理，采用坑外减压降水 + 坑内疏干方案，共布设 18 眼井（基坑外 14 眼，基坑内 4 眼）。通过止水 + 坑内疏干措施最终控制地下水，完成基坑封底。

2. 层间滞留水处置不当，导致降水效果减弱

当采用降水工程的明挖基坑在遭遇层间滞水多，导致施工受影响大时，如果现场处置措施不当，采用止水措施破坏降水设施，进一步削弱降水能力，将导致施工难度增大，现场风险程度增高，无法满足基坑开挖条件。

典型案例：某区间风井长为 37.9 m，宽为 14.3 m，顶板覆土为 3.3 m，底板埋深约 27.85 m，为地下四层单柱双跨框架结构，如图 4.2-9 所示。区间风井主体结构采用明挖顺作法施工，围护结构采用钻孔灌注桩 + 内支撑支护形式。

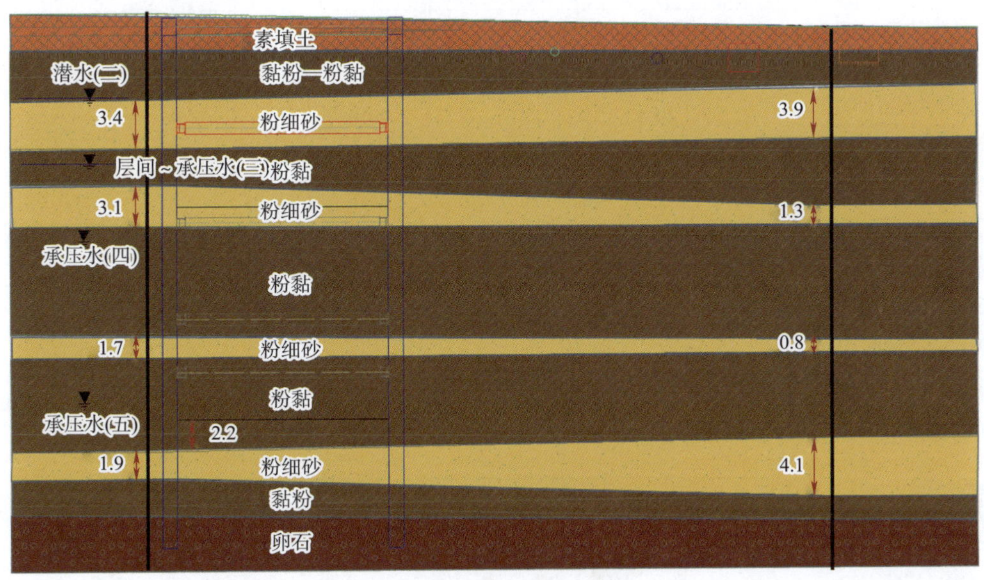

图 4.2-9　风井地质剖面图（单位：m）

基坑开挖范围内由上到下涉及杂填土①$_1$ 层、黏质粉土③层、粉质黏土③$_1$ 层、粉细砂③$_4$ 层、粉质黏土④层、粉细砂④$_3$ 层、粉细砂⑦$_2$ 层、粉质黏土⑧层。基坑底板位于粉质黏土⑧层。

根据提供勘察资料，区间风井范围内观测到上层滞水（一）、潜水（二）、层间潜水 ~ 承压水（三）、承压水（四）和承压水（五）。含水层岩性以颗粒较细的粉细砂为主。潜水（二）、层间潜水 ~ 承压水（三）、承压水（四）、承压水（五）位于基坑底板之上。地下水特征见表 4.2-4。

表 4.2-4　地下水特征(m)

地下水性质	稳定水位(承压水测压水位)			观测时间	含水层
	埋深	高程	水头		
上层滞水(一)	1.0	40.34	—	2003 年 4 月	表层填土及粉土
	4.4~6.7	33.88~36.73	—	2016 年 1 月	
潜水(二)	5.2~7.0	34.34~36.98	—	2003 年 4 月和 2004 年 11 月	③、③$_4$ 及③$_1$ 中所夹薄层粉土、粉砂
	7.4	35.04	—	2014 年 9 月	
	4.6~7.4	34.48~36.51	—	2016 年 1 月	
层间潜水~承压水(三)	8.5~12.2	30.95~33.68	—	2003 年 4 月和 2004 年 11 月	④$_2$、④$_3$ 和⑥以上的⑥$_2$
	13.0	29.44	0.5	2014 年 9 月	
	7.7~17.1	23.48~33.43	0.4~4.8	2016 年 1 月	
承压水(四)	20.1~22.0	20.24~21.48	—	2004 年 11 月	⑥$_2$、⑥$_3$、⑦、⑦$_1$、⑦$_2$、⑦$_3$ 和⑧层上部的⑧$_2$
	21	21.44	2.2	2014 年 9 月	
	13.9~21.6	20.93~25.39	1.4~4.7	2016 年 1 月	
承压水(五)	28.5~30.5	10.95~12.92	—	2004 年 11 月	⑧层以下的⑧$_2$、⑧$_3$、⑨、⑨$_1$、⑨$_2$ 和⑨$_4$
	21.3~29.2	11.38~18.01	1.9~10.0	2016 年 1 月	

现场采取管井降水及坑内集中抽排措施来治理地下水。降水井井径为 600 mm,井间距为 5~8 m,井深为 35 m,无砂混凝土虑管。潜水泵扬程不小于 39 m,潜水泵泵量为 25 m^3/h。基坑周边设有降水井 22 口;降水存在层间残留水,需在桩间喷射混凝土面层设置导排水管,排水管采用直径 100 mm、长度 400 mm 的塑料管,如图 4.2-10 所示。

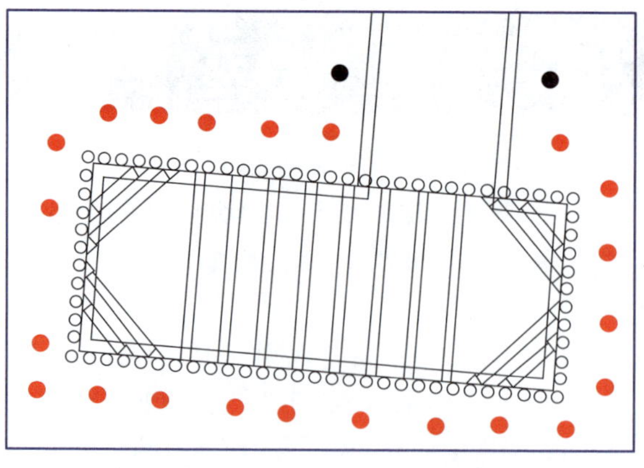

图 4.2-10　降水井布置平面图

风井在开挖至 5. 7 m(粉细砂$③_4$ 层)时,层间水丰富,出现桩间流水、流砂;开挖至 13. 2 m(粉细砂$④_3$ 层)时,侧壁渗水量较大并伴有流沙;开挖至 18. 6 m(粉细砂$⑦_2$ 层),注浆加固作业时,由于注浆压力控制不当,基坑西侧已完成的一处喷锚面出现开裂涌水、涌砂,对施工造成较大影响,降水未达到预期效果,如图 4. 2-11 所示。

图 4. 2-11　风井基坑侧壁涌水、涌砂

在基坑出现渗水流沙时,施工单位采用注浆止水,但因为施工管控不当,注浆导致多孔降水井堵塞,降水效果被削弱。基坑开挖过程持续存在渗漏水现象,土颗粒流失不可避免,且基坑西侧消防井渗漏,造成坑内透水,对地层造成一定量的损失。在同类型基坑中预降水与降水能力的保障应作为风险控制的重点,与此同时应对基坑影响范围内带水管线、施工自用管线、沟槽等进行检查。

4. 2. 3　盾构法地下水控制难点

盾构法受地下水影响较大的主要处于始发与接收时,表现为洞内渗水、涌水等情况,根据多年来出现问题情况统计,主要以盾构接收为主。原因包括地下水处置不到位、接收条件不满足、雨污水管线断裂等多种因素。

典型案例 1:某区间采用一台土压平衡盾构机从车站开始掘进,采用单洞双线隧道形式,隧道外径 10 m(内径 9 m)。区间总长度为 1 294. 522 m,埋深为 17. 4 ~ 26. 8 m,于终点车站风道内接收。盾构接收端覆土层主要为杂填土、粉土、粉细砂,隧道穿越地层主要为粉质黏土层。接收端采取降水措施,因此不考虑地下水对盾构到达施工的影响。车站风道接收加固范围为加固长度 13 m,宽度 20 m,高度为洞口上下各 3 m。

在破除始发端洞门围护桩时,洞门存在渗水现象,现场未引起重视,没有安装帘布和压板。盾构刀盘顶入始发端洞门时,风道接收端洞门处突然发生涌水,塌陷波及路面,接收端上方路面发生大面积塌方,风道内涌入大量的泥水,塌陷区域直径约 10 m,深度约 10 m,塌陷造成道路中断,如图 4. 2-12 所示。

塌陷发生后,施工单位随后采用碎石、木板、水泥和混凝土等材料对塌陷区域进行回填。由于塌陷区域内存在 1 条直径为 1 050 mm 的污水管,施工单位在管线上下

图 4.2-12 接收端地面塌陷及风道进水

游对该污水管进行封堵,避免污水流入塌陷区。事件原因:端头加固效果较差(甚至没有加固),土体的稳定性和抗渗性均未达到要求;风道暗挖施工引起的土体沉降和盾构施工引起的土体沉降叠加,导致地下管线沉降量超标;到达端头洞门未安装橡胶帘布和扇形压板,盾壳与到达端洞门处的空隙(至少 15 cm)无法封闭,致使水土涌入风道;施工组织规划不合理,盾构过早顶到风道接收端,而接收端又不具备接收条件,盾构长时间停机(停机 3 个月 8 天)致使到达端头上方污水管线沉降较大发生渗漏(当然也不排除污水管线原来就存在渗漏的可能,长时间停机导致渗漏加剧)。

典型案例 2:某区间隧道长 1 041.576 m,采用一台土压平衡盾构机施工,区间覆土厚度为 13.3 ~26.6 m,由明挖基坑始发至暗挖车站接收。盾构区间主要穿越卵石圆砾⑦层、粉质黏土⑥层、粉质黏土⑧层。卵石⑦层最大粒径不小于240 mm,一般粒径为 30 ~80 mm。盾构区间地质勘察共观测到两层地下水,分别为潜水(二)和层间水(三)。受季节的影响,局部可能会存在上层滞水。

盾构端头加固区采用深孔注浆方式进行加固,接收端加固长度为 10 m,盾构始发端加固长度为 8 m,隧道管片外 3 m 范围内注浆加固,如图 4.2-13 所示。土体加固指标:无侧限抗压强度为 0.5 ~0.8 MPa;渗透系数不大于 1×10^{-6} cm/s。深孔注浆压力控制值为 0.8 ~1.0 MPa,加固后土体应有良好的均匀性和自立性,掌子面不得有明显的渗水。

区间盾构刀盘到达车站围护桩处并进行磨桩,因姿态控制较差,刀盘顶出过程中卡住洞门钢环,并带出大量桩间土;刀盘外侧 3 点钟和 5 点钟方向有大股涌水,水中带砂,如图 4.2-14 所示。

综合分析盾构接收时出现大量涌水情况,主要原因为:接收端地层存在一层地下水,为层间水(三);接收端端头土体加固因场地限制采用水平加固方式,加固效果未达到预期;盾构接收过程中由于施工单位现场沟通不畅,未能提前处理预埋在加固土体内的工字钢梁,造成盾构掘进后推出钢梁,从而造成钢梁刮到洞门钢环,导致扇形压板和止水帘布破坏。

现场组织专家咨询会,根据专家意见用弧形钢模代替失效的橡胶帘布,用棉布

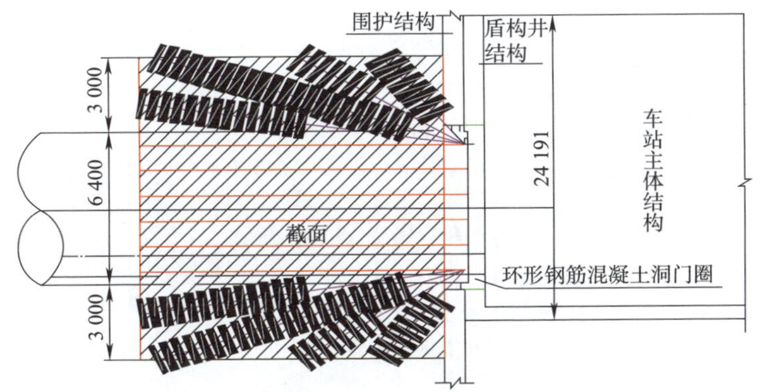

图 4.2-13　接收端注浆剖面图(单位:mm)

图 4.2-14　盾构接收端涌水

或泡沫填充空隙,保证流水不流沙;盾尾注入减阻泥浆,做好准备工作;加快工序,尽快完成接收;接收完成后及时注浆加固。

4.3　北京轨道交通工程新形势下地下水控制

4.3.1　设计上“车站能明则明、区间能盾则盾”

在落实北京市政府地下水节约、高效利用基础上,为减小施工期安全风险,在新建线路初步设计阶段即严格贯彻“车站能明则明、区间能盾则盾”的总体思路,并在明挖、暗挖工程地下水控制措施设计时也以止水为主,最低程度减小地下水影响。

1. 明挖工程整体思路

明挖工程主体采用地连墙进行止水,附属采用围护桩 + 搅拌桩(旋喷桩)施工。以 13 号线扩能提升工程为例:明挖车站主体、双层附属结构、明挖区间风井等深度超过 20 m 的长大基坑,多采用地连墙 + 内支撑(锚索)围护结构形式,根据地层条件采用地连墙多插入止水层 1 ~ 2 m 的插入式止水形式。车站明挖单层附属结构,多采用围护桩 + 桩间旋喷的形式进行地下水处理,根据各站地层情况确定灌注桩与旋喷桩的结合形式,如图 4.3-1 和图 4.3-2 所示。

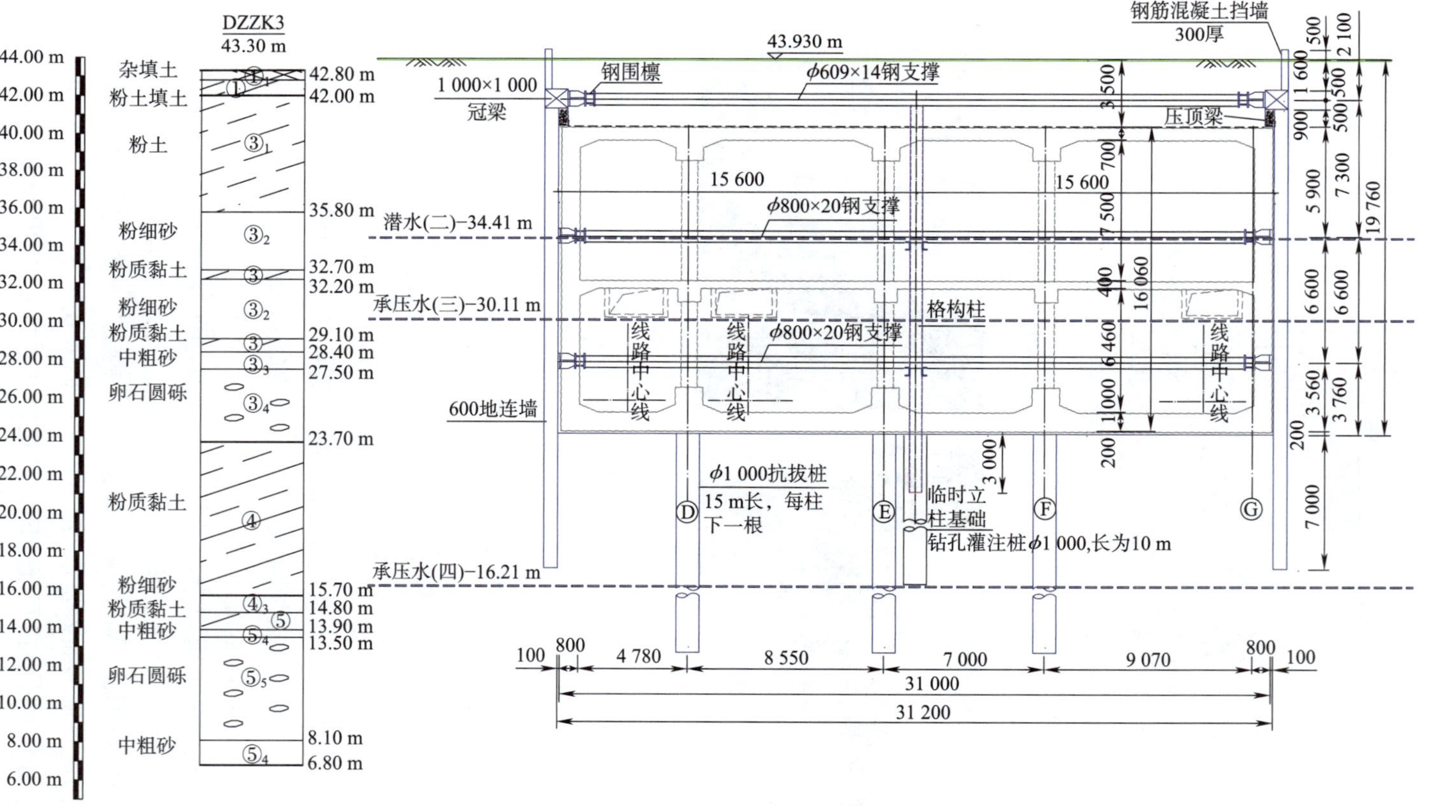

图 4.3-1　某明挖车站围护结构(单位:mm)

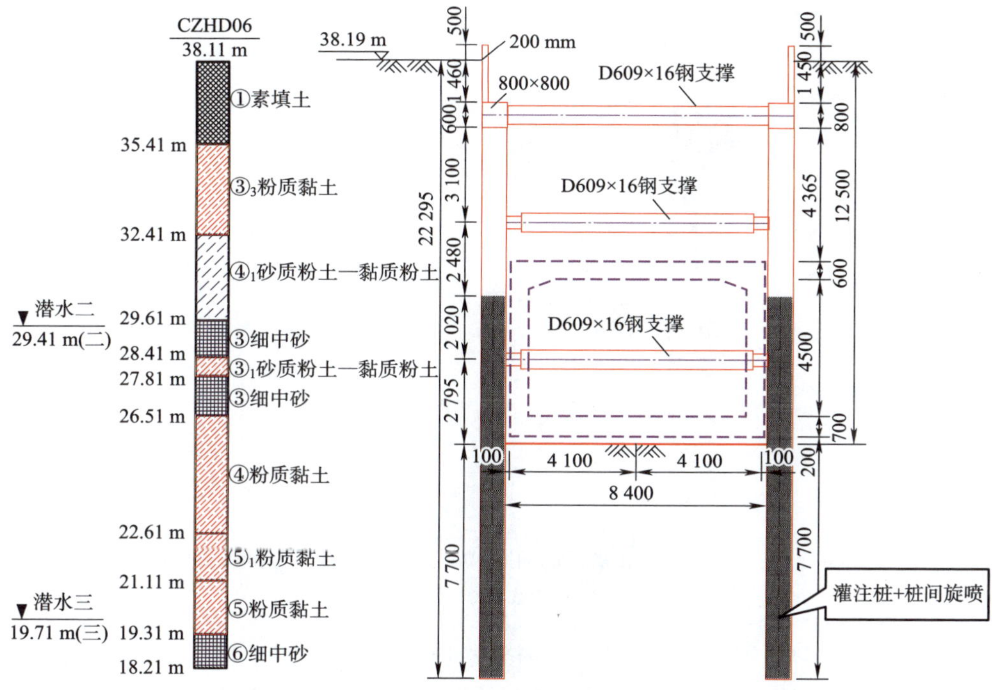

图 4.3-2　某车站附属围护结构(单位:mm)

2. 暗挖工程整体思路

暗挖车站及区间首先分析地层,对于所处地层适宜进行止水施工,且范围较小,不处于关键工期节点的暗挖工点,可采用暗挖法施工;对于富水地层、入水深、底板以下没有止水层的车站及区间,结合周边环境条件,仍以降水施工为主;对于入水深度大,虽底板以下存在止水层,但结合北京市其余轨道交通线路类似工点试验结果分析,采用搅拌、旋喷等方式,存进精度不足、止水效果差等问题,且位于全线的关键工期节点上,不建议采用止水施工。同时暗挖工程结合上一轮止水经验,在新建线路设置止水试验点,为暗挖止水探索新工艺。试验段设置原则:分区域设置,尽量涵盖不同地质水文;尽量设置在方案较稳定的区域,便于试验段实施的连续性;尽量选择结构形式较多样,且环境风险可控的区域。某渡线段暗挖止水横剖面(深孔注浆 + 洞内咬合桩)如图 4.3-3 所示。

4.3.2　盾构水下接收、钢套筒始发与接收

为避免对地下水影响,地铁区间设计时首选盾构法施工,新建 13 号线扩能提升工程盾构区间占比达到 78%,同时在盾构始发与接收中大力发展钢套筒、水下接收等不需要降水及端头加固的施工工艺。

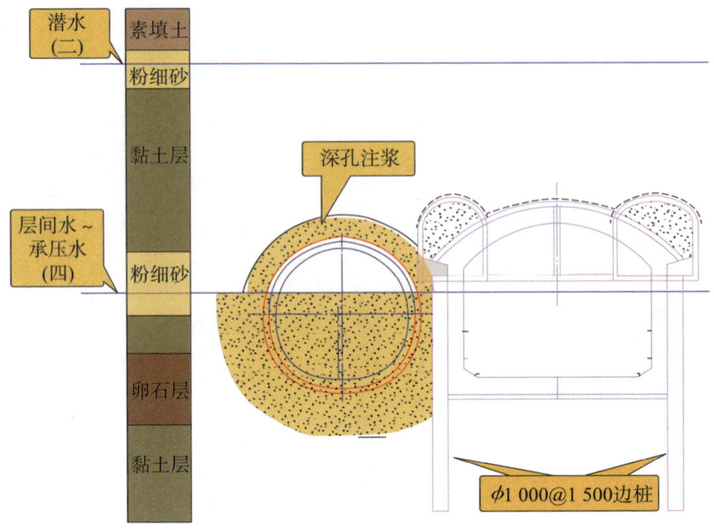

图 4.3-3　某渡线段暗挖止水横剖面图(深孔注浆 + 洞内咬合桩,单位:mm)

1. 盾构水下接收

盾构水下接收原理是利用接收井内外水压力平衡可控制渗透的机理,主动将盾构接收井用水回灌,而后在水压力平衡情况下再将盾构安全推入接收井的施工工艺。水下接收在富水地层中有工程成本低、工期短、风险控制好等特点,在不具备降水和端头加固条件下是比较好的盾构接收方法。

北京地铁在昌平线南延 19 号线支线清河站南侧区间首次采用盾构水下接收技术,该区间盾构接收端地下水丰富,承压水水位高,在盾构接收井施工期间曾经出现侧壁大量涌水情况,如图 4.3-4 所示。综合研判盾构接收时地下水控制难度较大,为保证盾构顺利接收,同时总结经验,验证北京地区盾构水下接收技术,最终该区间采用了水下接收。根据监测数据及现场巡视情况综合评判,盾构接收施工风险可控。

2. 钢套筒始发与接收

钢套筒技术作为近年大量应用的盾构始发与接收技术,在始发与接收端地层条件、地下水控制、循环利用等方面具有很大优势,主要有如下方面:

(1)适用性广。适用于各种复杂地层,尤其是洞门端头地质条件差,而且加固施工比较困难时,盾构钢套筒进行始发和接收施工具有明显的优势。

(2)循环利用。盾构钢套筒由多块钢结构组成,可多次组装、拆卸,在同一盾构隧道中可以多次循环使用。虽然制造费用较高,但多次使用将分摊成本,节省大量地基加固费用,尤其是在盾构过站较多的线路上更具经济效益。

(3)安全环保。采用钢套筒辅助盾构始发与接收,能较好地控制施工过程中

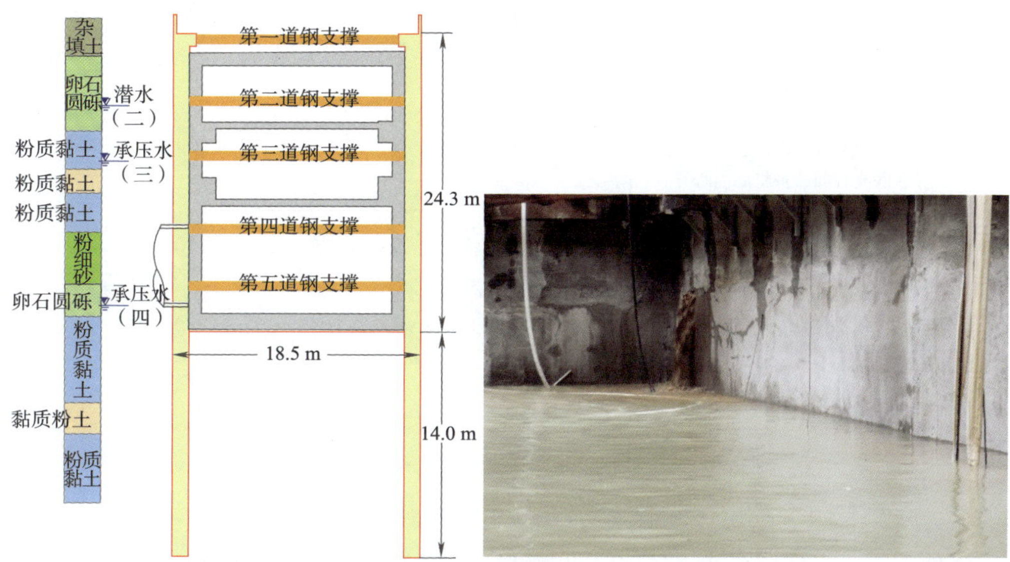

图 4.3-4　盾构接收井剖面图及盾构接收井侧壁涌水

的各种风险。对周围建筑物和地下管线影响较小，同时基本不会对周边水土环境造成影响。

4.3.3　暗挖隧道止水技术验证与推广

目前常见的地下水止水帷幕，按照帷幕的施工方法不同，分为地下连续墙、搅拌桩、旋喷桩、注浆法、冻结法、咬合桩法及复合工艺等。止水技术在明挖工程中应用广泛，且效果普遍较好；但在暗挖工程中由于洞内空间条件限制，无法进入大型机械设备，止水技术施工质量难以保障，止水效果不佳还容易出现突涌、流沙等风险，地下水持续难以控制还会导致工期紧张，无法顺利完工，甚至影响整体地铁线路如期通车。北京市属于超大城市，地铁线路不可避免要穿越城区繁华地段，交通繁忙、环境复杂，受制于周边环境因素仍需要部分区域采用暗挖法施工，那么如何减小暗挖施工对地下水影响，就不得不面对隧道内止水技术应用的难题。为此，北京市近年在暗挖止水施工方面做出了很多尝试试验，取得了很好的经验。

1. PBA 车站咬合桩 + 超高压旋喷止水

咬合桩止水在明挖基坑应用较多，且实施效果也比较良好，考虑应用咬合桩作为 PBA 车站边桩，同时配合超高压喷射搅拌桩封底形成封闭的止水帷幕，达到暗挖无水施工的目的。

典型案例：某车站 4 导洞 PBA 工法施工，车站开挖面侧壁采用 ϕ900@1 200 mm 钢筋混凝土桩与 ϕ900@1 200 mm 膨润土砂浆桩相互咬合形成止水帷幕，咬合厚度 300 mm，车站基底采用 ϕ1 500@1 200 mm 排距 950 mm 超高压喷射搅拌桩止水封底。AB 型咬合桩进行止水咬合式膨润土砂浆桩桩底位于旋喷层底以下 1 m 处,咬合式钢筋混凝土桩底位于底板下 16.5 m,在导洞开挖完成后开始施作,某车站咬合桩平面示意如图 4.3-5 所示。

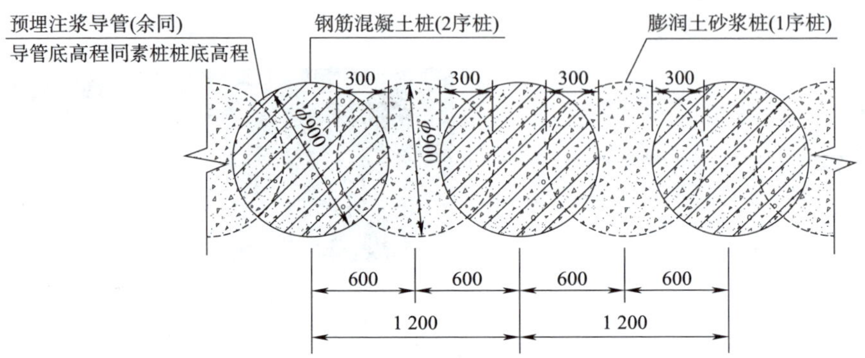

图 4.3-5 某车站咬合桩平面示意图(单位:mm)

地下为两层暗挖车站,双柱三跨断面形式(宽 25.3 m,高 16.87 m),局部为三柱四跨(宽 34.8 m,高 16.87 m)。拱顶覆土 11.9 m,拱部位于圆砾卵石⑤层及粉细砂③$_3$层,底板位于卵石⑨层。底板进入地下水位约 3.3 m。4 导洞采用洞桩法施工。

咬合桩设计参数:A 桩为Ⅰ序桩,ϕ900@1 200 mm,咬合式膨润土砂浆桩,设计数量 613 根;B 桩为Ⅱ序桩,ϕ900@1 200 mm,咬合式钢筋混凝土桩,设计数量 580 根;咬合厚度不小于 300 mm;垂直度不大于 0.3%,桩位偏差为 +30 mm,桩深偏差为 +300 mm。

方案概况如下:

①为保证咬合和垂直度对现有的洞内施工钻具进行改良。

②A 桩(咬合式膨润土砂浆桩)材料可行性试验研究已取得成功,现场最终确定采用 M7.5 膨润土砂浆,7 d 抗压强度为 2~8 MPa,抗渗性能渗透系数不大于 1×10^{-6} cm/s,便于钻机切削;B 桩(咬合式钢筋混凝土桩)施工时不受缓凝时间影响,且垂直度有保证。

③抗渗能力强,止水效果好。

④有可靠的侧注浆处理措施,以保证止水效果。

⑤咬合桩施工时,需采用"跳三打一"施工,施工相邻桩位时保证搭接长度为 300 mm。

考虑到暗挖车站止水施工较少,经验不足,洞内条件与地面条件差异性大,在某车站通过竖井进行暗挖导洞内咬合桩止水的模拟实验。

试验案例:竖井净尺寸为 8.24 m×12.04 m,井深为 29.5 m。竖井采用明挖法咬合桩+内支撑施工。咬合桩为 ϕ1 000@1 200 mm 钻孔灌注桩,咬合厚度为 400 mm(考虑洞内施工条件),经过计算桩的嵌固深度为 6.5 m,钢筋混凝土桩桩长约 34.2 m，最外层钢筋的混凝土保护层厚度为 50 mm，混凝土桩伸入基坑下 2.5 m，桩长约 30.2 m。钻孔桩内设圆形钢筋笼，桩间采用 70 mm 厚网喷混凝土，钢筋网规格为 B6.5@150×150(mm)，钢筋网搭接约 2 个网格。基坑深度方向布置五道支撑，第一道支撑为 ϕ609 mm 钢支撑（厚为 16 mm）＋钢筋混凝土角撑（1.5 m×1.5 m，厚 400 mm），第二道～第五道支撑为 ϕ609 mm 钢支撑（厚为 16 mm）＋钢斜撑（ϕ609 mm，厚 16 mm，2.5 m×2.5 m）＋钢角撑（1 m×1 m），冠梁尺寸为 1 200 mm×800 mm，腰梁采用双榀 45b 工字钢组成，钢支撑预加力应根据现场施工的变形、受力监测情况调整实施。

竖井冠梁位于杂填土①层；竖井向下依次为黏质粉土、砂质粉土②层、黏质粉土、砂质粉土$③_1$ 层、粉细砂④层、细中砂⑥层、圆砾、卵石$⑥_1$ 层、细中砂⑥层、黏质粉土、砂质粉土$⑦_2$ 层、粉质黏土⑦层；竖井底位于粉质黏土⑦层中，底板开挖面下粉质黏土⑦层最薄处约 4 m。

勘察过程中观测到三层地下水，为潜水（二）、承压水（三）和承压水（四）。竖井底板位于承压水（三），采取疏干井坑内降水；开挖过程中有明显渗水，根据渗水量情况，辅以抽排、疏干或堵水措施。

竖井咬合桩共 74 根，桩径为 1 m，分为 A 序桩（混凝土桩）和 B 序桩（钢筋混凝土桩）。其中 A 序桩 38 根，桩长度为 30.2 m，插入深度为 2.5 m，B 序桩 36 根，桩长度为 34.2 m，插入深度为 6.5 m，桩间咬合厚度为 400 mm，桩身垂直度不得大于 1/300，咬合桩定位误差不大于 50 mm。

咬合止水桩素桩采用塑性混凝土（设计参数：抗压强度不大于 5 MPa，抗渗系数不大于 1×10^{-6} cm/s，坍落度为 180～220 mm）；咬合止水桩钢筋混凝土桩采用 C30 钢筋混凝土，坍落度为 180～220 mm；钢筋采用 HRB400、HPB300 钢筋，材质应符合现行国家标准和行业标准的规定。

在咬合桩施工时，按照车站导洞尺寸搭设一段临时导洞，模拟设备在车站止水施工时的适应性。洞内专用液压反循环钻机模拟导洞内施工条件，如图 4.3-6 所示。咬合桩成孔采用改装 8JH-150 型履带式反循环钻机，钻机质量为 19 t，为进一步满足试验条件，改装功能包括：钻杆加重提高切削功能；每 3 m 一道设置扶正钻杆提高垂直度控制能力；针对$⑥_1$ 卵石层地质特性改进专用钻头，提高成孔效率。

咬合桩施工采用硬咬合法，即采用反循环钻机先期施工混凝土桩，待混凝土桩强度达到设计强度（不大于 5 MPa）要求后施工钢筋混凝土桩，实现硬咬合施工，最终形成止水帷幕，如图 4.3-7 所示。咬合桩施工需采用“跳三打一”方法施工。竖井施工过程中，咬合桩垂直度控制效果不佳，出现桩体侵限，共 39 根桩体（共 71 根）侵限，咬合桩试验未达到预期止水效果，开挖过程中出现多处渗漏点。咬合桩侵限情况统计见表 4.3-1，咬合桩侵限如图 4.3-8 所示，侧壁多处渗漏水如图 4.3-9 所示。

图 4. 3-6　洞内专用液压反循环钻机模拟导洞内施工条件(单位:mm)

图 4. 3-7　咬合桩施工及分节安装钻杆

表 4. 3-1　咬合桩侵限情况统计

开挖深度(m)	侵限情况	
	钢筋混凝土桩(根)	混凝土桩(根)
3. 3	14	1
6. 3	18	4
9	19	10
12	20	16
15	22	17
17. 8	22	17
20. 5	23	18

图 4.3-8 咬合桩侵限

图 4.3-9 侧壁多处渗漏水

针对竖井侧壁渗漏水问题现场组织专家会，专家建议继续向下开挖竖井，在开挖过程中观察竖井侧壁咬合及渗漏水情况，验证咬合桩止水效果；在坑内设置观测井及疏干井，进行抽排并观测地下水位，据此判断后续渗水量，作为地下水处理措施的依据；对渗水部位在开挖前应采取斜向深孔注浆堵水措施；在坑边有条件的位置设置应急减压降水井。施工单位根据专家意见最终完成竖井施工。

通过试验总结，采用混凝土咬合桩施工止水帷幕基本可行，但必须在成孔过程中对垂直度进行严格控制。在现阶段设备条件下在洞内采用咬合桩止水存在渗水不达预期可能，二序钢筋混凝土桩侵限可能性较大，需要对洞内钻孔灌注桩施工钻机进一步改进，有效提升钻进过程中垂直度控制；进一步研制随钻检测及纠偏措施，在钻进过程中即可对垂直度进行检测及纠偏。

2. 车站冻结法止水

冻结法是利用人工制冷技术，使地层中的水结冰，把天然岩土变成冻土，增加其强度和稳定性，隔绝地下水与地下工程的联系，以便在冻结壁的保护下进行井筒或地下工程掘砌施工的特殊施工技术。在北京地区常作为盾构区间联络通道止水施工,止水效果普遍较好,也被考虑作为暗挖车站止水施工技术的一种,选取两个车站进行冻结止水试验,虽然最终因大体量冻结施工难度大、安全及质量保证性不足及工期紧张等原因未能实施,但其设计思路和经验仍能给后来者带来启发。

案例1:某车站为地下三层岛式站,总长为240.7 m,与另一地下两层岛式站换乘,两站台宽度均为14 m。两线车站采用T形节点换乘,车站两端区间均采用矿山法施工。车站采用冻结止水施工,止水方案从最初的全面冻结到咬合桩+底板冻结,两个方案情况如图4.3-10和图4.3-11所示。

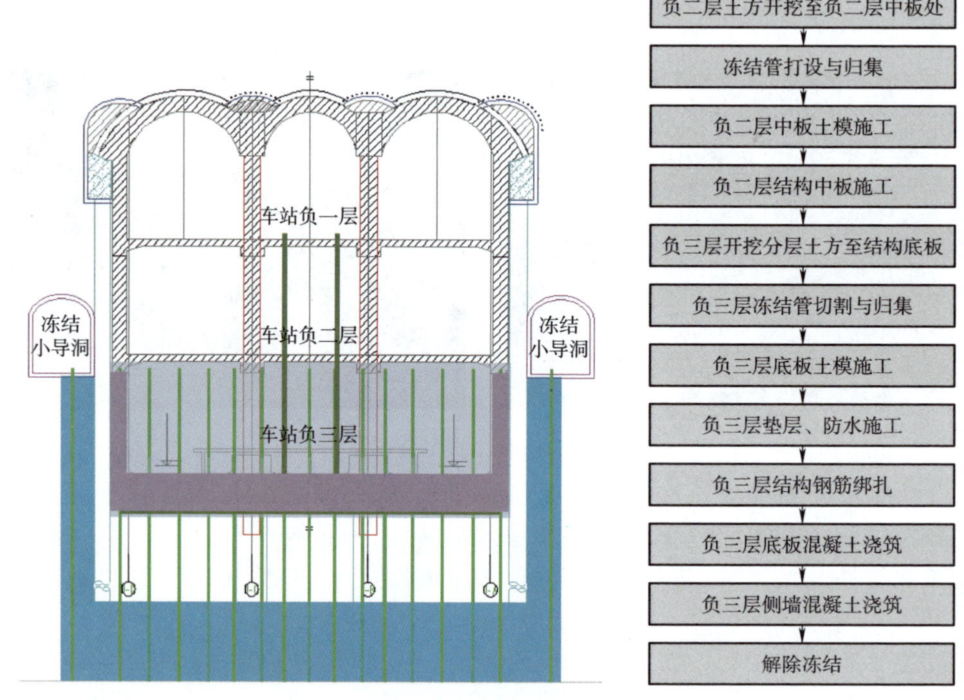

图4.3-10　车站盆式冻结断面及冻结施工工序

根据PBA工法施工特点及竖井横通道施工进度,车站底板冻结由左向右冻结分区长度依次为47.3 m、21.4 m、27.4 m、47.1 m、32.5 m、29.5 m、41.7 m,共7个分区。依次按照3和4、1和5、2和7、6分区交错重叠施工,如图4.3-12所示。

案例2:某车站总长为212.3 m,标准段宽为25.0 m,高为23.15 m,顶板覆土厚度约12 m。设置三座施工竖井,采用四导洞PBA工法,三层三跨直墙拱形结构形式,底板位于层间水(三)下5.26 m。盾构过站后再施作车站负三层结构,需要在站内拆除管片。该车站利用盾构区间作为冻结设备平台,开展冻结施工,采用侧墙咬合桩+底板V形布孔冻结止水,如图4.3-13所示。

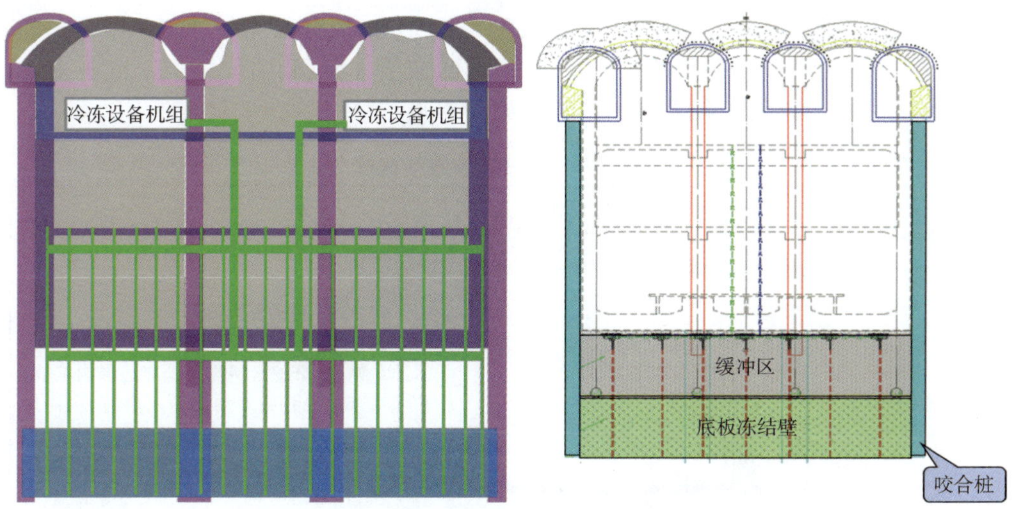

图 4.3-11　车站咬合桩 + 底板冻结联合止水断面图

图 4.3-12　车站底板冻结分区

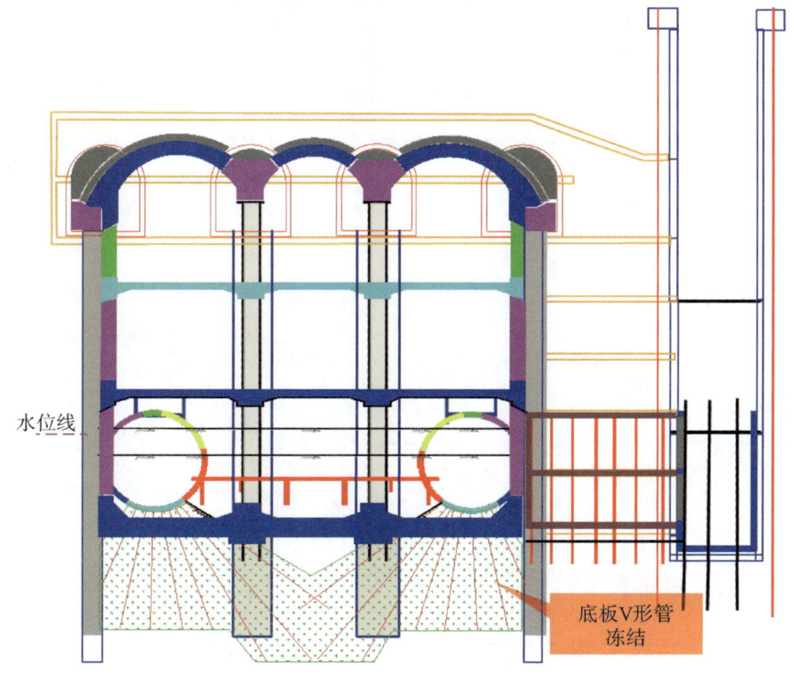

图 4.3-13　侧墙咬合桩 + 底板 V 形冻结断面图

车站共组织设计了侧墙斜管＋底板V形冻结方案、侧墙斜管＋底板水平冷冻方案、侧墙环向导洞内垂直冻结管＋底板V形冻结方案、侧墙咬合桩＋底板V形冻结方案共4个方案。各方案比选情况见表4.3-2。

表4.3-2　车站冻结方案比选

方案	车站冻结断面图	特点
侧墙斜管＋底板V形冻结方案	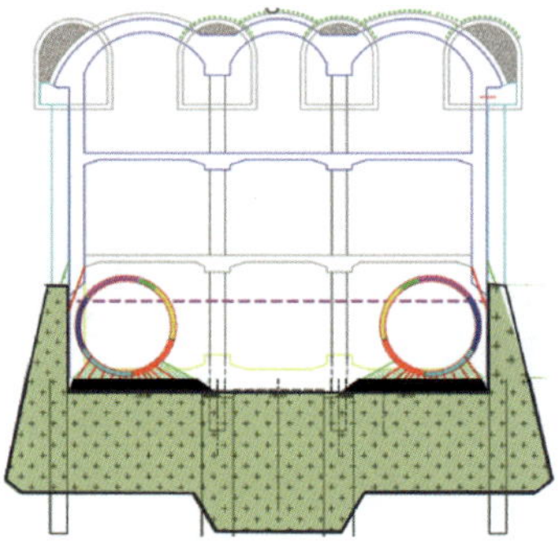	优点:利用盾构进行钻孔,节省关键线路工期; 缺点:开挖区域需开挖冻土影响工效;底部冻结孔归集后维护困难,存在一定风险; 安全性:主要风险位于侧墙,冻结壁较薄,且暴露时间长,一旦发生事故不易控制
侧墙斜管＋底板水平冷冻方案	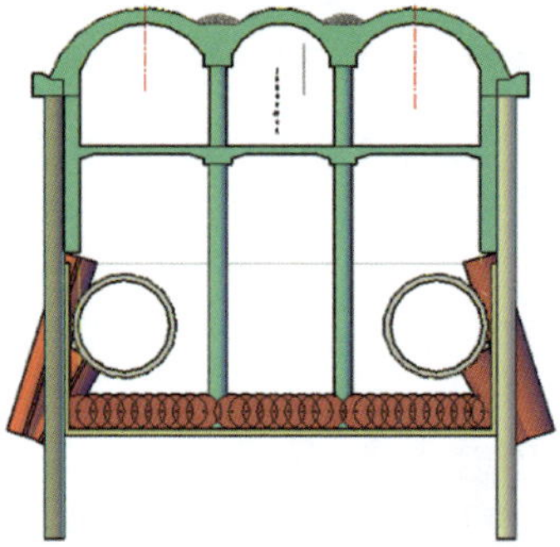	优点:开挖体系与冻结体系完全隔离,交叉施工少,便于开挖施工组织;冻土体量小,冻胀融沉维护较容易;冻结壁维护容易,利于风险控制; 缺点:占用关键线路工期3个月;中板需在底板结构施工完成后进行,严重影响施工效率; 安全性:安全性较好,冻结系统与开挖衬砌施工交叉较少,易于控制安全
侧墙环向导洞内垂直冻结管＋底板V形冻结方案	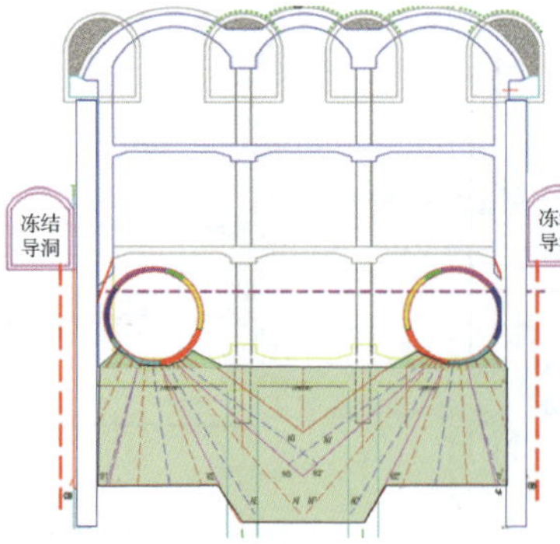 冻结导洞　冻结导洞	优点:利用环向导洞内施工冻结孔,节省关键线路工期;减少侧墙冻结与结构施工的交叉施工; 缺点:环向导洞施工增加废弃工程量,导洞长度达476 m;开挖范围内需开挖一部分冻土,影响工效; 安全性:安全性较好,侧墙冻结孔与开挖交叉施工较少

续上表

方案	车站冻结断面图	特点
侧墙咬合桩 + 底板 V 形冻结方案	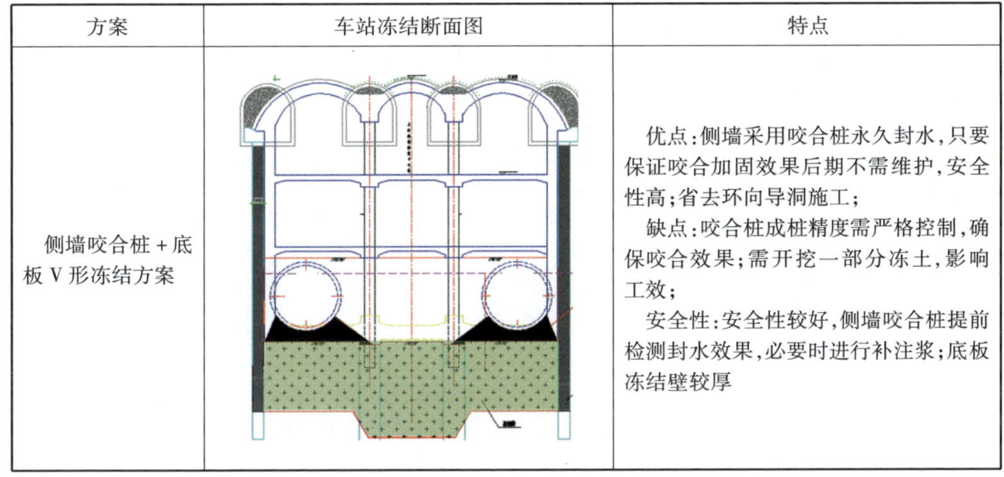	优点：侧墙采用咬合桩永久封水，只要保证咬合加固效果后期不需维护，安全性高；省去环向导洞施工； 缺点：咬合桩成桩精度需严格控制，确保咬合效果；需开挖一部分冻土，影响工效； 安全性：安全性较好，侧墙咬合桩提前检测封水效果，必要时进行补注浆；底板冻结壁较厚

最终两个车站冻结法止水因各种不稳定因素未能实施，但在设计阶段经过了多轮论证，邀请多个行业专家咨询评审，从最初的全面的盆式冻结，发展到咬合桩作为止水壁 + 冻结封底的设计方案，在方案一步步论证中，也解决了很多冻结法在城市地铁车站施工中面对的设计难题，为后续技术发展应用奠定了很好的技术基础。

3. 超高压喷射搅拌成桩（N-JET 工法桩）止水

目前旋喷桩主要在粉土、黏土、粉细砂、砾石等细颗粒地层中应用，且取得了良好的效果。超高压喷射搅拌成桩（墙）技术在富水砂卵石中也有初步的应用，如在北京地铁万泉河站中对卵石⑤、⑦进行注浆并取得了良好的效果，但对于富水砂卵石地层注浆止水的适应性尚未形成系统的结论，关键技术尚未提炼总结，相应的技术规程和验收标准也尚未形成。因此，北京地铁针对 N-JET 工法桩在建设线路中选取了几个竖井进行富水砂卵石地层的止水试验。

典型案例 1：某车站 4 号竖井采用倒挂井壁法施工，平面开挖尺寸为 7.6 m × 5.3 m，井口地面设计高程为 48.80 m，开挖深度为 34.719 m。竖井所处地层为填土①、粉土③$_1$、粉质黏土③、粉质黏土④层、粉质黏土⑥层。受上层滞水（一）、潜水（二）、承压水（四）等三层地下水影响，其中承压水（四）含水层为⑦卵石，2017 年9 月水头高度约 7 m，位于井底以上 4.5 m，2019 年 1 月水头高度约 11.8 m，位于井底以上 9.3 m，含水层顶板距竖井底板 1.5 m。

4 号竖井四周拟采用 N-JET 工法桩施工止水帷幕，自地面施工。旋喷桩直径采用 ϕ1 800@1 200 mm，咬合厚度为 600mm，沿竖井四周单排设置 N-JET 工法桩，有效桩长为 10 m，桩底进入隔水层 1 ~ 2 m，共计 16 根，总长 160 m，合约 407 m^3，如图 4.3-14 和图 4.3-15 所示。止水帷幕工法桩加固后土体无侧向抗压强度不小于 0.8 MPa，渗透系数不大于 1×10^{-6} cm/s。

通过相邻两根桩之间的互相咬合，最终在竖井井壁四周形成止水帷幕，达到隔断外部承压水的目的，该竖井主要试验 N-JET 工法桩在高承压性富水卵石地层中应用。

4 号竖井施工过程中止水效果较好，开挖面轻微渗水，侧壁未见明显渗漏，引流导排后不影响正常施工，如图 4.3-16 所示。

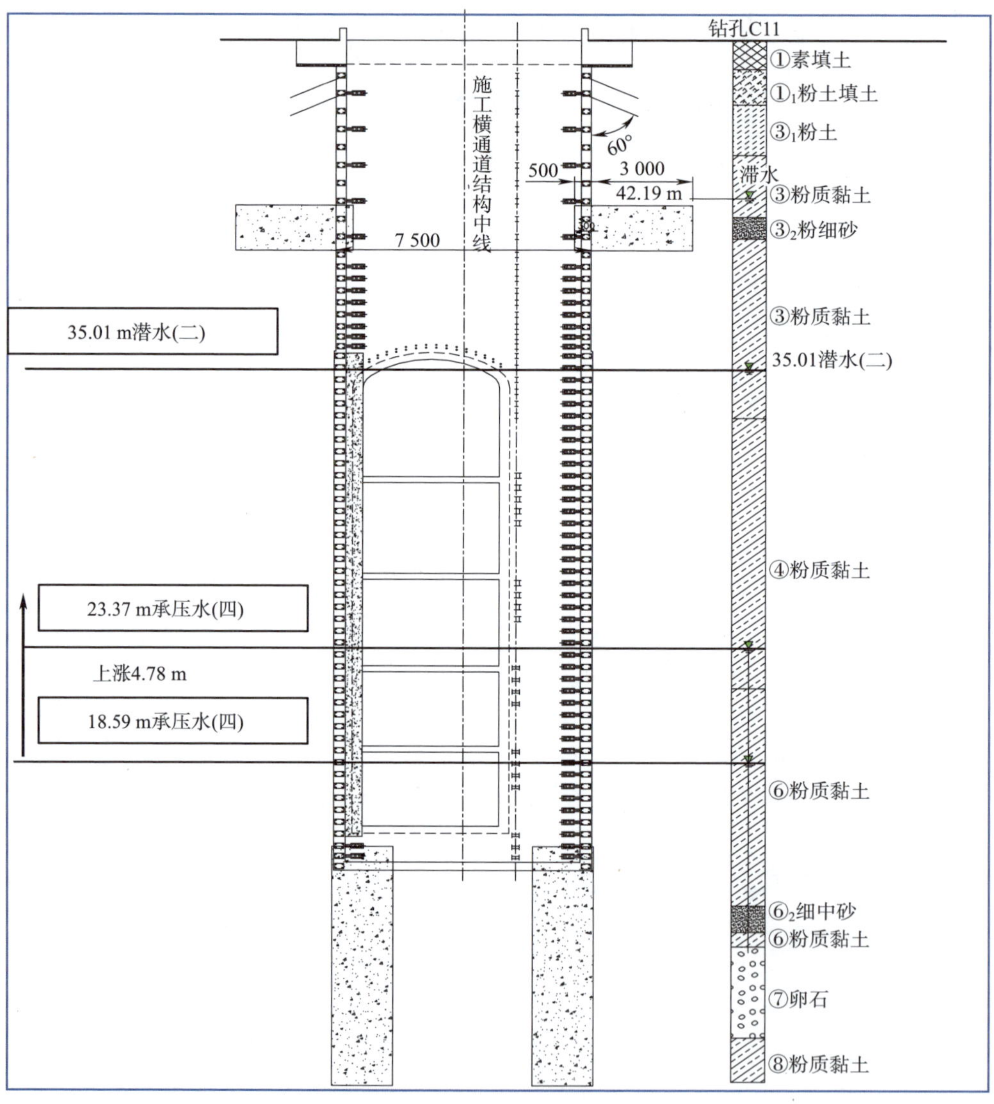

图 4.3-14　4 号竖井 N-JET 工法桩剖面图（单位：mm）

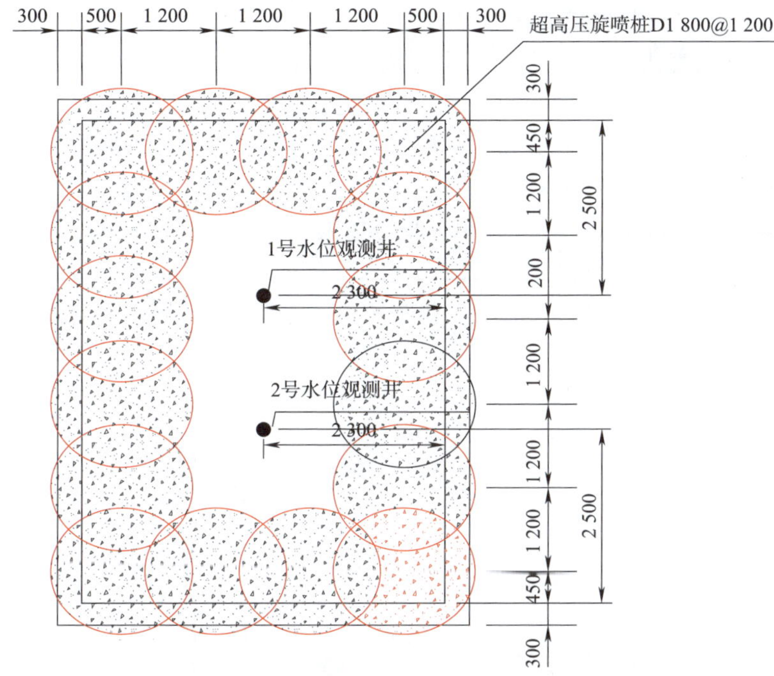

图 4.3-15　4 号竖井 N-JET 工法桩平面布置图(单位:mm)

图 4.3-16　4 号竖井施工情况

典型案例 2:某车站竖井采用倒挂井壁法施工,净空尺寸为 4 m×6 m(水位线下为 4 m×4 m),竖井深度约 33.35 m。竖井所处地层自上而下依次为杂填土①$_1$层、粉土素填土层①层、粉土②层、粉细砂③$_3$ 层、卵石、圆砾⑤层、粉质黏土⑥层、粉细砂⑥$_3$ 层、卵石⑦层、粉细砂⑦$_2$ 层、卵石⑦层、卵石⑨层。

竖井范围内地下水主要为潜水(二)层,水位高程为 22.3 m,含水层主要为卵石⑦层,卵石⑨层,竖井进入地下水 7.55 m,渗透系数为300 m/d,日涌水量约23 000 m^3。该层水补给来源主要为大气降水和侧向径流,以侧向径流和向下越流方式排泄。

竖井四周及底部均采用 N-JET 工法桩,自地面施工。工法桩直径采用 ϕ1 600@1 000 mm,桩体采用梅花形布置,间距为 1 000 mm×1 000 mm,咬合厚度为

600 mm,竖井四周设置单排 N-JET 工法桩,竖井进入水位以下时尺寸由 4 m × 6 m 变成4 m × 4 m。考虑浮动水位,竖井四周与竖井底部工法桩桩底同深,桩长为 38.55 m。侧壁工法桩至水位线上 2 m,有效桩长为 14.75 m;竖井底部工法桩封底厚度为 4.2 m,有效桩长为 4.2 m。封底工法桩加固后土体无侧向抗压强度不小于 0.8 MPa,渗透系数不大于 1×10^{-6} cm/s。竖井底板下设 1 m 厚反滤层(原状土)不喷射搅拌,同时在基底选取 3 根相互咬合桩喷射搅拌至底板高程线上 1 m,开挖过程中检验超高压喷射搅拌成桩(墙)工法(N-JET 工法)桩在卵石⑦层、卵石⑨层的成桩直径和咬合效果,如图 4. 3-17 和图 4. 3-18 所示。

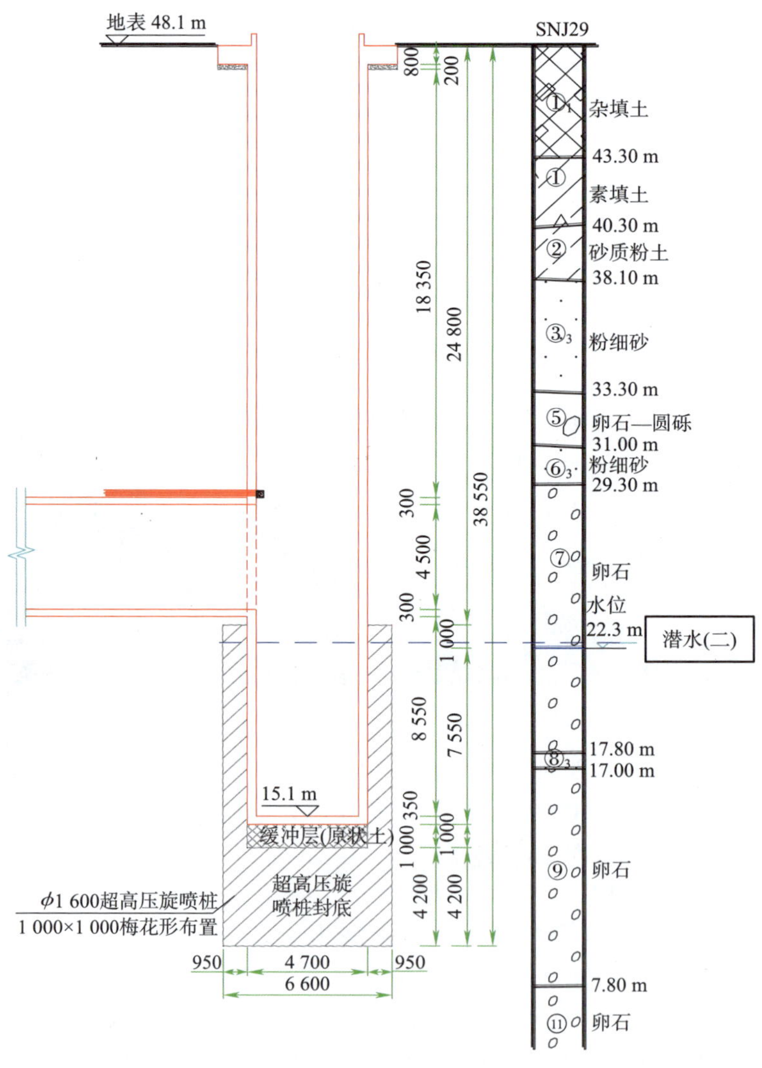

图 4. 3-17 竖井剖面图(单位:mm)

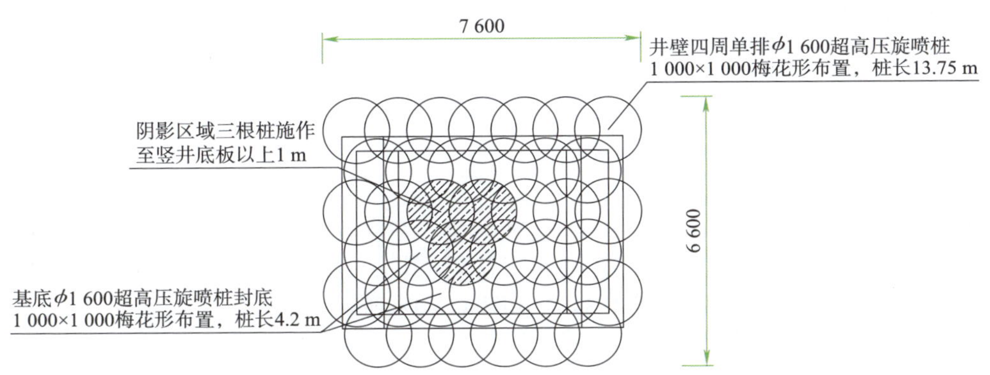

图 4. 3-18　超高压旋喷桩封底平面布置图(单位:mm)

该车站竖井止水效果一般,超高压旋喷封底效果不佳,开挖面在入水深度 1 m 开始,侧壁出现渗水,坑内积水严重,最深时达到 50 cm,施工过程中受地下水影响明显,如图 4. 3-19 所示,最终以注浆止水、真空抽排、集水抽排等辅助措施控制地下水完成竖井开挖施工。超高压喷射搅拌桩止水封底效果虽然未能达到预期,但也对车站咬合桩 + 高压旋喷封底止水方案的修订提供了技术支持,确保车站施工顺利。

图 4. 3-19　竖井施工过程井壁渗水、井底积水

典型案例 3:某车站竖井井口尺寸为 5. 10 m × 9. 60 m,竖井深约 30. 46 m,由波纹钢板、型钢立柱、型钢环腰梁、小导管组成支护体系,井内设置临时型钢支撑,井底采用型钢与模筑混凝土封底,井口设置 2 000 mm × 800 mm 锁口圈梁,锁口圈梁下 2. 0 m 范围内地基采用小导管注浆加固,如图 4. 3-20 所示。

竖井主要穿越地层为杂填土①层、粉土填土$①_1$ 层、粉质黏土③层、粉土$③_1$ 层、粉质黏土④层、粉土$⑥_1$ 层;主要分布三层地下水,地下水类型为上层滞水(一)、层间潜水 ~ 承压水(三)。施工主要受潜水(二)、承压水(四)影响,含水层岩性主要为粉土$⑥_1$ 层、细中砂$⑥_2$ 层、卵石⑦层、细中砂$⑦_1$ 层及卵石⑨层。

竖井四周及底部均采用 N-JET 工法桩,自地面施工。工法桩直径采用 ϕ1 600@

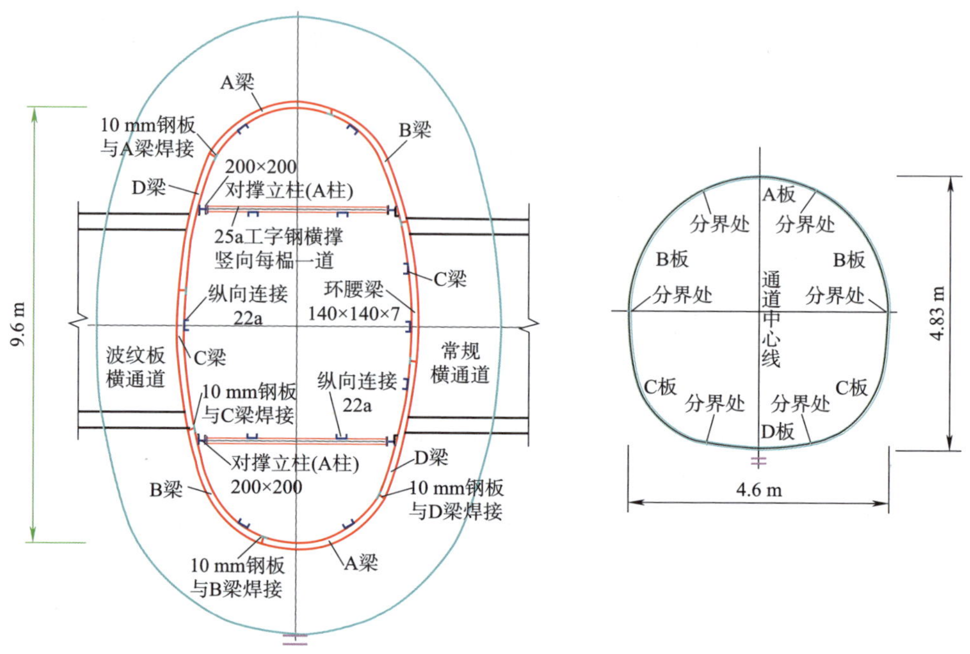

图 4. 3-20　竖井及通道波纹板支护断面图(单位:mm)

1 000 mm,桩体采用梅花形布置,间距为 1 000 mm × 1 000 mm,咬合厚度不小于 600 mm,竖井四周设置单排 N-JET 工法桩;竖井底部工法桩封底厚度为 3. 18 m,有效桩长为 3. 18 m。竖井基底选取 5 根相互咬合桩喷射搅拌至底板高程线上 1 m,开挖过程中检验 N-JET 工法桩在粉质黏土层④、粉土层$⑥_1$、粉质黏土层⑥的成桩直径和咬合效果,如图 4. 3-21 所示。

竖井及横通道均使用波纹板作为初期支护,施工过程较为顺畅,竖井周边地表最大累计沉降 12 mm,与同车站其他倒挂井壁法竖井沉降基本相同,施工过程中无监测突变情况。同时波纹板作为初期支护也存在一些问题需要继续解决(图 4. 3-22):

(1)波纹板预留锁脚锚管孔位及回填注浆孔开孔粗糙。

(2)受地层水影响,回填注浆完成后,局部出现渗水,只能通过采取引流方法集中抽排,同时也反映防水垫片作用不明显。

(3)回填注浆时,紧跟工作面的槽钢和 H 型钢尺寸需优化,否则无法及时架立。

竖井在进入含水层后止水效果整体一般,超高压旋喷桩封底效果不佳,开挖面持续存在渗漏水(图 4. 3-23),现场最终通过引流、导排辅助措施完成竖井开挖施工。

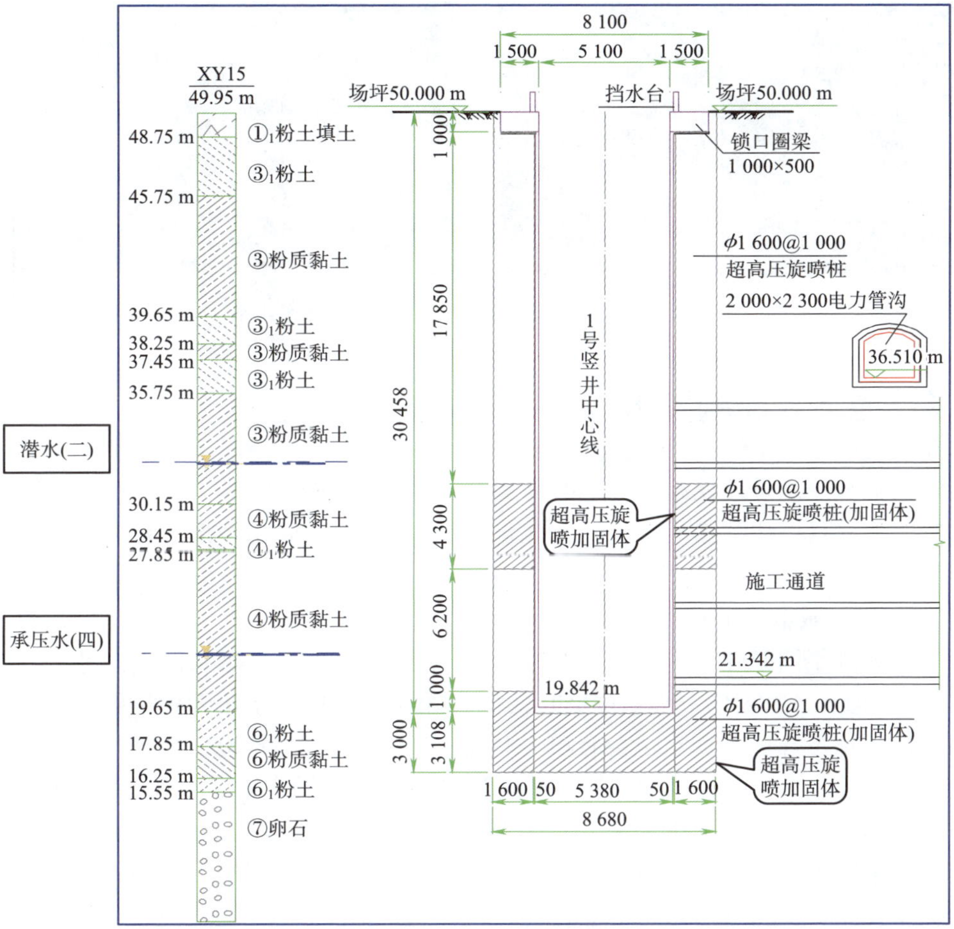

图 4.3-21　竖井超高压旋喷止水断面图(单位:mm)

图 4.3-22　竖井波纹板施工情况

图 4.3-23　竖井施工过程中井壁渗水、井底积水

4.4　地下水控制技术的发展与探索

地下水控制是地铁施工安全的重要保障,在地下水控制形势出现变化的今天,大家需要立足以往技术积累基础上,结合新技术特点发展创新形成新的地下水控制技术。

1. 建立城市地下水动态监控体系

受近些年国家地下水保护力度的提高,政府加大生态补水及南水北调顺利投入使用,北方平原区地下水水位上升,由于工程勘察、设计与施工周期较长,工程勘察期地下水位与施工期水位会有很大差异。以北京市为例,2021 年平均地下水位较年初回升了 5.52 m,导致多条在建线路实际水位与勘察水位不符,部分工点地下水控制措施无法保证正常施工,不得不增加地下水控制措施,给工程施工进度及安全带来很大影响。因此,对于地下工程建设及时掌握城市地下水动态变化趋势至关重要。

目前各大城市水利部门基本都建设有地下水位观测井网,能够形成较为完善的地下水情数据,如何高效利用这些数据是需要下个阶段探索发展的。目前北京市水务局已将"北京市平原区地下水动态"由早期的月报变更为周报,每周将各区地下位变化情况通过水务局官方网站进行公布,供各单位参考利用;同时每年在城市生态补水期开始前,向各工程建设单位发送补水期工作方案,通报补水体量及预计影响区域,提示相关单位做好日常监测和防护。这些手段已基本形成了一套地下水位监测、发布的动态体系,但是地下水位信息如何与工程建设相结合、如何形成联动机制及地下水动态信息进一步挖掘工作还有很长的路要走。

2. 矿山法工程止水工艺发展

矿山法以占地小、施工灵活、对周边设施影响小等特点在城市地铁建设中应用广泛,尤其城市繁华地段矿山法优势明显,但矿山法施工受地质和水文条件的影响较大,需要无水作业条件来保证安全施工。目前矿山法地下水控制方案仍以降水为主，止水施工仅在小体量或含水率小的地层中有应用。在国家大力推动水资源报告情况下，从统筹规划、节水优先、高效利用、系统治理的原则出发，无疑止水方案是后续矿山法工程地下水控制的重要方向。

目前常见的止水帷幕结构类型包括地下连续墙、旋喷桩、搅拌桩、咬合桩、冻结法和深孔注浆等，在暗挖工程施工中受到洞内空间限制，无法提供充足的作业条件，导致大部分止水工艺无法达到预期效果。为此北京地铁从建设线路上针对各类止水工艺均开展了大量的基础试验，结果不同程度上显示矿山法止水工艺仍存在很大的不足，需要在工程设计、机械设备、工艺流程等方面进一步改进。

3. 地下水回灌技术

地下水回灌在地下工程应用上一般指将工程建设过程中抽排的地下水通过一系列技术措施重新注入地层内，从而减少水资源的浪费。回灌技术受地层渗透及含水层厚度影响较大，目前地下水回灌技术在地下工程中应用还处于起步阶段，其中济南地铁因泉水保护的需要在地下水回灌方面应用较为广泛，济南地铁 1 号线所有车站回灌率达到 80%，回灌水量达 1 500 万 t，相当于 13 个大明湖的水量，并研发了一套基坑降水保泉回灌一体化装置，如图 4. 4-1 和图 4. 4-2 所示。

图 4. 4-1　济南地铁现场回灌设备

北京地铁也在房山线北延丰益桥南站进行了地下水回灌试验，验证地下水回灌技术在北京市地层的应用情况。地下水回灌技术的应用将使得降水方案能够重新回到工程建设中，但回灌受到地层限制较大，地下水抽排和回灌的衔接仍需进一步开发。

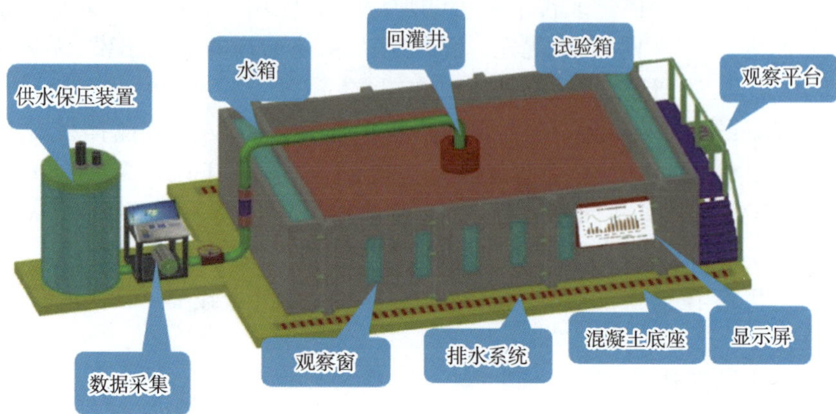

图 4.4-2　济南地铁大型回灌模型试验设备

第5章　北京轨道交通安全风险管控信息化发展

北京轨道交通安全风险信息化由施工安全风险监控系统、盾构施工监控系统、视频监控系统三个主系统构成，根据安全风险管控需要及信息化技术发展，各系统近些年陆续升级，衍生出盾构出土量监测系统、盾尾间隙自动测量系统、半自动化监测系统、自动化监测系统等多个子系统。

5.1　施工安全风险监控系统

北京市轨道交通建设管理有限公司在2007年开始进行北京轨道交通工程施工安全风险管理系统的相关研究，并在后续的线路建设中使用，实现了风险、监测和进度协调管理。安全风险监控系统经过十多年的积累，将北京轨道建设管理体系灌输到系统每一个角落，施工过程数据全面掌握，为北京轨道建设各层级、各参建单位的管理工作提供有力的支撑，在风险监控领域独树一帜。大量的数据规范化、合理化、精细化、电子图形化工作及各种分析功能使之成为真正意义上的轨道交通建设安全风险大数据管理中心。

风险系统建立十余年来，在2014年和2018年配合管理体系的修编升级，进行了两次大规模的升级工作，确保系统平台与体系管理的完全契合，满足北京轨道交通建设安全管理的实际需要，如图5.1-1所示。在系统的使用过程中，对系统不断地进行完善和升级，如2015年违约处置管理办法配套升级任务、2016年工程进度信息化实施研发、2019年视频监控风险系统功能研发、洞内监测项目纳入风险系统研发、2020年冻结法工程管理模块等。

1. 视频系统的接入

施工视频监控，通过专网进行查看和使用。此次升级改造，建立外网专用的视频服务器，与风险系统进行数据交互。在风险系统嵌入视频专用插件，并建立视频摄像头管理机制，可在风险系统电脑端和手机端实时查看现场视频，如图5.1-2所示。

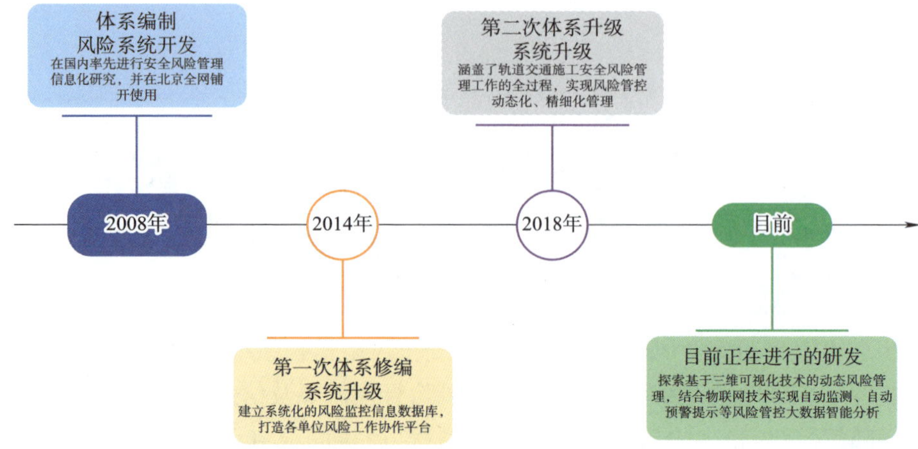

图 5.1-1　风险系统的发展历程

图 5.1-2　现场视频接入风险系统 PC 端和手机端展示

2. 冻结法工程的管理

冻结法工程功能模块主要将冻结法施工在系统对应工点下建立对应的冻结法工程，并将各项冻结法主要数据接入系统，实现冻结主要数据的查询和使用。主要接入数据包括主管去路温度、主管回路温度、支管回路温度、测温孔点温度、工作面温度点温度、卸压孔点、冻结天数等。数据的录入分为自动接入和手动上传两种模式，手动上传数据由施工单位账户登录后，依据模板填报上传。两种模式均需在系统中设定好冻结工程和冻结实体后进行。冻结工程实施单位接入系统后，自动进行数据传输，系统依据数据进行计算，并生成对应图表予以展示，见表 5.1-1、图 5.1-3 和图 5.1-4。

表 5.1-1　冻结法数据采集表

冻结法数据采集			
监测项目	自动	手动	预警
主管去、回水	√	√	冻结开挖期间

续上表

冻结法数据采集			
监测项目	自动	手动	预警
支路回水	√	√	冻结开挖期间
测温孔温度(单点多值)	√	√	冻结开挖期间
冻结天数(运行时间)	√	√	无
工作面温度监测		√	冻结开挖期间
泄压孔		√	不受时间限制

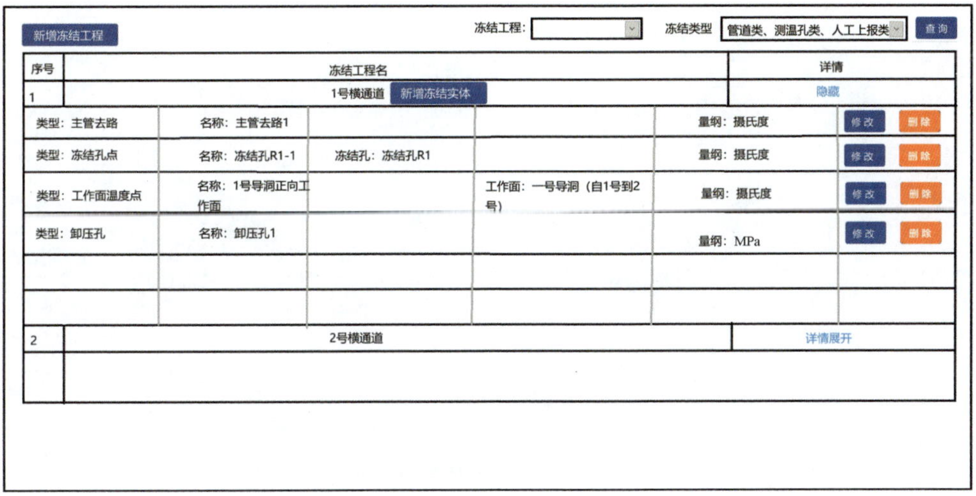

图 5.1-3　冻结工程管理界面

序号	上传人	上传时间	量纲	工点	冻结数据
1	刘×	2020-01-14 13:03:26	℃	10	33.0
2	刘×	2020-01-14 13:02:35	℃	10	54.0
3	刘×	2020-01-14 13:01:55	℃	10	543.0
4	刘×	2020-01-08 15:24:19	℃	10	325.45
5	刘×	2020-01-07 21:29:07	℃	10	421.25
6	刘×	2020-01-06 16:38:15	℃	10	64.47
7	刘×	2020-01-06 16:32:29	℃	10	41.0
8	刘×	2020-01-06 10:34:59	℃	10	43.0
9	刘×	2020-01-03 16:28:27	℃	10	56.2
10	刘×	2020-01-02 10:59:56	℃	10	32.0

图 5.1-4　冻结数据查看界面

3. 洞内监测

施工单位依据洞内监测，对拱顶沉降及净空收敛测点数据采集、报表生成及超限制提示功能进行研发。拱顶沉降及净空收敛测点由监测单位录入系统测点库，并设置坐标、阈值等基本信息，施工单位通过 Excel 表固定模板上传监测数据。系统自动进行速率计算，并依据阈值，予以超限提示，如图 5.1-5 和图 5.1-6 所示。

图 5.1-5　洞内监测数据上传界面

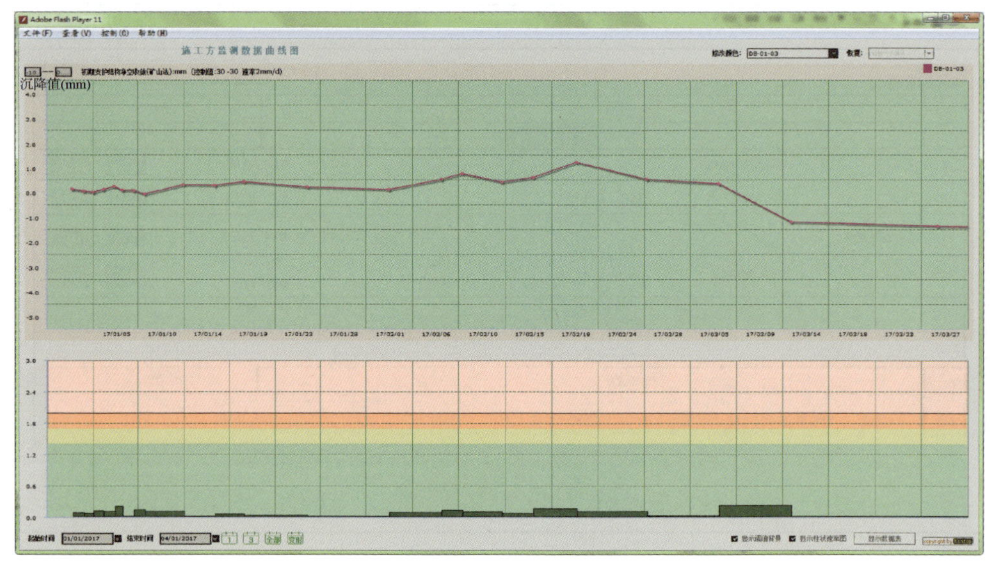

图 5.1-6　洞内监测数据查看界面

4. 监测辅助功能

为便于现场数据分析，全面掌控现场安全信息。风险系统提供了大量的辅助功能，通过图表，直观地展示出当前安全状况。如差异沉降功能，系统依据所选测点，自动计算出测点距离及沉降量差值，并生成图表。云图功能可在“工程风险状态”图中，自动依据监测数据生成沉降云图，结合巡视预警、工程进度等图形展示，如图 5.1-7 和图 5.1-8 所示。

5. 风险系统手机 App

在手机端实现了风险系统主要功能的上传、查看、审批等，满足施工现场移动办公需要。利用该系统，及时反馈情况，为现场工作提供便利，配合 PC 端系统，形成规范化、科学化的施工管理和质量控制体系，既可以有效地控制和管理风险，同时又是高效的信息化施工平台，平台把管理、监督、建议、控制与科研结合起来，真正实现多层次的远程管理和分散工程的集中管理，如图 5.1-9 所示。

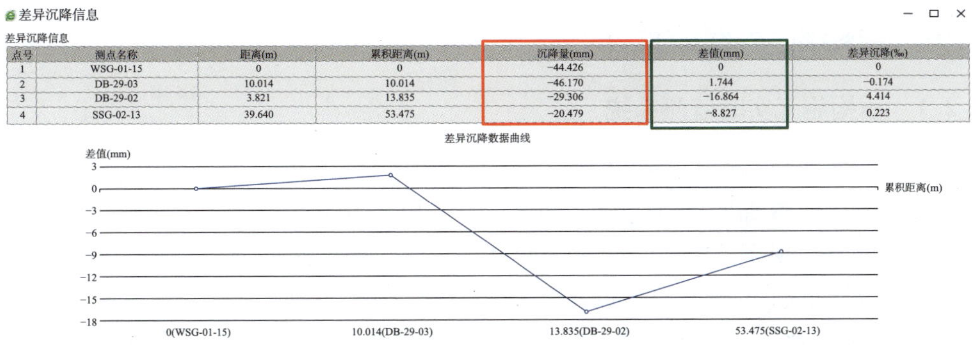

点号	测点名称	距离(m)	累积距离(m)	沉降量(mm)	差值(mm)	差异沉降(‰)
1	WSG-01-15	0	0	-44.426	0	0
2	DB-29-03	10.014	10.014	-46.170	1.744	-0.174
3	DB-29-02	3.821	13.835	-29.306	-16.864	4.414
4	SSG-02-13	39.640	53.475	-20.479	-8.827	0.223

图 5.1-7　差异沉降功能界面

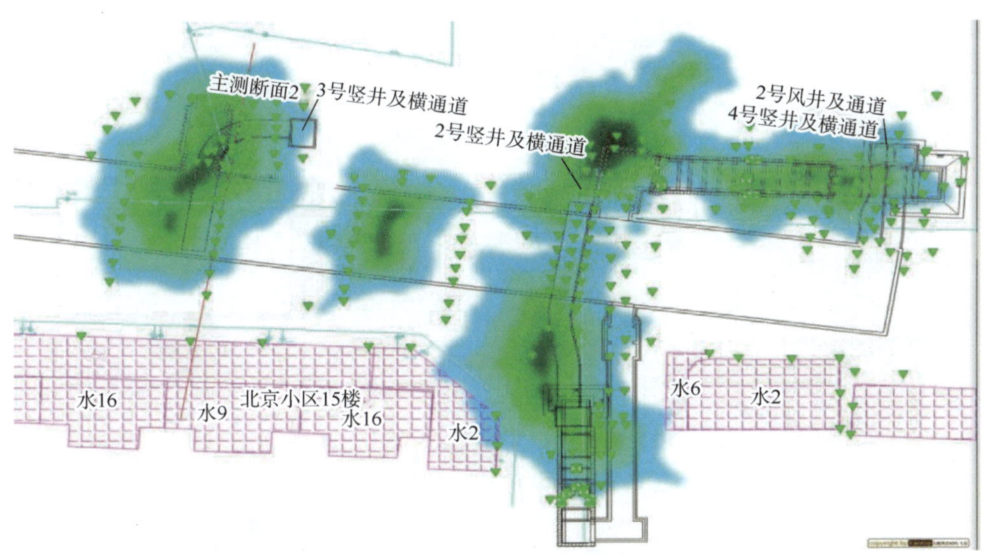

图 5.1-8　监测云图界面

图 5.1-9　风险系统 App 示意图

5.2 盾构施工监控系统

5.2.1 盾构施工实时监测系统

盾构施工实时监控系统(图 5.2-1)是一套盾构施工管理信息系统平台,通过配置、参数调整等方式,能适应建设单位工程不同建设规模、风险特点和管理要求;功能上实现了盾构施工参数实时上传,自动进行后期处理分析的同时提供相应的统计报表;实现建设期的工程资料管理、风险评估、预警信息发布、GIS 地理信息系统以及手机短信平台的深度集成等;系统平台的数据信息和接入系统盾构机的原始数据永久保存,为研究与提高盾构法施工技术的可靠性及针对性提供依据。

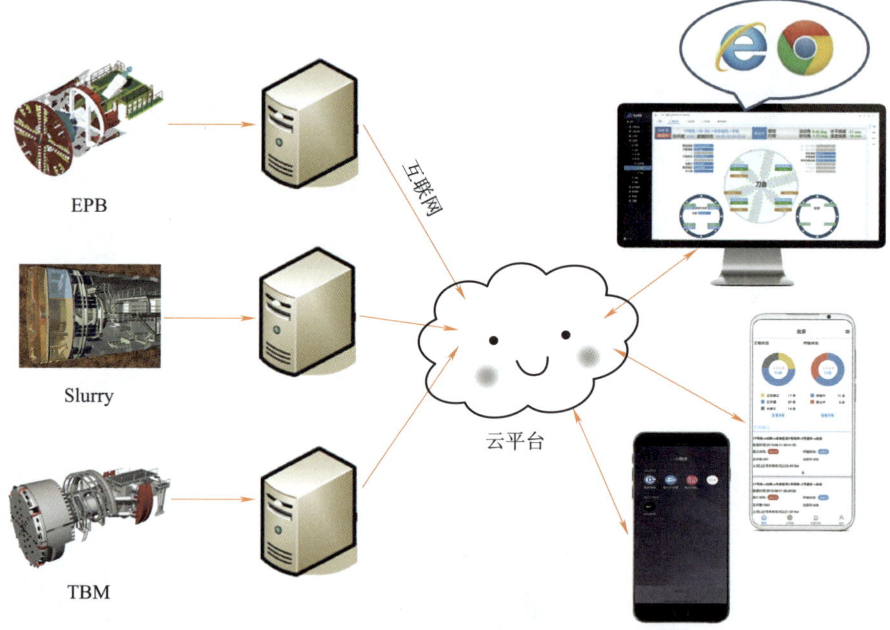

图 5.2-1 盾构实时监控系统示意图

5.2.2 盾构出土量监控管理系统

盾构施工过程中出土量的控制是主要的施工环节之一,出土量控制不当,出土过多或过少都会导致地表的沉降及隆起。出土量监控管理系统能够自动采集并存储盾构掘进过程中的出土量信息,利用这些数据信息对盾构施工过程的风险进行分析,为盾构掘进参数的控制和优化提供指导,如图 5.2-2 所示。

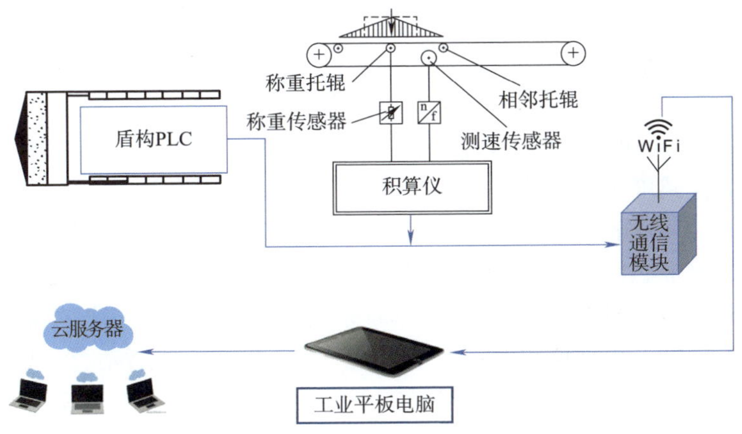

图 5. 2-2　出土量监控管理系统流程图

5. 2. 3　盾尾间隙自动测量系统

盾尾间隙是指盾构机盾尾内壁与管片外径之间的空隙。由于盾构施工的路线并非总是直线以及不同段的管片设计不同，因此盾构机的推出长度是适时调整的，无法保持一致，从而导致盾尾间隙在盾构机掘进过程中不断地变化。当间隙变化量超出设计范围时，管片外径与盾壳内侧之间会发生相互挤压，不仅会给盾构机推进方向造成偏差，还会使管片因受到过大的挤压而损坏，同时也会加速盾尾密封刷的磨损。

盾尾间隙自动测量系统以数字图像处理技术为基础，通过对被测盾尾间隙处的管片局部区域进行激光标定，而后进行图像采集，将采集到的带有激光标定点的管片局部图像传入到计算机中，选用合适的图像处理算法对采集到的图像进行分析、处理和计算，得到盾尾间隙的大小，从而实现非接触式自动测量，如图 5. 2-3 所示。

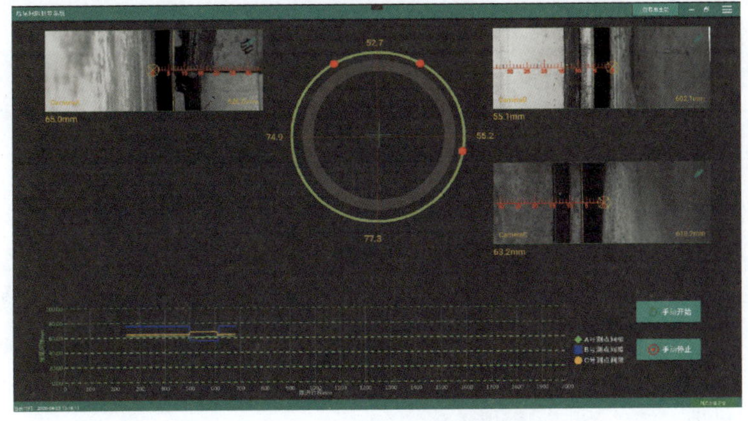

图 5. 2-3　盾尾间隙自动测量系统

5.3 视频监控系统

北京轨道交通建设工程视频监控系统(图 5.3-1)由视频专用网络、视频监控平台、双向语音调度平台三部分构成,整个系统采用三级架构,分别由总控中心(简称 MECC)、4 个分控中心(项目管理层监控分中心)及工点现场监控室等构成,总控中心、分控中心和现场监控室通过专用网络互联。视频监控系统最早于 2013 年建立,随着在建线路增多,最多时 81 个标段同时施工,接入视频监控 2 000 余路,巨量的信息接入和用户访问导致系统超负荷运行,同时系统批处理、智能化、新视频技术融合等功能不足,无法满足日常管控需要,为此北京轨道交通对视频监控系统进行了全面升级。

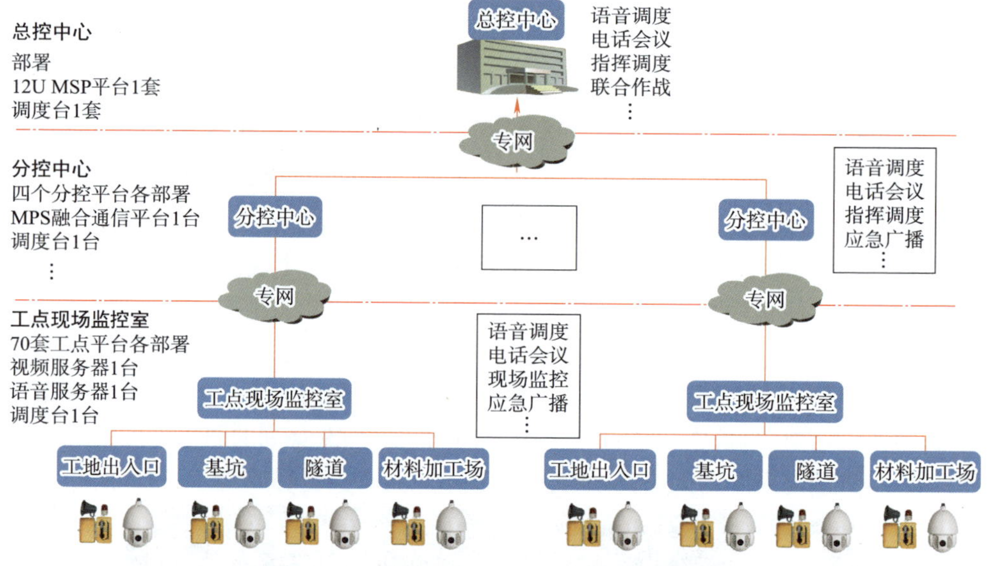

图 5.3-1 北京轨道交通建设工程视频监控系统

5.3.1 系统总体架构

视频监控系统以大华 9 系架构作为核心支撑平台,通过平台实现对前端工点海量数据的接入、流媒体转发,具备海量数据告警处理、海量设备运维管理等功能。从而实现总控、分控实时、动态掌握工点告警信息、视频图像,把施工风险在第一时间内消除,减少施工隐患,打造安全文明地下轨道施工工程,如图 5.3-2 所示。系统软件总体架构(图 5.3-3)包括应用层、统一运维、感知层等三部分,其中:

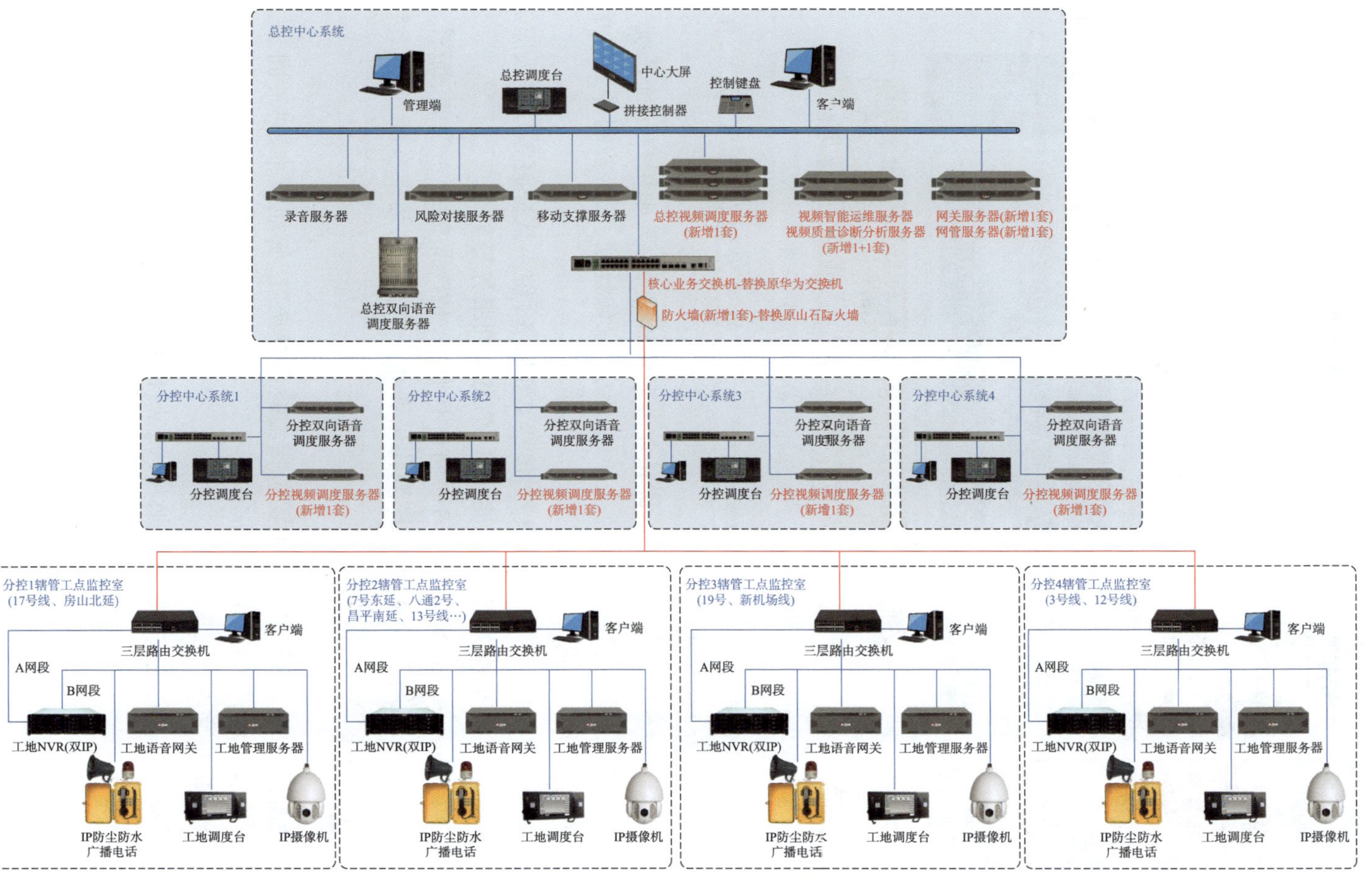

图 5.3-2　双向语音及视频调度系统多级联网平台

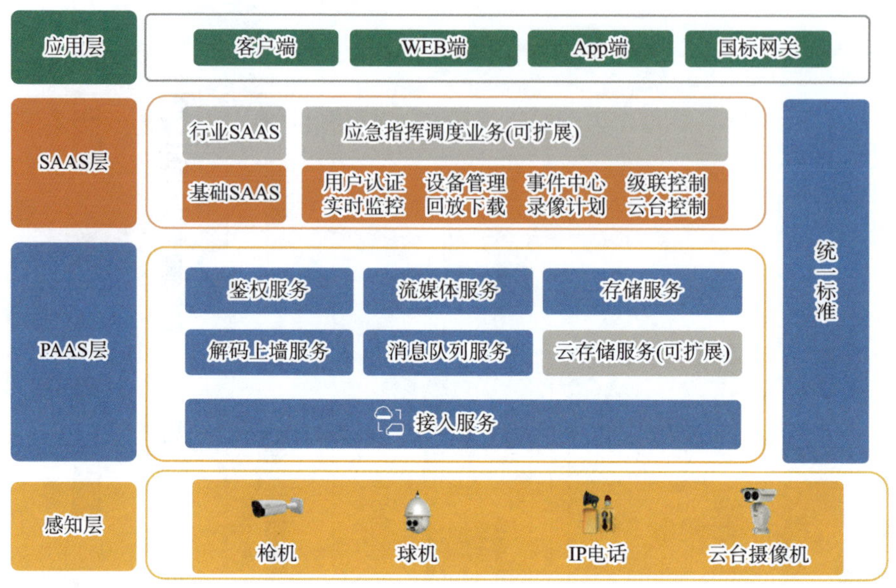

图 5.3-3　系统软件总体架构

(1)应用层主要包括 B/S 客户端、手机 App,二次开发包有 PSDK、OCX,作为平台的入口,完成人机交互。

(2)基础 SAAS 层为基础功能汇聚和业务逻辑处理层,其中用户认证系统、设备管理、事件中心、级联控制、实时监控、回放下载、录像计划、云台控制等更为专业的应用功能供应用层使用。

(3)PAAS 层提供基础的功能服务,包括鉴权服务(统一认证服务)、接入服务、流媒体服务、视频存储服务、解码上墙服务、消息队列服务等。

(4)统一运维是 PAAS 层输出的面向所有服务,是产品的统一安装、部署、升级、资源监控、服务监控、异常检测、图表化呈现等一个大数据运维系统。

5.3.2　功能设计

视频监控系统在功能升级上主要包括实时视频调度、智能运维、时钟同步、系统融合等四部分功能,如图 5.3-4 所示。

1. 实时视频调度

实时视频调度实现前端摄像头监控、调试、控制、录像回看等功能,每个分控中心系统管辖分区内工点系统的音频及视频融合,各个分控中心设置专人对辖区内的视频进行实时轮巡,16 路画面并发,如图 5.3-5 所示;各级领导 PC 端、手机端,共计 15 路并发;能够召开 30 方音视频会议,30 路并发,高峰值合计并发 60 路左右。

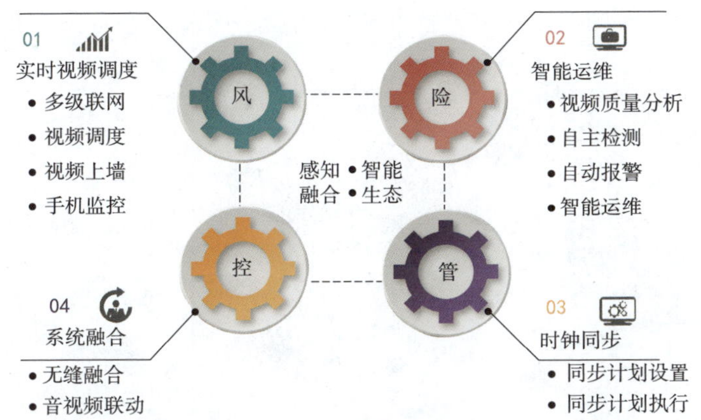

图5.3-4　视频监控系统功能设计

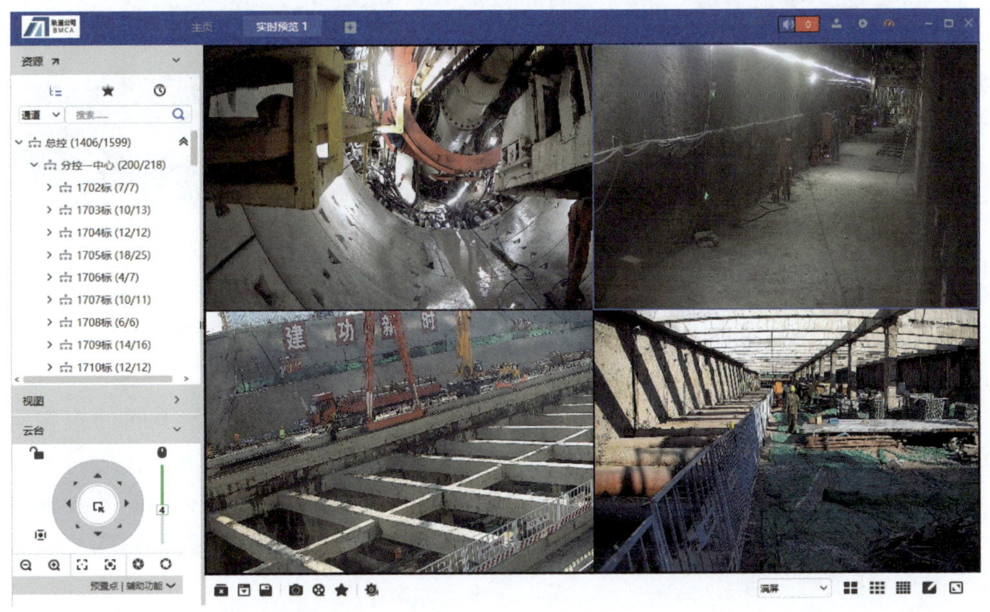

图5.3-5　视频监控系统实施调度页面

2. 智能运维

设备在离线状态：实时获取视频通道的在离线状态及状态持续时长；实时监控视频通道累计离线次数、累计离线时长；支持查看视频通道的在离线历史数据。

视频质量诊断：采用国际领先的图形处理算法和模式识别技术，支持视频冻结、丢失、延时、条纹、遮挡、亮度、对比度、清晰度、偏色、噪声、场景变化、黑白图像、视频剧变等13项视频问题的分析诊断，1 s并发10路，30 s可完成一路视频通道13项问题的检测，如图5.3-6所示。

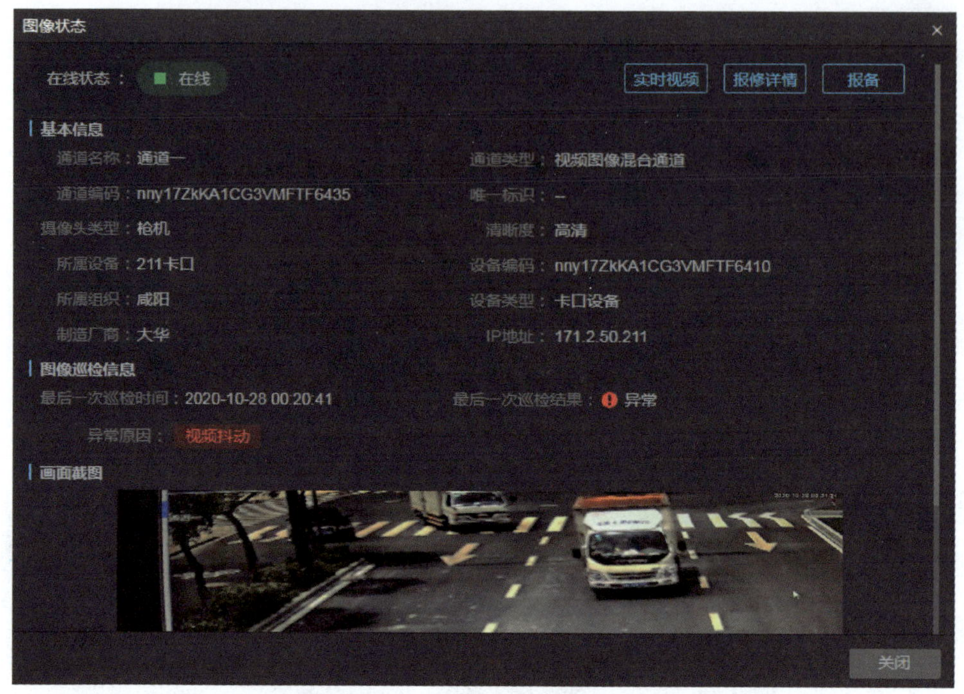

图 5.3-6　视频监控系统智能检查

录像完整性：以录像计划为基准，判断录像是否完整以及缺失录像的时间段；支持最长 120 d 录像保存天数的完整性检测，可展示录像保存天数、最早录像时间、有录像天数等；支持不超过 1 min 实时录像丢失的检测与发现。

实时报警：用户可依据实际情况自定义报警阈值，并支持设置不同的报警等级；支持离线报警、视频质量异常报警、录像不完整报警、图片质量异常报警等共计约 50 多种报警类型；支持恢复报警检测功能；支持报警合并，避免报警风暴的产生；支持报警忽略，避免报警干扰；支持客户端、短信、邮件等多种报警方式；支持报警的规范化流程处理。

3. 时钟同步

实现系统平台设备运行及录像存储时间同步功能，可以完成时钟同步计划设置和时钟同步计划自动执行。保证总控中心、分控中心、施工现场的视频图像时间统一，自动校准不同型号的设备和设备中长时间运行出现的时间偏差，确保当发生安全事故时能准确调取回放录像锁定事故时间。

4. 系统融合

实现语音调度系统和视频监控系统无缝融合，并且实现音频视频联动；优化实时视频调度，完善多级联网；同时提升网络安全保护能力。

5.4　半自动化监测技术及应用

轨道交通建设规模大、风险大，监测量测成果对风险管控工作的贡献日益突显，这就对监测数据对风险单元覆盖的全面性、监测数据的准确性、数据处理高效性、成果报送的及时性提出了更高的要求。传统的数据采集处理方式，监测人员每天测量外业工作为 8 h，内业工作为 4 h，数据处理时间与测量时间比约为 1∶2，一般工作效率较为低下。监测数据处理周期至少 6 h，数据上传平均滞后 6 ~ 12 h，监测数据报送及时性差。目前的自动化监测手段资金投入大，且受限于轨道交通工程施工场地条件复杂，暂无法全面铺开代替人工监测。为解决传统监测数据采集模式的问题，提高监测工作效率，北京轨道交通专门研发了半自动化监测系统和用于现场数据采集的手持设备。在城市轨道交通工程自动监测工作中首次制定设备协议和数据采集标准，开发支持多厂家、多类型监测仪器接入，多种监测类型数据的实时接收处理软硬件一体化应用设备系统。

现场监测人员通过蓝牙等无线技术，将手持设备与现场监测仪器对接，进行监测及数据采集工作。手持设备自动对数据进行计算，并予以现场人员数据查看、预警提示等功能。现场人员确认后，将正确的数据通过互联网上传至半自动化监测系统，如图 5.4-1 所示。

图 5.4-1　半自动化监测工作流程和手持设备

5.4.1　系统总体架构

北京轨道交通施工半自动化监测管理系统，根据工程风险管理的需要，实现轨道交通工程建设包含监测数据即时上传的半自动监测，涵盖了轨道交通施工监测的主要项目，按设备管理、测点管理、沉降监测、水平位移监测、分层测斜监测、应力应变监测、监测数据查看七大类工作，如图 5.4-2 所示。

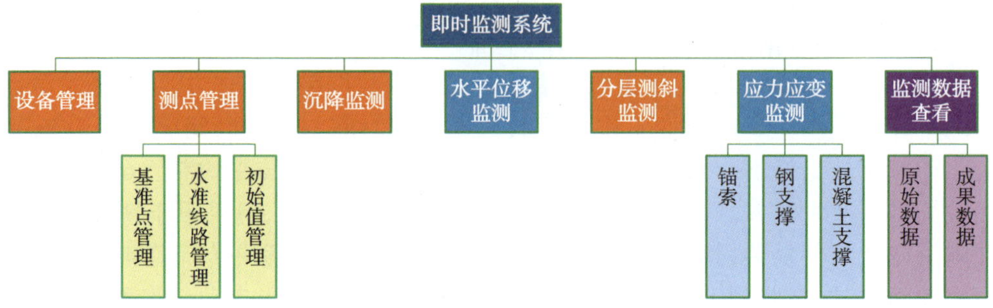

图 5.4-2　半自动化监测系统构架

5.4.2　功能设计

1. 设备管理

半自动化监测针对现场手持监测设备，利用 MAC 地址的唯一性进行管理，并依据使用登记单位的不同，均有独立的线路工点权限和监测项目权限。手持设备的准入、权限划分及变更，均需提交正式的申请，由管理人员在系统进行审批后生效，确保设备数据的准确性，如图 5.4-3 所示。

即时监测用户管理

线路 请选择　按 请选择　查询　查询

待审批　已启用　已驳回　已停用　测试设备　增加权限审批　不匹配账户信息

序号	所属单位	单位类型	设备标识	设备研发单位	审批时间	设备权限审批	
1	中铁十六局集团有限公司（22号线土建06标）	施工方	de:ed:1b:b7:03:1d	北京城建勘测设计研究院有限责任公司	2022-10-31 11:30:12	修改工点权限	查看
2	北京城建勘测设计研究院有限责任公司（12号线第三方监测05标）	第三方	f0:55:01:98:18:87	北京城建勘测设计研究院有限责任公司	2022-10-26 16:11:07	修改工点权限	查看
3	中交路桥建设有限公司(13号线土建施工13标)	施工方	46:4d:f8:5b:c7:2e	北京市勘察设计研究院有限公司	2022-10-24 15:13:01	修改工点权限	查看
4	中铁一局集团(13号线土建施工03标)	施工方	06:22:1A:75:F9:1E	北京市勘察设计研究院有限公司	2022-10-24 15:12:35	修改工点权限	查看
5	北京城建勘测设计研究院有限责任公司（22号线第三方监测05标）	第三方	f2:9f:4c:cf:1a:f5	北京城建勘测设计研究院有限责任公司	2022-10-24 15:05:32	修改工点权限	查看
6	中铁一局集团(13号线土建施工03标)	施工方	16:29:89:5d:69:cb	北京市勘察设计研究院有限公司	2022-10-24 14:37:26	修改工点权限	查看
7	中铁二十二局集团(13号线土建施工06标)	施工方	54:f1:6d:c0:a7:2e	北京市勘察设计研究院有限公司	2022-10-24 14:36:49	修改工点权限	查看
8	中铁二十二局集团(13号线土建施工06标)	施工方	D2:02:03:9F:73:7C	北京市勘察设计研究院有限公司	2022-10-24 14:36:35	修改工点权限	查看
9	机场线北延第三方监测	第三方	32:0f:17:11:ae:ef	北京城建勘测设计研究院有限责任公司	2022-10-22 09:14:59	修改工点权限	查看
10	北京市政集团（3号线一期土建施工03标）	施工方	a0:69:74:d0:1a:e7	中铁隧道集团科学技术研究院有限公司	2022-10-21 16:20:57	修改工点权限	查看
11	北京城建勘测设计研究院有限责任公司（22号线第三方监测05标）	第三方	b8:c3:85:a7:2a:cc	北京城建勘测设计研究院有限责任公司	2022-10-21 16:05:36	修改工点权限	查看
12	北京城建勘测设计研究院有限责任公司(17号线第三方监测01标)	第三方	d2:45:be:53:8c:41	北京城建勘测设计研究院有限责任公司	2022-10-20 17:40:22	修改工点权限	查看
13	北京城建勘测设计研究院有限责任公司（22号线第三方监测05标）	第三方	22:bc:01:03:7e:6e	北京城建勘测设计研究院有限责任公司	2022-10-20 16:43:49	修改工点权限	查看
14	北京城建勘测设计研究院有限责任公司(17号线第三方监测01标)	第三方	14:5F:94:20:83:0D	北京城建勘测设计研究院有限责任公司	2022-10-20 12:14:48	修改工点权限	查看
15	北京城建勘测设计研究院有限责任公司（12号线第三方监测02标）	第三方	12:d2:e6:94:8d:a5	北京城建勘测设计研究院有限责任公司	2022-10-20 11:22:21	修改工点权限	查看
16	北京城建勘测设计研究院有限责任公司（12号线第三方监测05标）	第三方	ee:76:84:a5:36:f0	北京城建勘测设计研究院有限责任公司	2022-10-20 11:22:03	修改工点权限	查看
17	北京城建勘测设计研究院有限责任公司（12号线第三方监测02标）	第三方	62:8c:d7:31:03:df	北京城建勘测设计研究院有限责任公司	2022-10-20 10:59:00	修改工点权限	查看
18	北京城建勘测设计研究院有限责任公司（12号线第三方监测02标）	第三方	e2:c7:01:ad:30:46	北京城建勘测设计研究院有限责任公司	2022-10-20 10:58:34	修改工点权限	查看
19	北京城建勘测设计研究院有限责任公司（12号线第三方监测06标）	第三方	06:f1:2d:60:dc:58	北京城建勘测设计研究院有限责任公司	2022-10-20 10:57:58	修改工点权限	查看
20	北京市勘察设计研究院有限公司(房山线北延第三方监测项目部)	第三方	bb:66:55:59:a8:72	北京市勘察设计研究院有限公司	2022-10-14 11:26:25	修改工点权限	查看

[首页] [1] [2] [3] [4] [5] [尾页] 共410条记录，分21页显示 每页 20 条 转到 1 页

图 5.4-3　手持设备管理界面

2. 测点管理

现场监测工作开始前，监测人员需在半自动化监测系统对监测点、基准点、工

作基点的基本信息进行录入，并编辑水准线路和测站等信息，以用于手持设备下载及自动计算使用。不同监测类型需录入必要的初始值，作为监测数据计算的依据，如图 5.4-4 和图 5.4-5 所示。如出现测点破坏情况，系统进行初始值修改，将自动计算修正值。

混凝土钢筋计绑焊式监测初始值数据显示表

测点名称	序号	钢筋计编号	钢筋计位置编号	初始频率值 (f_0)(Hz)	标定系数 (k'-受拉)(1/Hz^2)	标定系数 (k'-受压)(1/Hz^2)	初始温度 (T_0)(℃)	操作
ZL-03-01	1	HNT-BH-01	上 1	1.98	2	3	4.45	⊞
	2	HNT-BH-02	上 2	4	5.46	2	1.55	⊟
	3	HNT-BH-03	上 3	5.98	6	7.56	8	⊟
	4	HNT-BH-04	上 4	8	7	6	5	⊟
	5	HNT-BH-05	下 1	11.65	12.86	13	15.954	⊟
	6	HNT-BH-06	下 2	12	13	14.56	15	⊟
	7	HNT-BH-07	下 3	4.98	5.21	6	7	⊟
	8	HNT-BH-08	下 4	7	5	3.47	1	⊟
基本参数	纯混凝土截面积 (A_c)(m^2)	混凝土弹性模量 (E_c)(10^7×kPa)	受力钢筋截面积 (A_s)(m^2)	被测主筋截面积 (A_{si})(m^2)	钢筋弹性模量 (E_s)(10^8×kPa)	弦式传感器钢弦的热膨胀系数 (α_s)(10^{-6}/℃)	混凝土结构的热膨胀系数 (α_c)(10^{-6}/℃)	
	1	C70	2	2	预应力螺纹钢筋	4	5	
	钢筋应力计截面积 (A_j)(m^2)	钢筋应力计弹性模量 (E_j)(kPa)	温度修正系数 (T_b)(10^{-6}/℃)					
	10	10	10					

修改

图 5.4-4　初始值管理界面

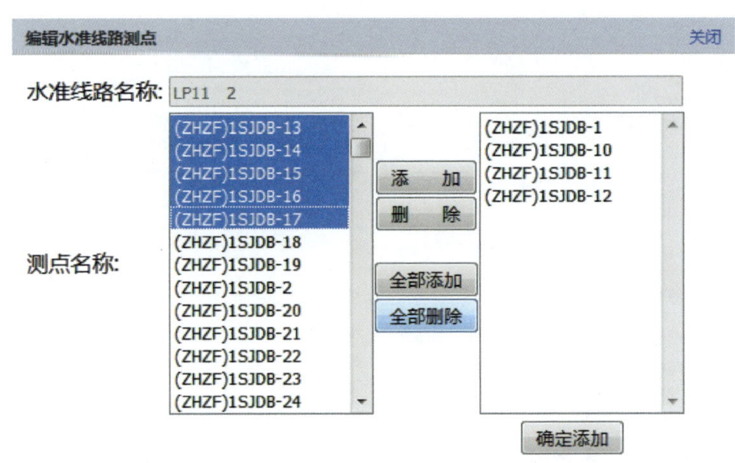

图 5.4-5　水准线路管理界面

3. 沉降监测

现场在半自动化监测系统设置沉降测点，并设置测点的阈值、初始高程等信息，并在系统编辑水准线路，手持设备下载后开始现场监测工作。在对一个水准线路测量完成后，点击“闭合”按钮，手持设备自动对水准线路进行平差计算，并将结果显示在手持设备端，确认无误后将原始数据和成果数据上传至半自动化监测系统，如图 5.4-6 和图 5.4-7 所示。

4. 水平位移监测

现场在半自动化监测系统设置水平位移测点，并设置测点的阈值、初始坐标、计算方式等信息，并在系统编辑测站，手持设备下载后开始现场监测工作。在对一

水准线路名称：1-1竖井　仪器品牌：天宝　仪器型号：DiNi03　观测人员：张×
观测日期：2021-12-28　天气：晴　温度：20　气压：1000

测站	测点	测点类型	距离（m）		水准尺读数（m）		高差（m）	高程	每一镜时间
			后视距离	前视距离	后视读数	前视读数			
1	MD1-1	工作基点	47.574		1.15257		0.52443	47.64175	12:08:44
	DB7-04-02	测点		16.47		1.677		47.11732	12:11:13
2	DB7-04-02	测点	16.47		1.67707		-0.02334	47.11732	12:11:26
	DB7-04-03	测点		19.107		1.65373		47.14066	12:11:56
3	DB7-04-03	测点	19.112		1.6539		0.09862	47.14066	12:12:15
	临时测点()	自由转点		14.079		1.75252		47.04204	12:16:09
4	临时测点()	自由转点	29.549		1.5501		-0.10998	47.04204	12:18:09
	FJDB-02-01	测点		4.393		1.44012		47.15202	12:19:41
5	FJDB-02-01	测点	4.393		1.44014		0.00004	47.15202	12:19:55
	临时测点()	自由转点		4.413		1.44018		47.15198	12:21:33
6	临时测点()	自由转点	23.517		1.45098		-0.01337	47.15198	12:22:38
	DLG-01-153	测点		7.702		1.43761		47.16535	12:24:59
7	DLG-01-153	测点	7.702		1.4376		0.04303	47.16535	12:25:10
	DB4-03-01	测点		23.733		1.48063		47.12232	12:25:28
8	DB4-03-01	测点	23.723		1.4808		-0.03497	47.12232	12:25:44
	DB4-03-02	测点		26.243		1.44583		47.15729	12:26:18
9	DB4-03-02	测点	26.246		1.44566		-0.03876	47.15729	12:26:32
	DB4-03-03	测点		27.619		1.4069		47.19605	12:26:47
10	DB4-03-03	测点	27.601		1.4071		-0.00862	47.19605	12:26:59
	DB4-03-04	测点		29.295		1.39848		47.20467	12:27:14
11	DB4-03-04	测点	29.294		1.39838		-0.18550	47.20467	12:27:26
	DLG-01-151	测点		26.59		1.21288		47.39017	12:28:54
12	DLG-01-151	测点	26.576		1.21311		0.07076	47.39017	12:29:14
	DLG-01-152	测点		23.076		1.28387		47.31941	12:29:58
13	DLG-01-152	测点	23.074		1.28372		0.31002	47.31941	12:30:11
	FJDB-02-02	测点		24.114		1.59374		47.00939	12:30:57
14	FJDB-02-02	测点	38.015		1.67213		-0.63311	47.00939	12:33:22
	MD1-1	工作基点		48.461		1.03902		47.6425	12:33:49
总站数：14			前视总距离：295.295	后视总距离：342.846	闭合差：0.75				
上传人：中铁六院		单位：中铁第六勘察设计院集团有限公司（19号线第三方监测03标）		开始测量时间：2021-12-28 09:22:19		结束测量时间：2021-12-28 13:58:45			

图 5.4-6　沉降原始数据界面

测点监测成果数据

	测点名称	测点类型	当前使用的初始高程(m)	高程值(测量高程m)	累计沉降(mm)	变形速率(mm/天)	监测时间	本次使用的修正值(mm)	累计控制值(mm)	速率控制值(mm/天)	初始值上传(是/否)
1	DB7-04-02	沉降	47.12435	47.11727	-7.08	-0.0044292384	2021-12-28 12:11:17	0	-20	2	否
2	DB7-04-03	沉降	47.14622	47.14055	-5.67	0.0033218823	2021-12-28 12:11:59	0	-20	2	否
3	FJDB-02-01	沉降	47.15819	47.15181	-6.38	0.04474662	2021-12-28 12:19:46	0	-20	2	否
4	DLG-01-153	沉降	47.17463	47.16503	-9.6	-0.0154958125	2021-12-28 12:25:02	0	-20	2	否
5	DB4-03-01	沉降	47.14261	47.12195	-20.66	-0.0210303	2021-12-28 12:25:35	0	-15	2	否
6	DB4-03-02	沉降	47.17897	47.15686	-20.11	0.08356649	2021-12-28 12:26:24	0	-15	2	否
7	DB4-03-03	沉降	47.217434	47.19557	-21.86	0.09518881	2021-12-28 12:26:50	0	-15	2	否
8	DB4-03-04	沉降	47.225334	47.20413	-21.2	-0.029885318	2021-12-28 12:27:17	0	-15	2	否
9	DLG-01-151	沉降	47.423286	47.38958	-33.71	-0.008301084	2021-12-28 12:28:58	0	-20	2	否
10	DLG-01-152	沉降	47.352196	47.31877	-33.43	0.0022135738	2021-12-28 12:30:02	0	-20	2	否
11	FJDB-02-02	沉降	47.01329	47.00869	-4.6	0.019363998	2021-12-28 12:31:00	0	-20	2	否

图 5.4-7　沉降成果数据界面

个测站测量完成后，点击“完成”按钮，手持设备自动对测站依据设置公式计算，并将结果显示在手持设备端，确认无误后将原始数据和成果数据上传至半自动化监测系统，如图 5.4-8 和图 5.4-9 所示。

5. 分层测斜监测

现场在半自动化监测系统设置分层测斜测点，并设置测点的阈值、深度、每一层的初始值等信息，手持设备下载后开始现场监测工作。在对一个测点测量完成后，手持设备自动计算，并将结果显示在手持设备端，确认无误后将原始数据和成果数据上传至半自动化监测系统，如图 5.4-10 和图 5.4-11 所示。

水平位移原始记录表

测站名称：学清路站　仪器品牌：徕卡　仪器型号：TS6000　观测人员：贾×　测回数：1
观测日期：2020-04-08　天气：晴　温度：25　气压：1.013　测量方式：极坐标

点号	测回	盘位	观测角度	2c	半测回归零差	同一方向值各测回较差	斜距	平距	平距较差	坐标 x	坐标 y	垂直角	监测时间
			°′″	″	″	″	m	m	mm	m	m	°′″	y m d h m s
仪器设站点		—	—	—	—	—	—	—	—	316547.82885466673	499572.7202879838	—	—
基准方向	1	盘左1	3.1482	0.0	0.0	20.626488	11.6705	3.1482	0.0	316539.0422	499565.3395	1.7540	11:15:20
	1	盘左1	2.5799		0.0	0.0	45.5333	2.5799		316502.7220	499566.8080	1.6130	11:15:39
ZQS-21-01	1	盘左1	2.6187		0.0		108.7607	2.6187		316440.6283	499554.4132	1.5831	11:16:09
ZQS-18-02	1	盘左1	2.9811		0.0		56.9482	2.9811		316498.7647	499543.8726	1.6042	11:16:55
ZQS-16-02	1	盘左1	3.7487		-123862.0161816		31.7520	3.7487		316539.3307	499542.2095	1.6417	11:17:11
ZQS-16-01	1	盘右1	3.1483	3.1415	0.0	20.626488	11.6705	3.1483	0.0000	316539.0432	499565.3383	1.7540	11:17:50
ZQS-18-01	1	盘右1	2.5799	-3.1416	0.0	0.0	45.5332	2.5799	-0.1000	316502.7222	499566.8075	1.6131	11:18:23
ZQS-21-01	1	盘右1	2.6187		0.0		108.7603	2.6187	-0.4000	316440.6286	499554.4137	1.5830	11:18:35
基准方向	1	盘右1	2.9811		0.0		56.9483	2.9811	0.1000	316498.7646	499543.8726	1.6042	11:18:54
	1	盘右1	3.7487		-123841.3896936		31.7524	3.7487	0.4000	316539.3304	499542.2091	1.6417	11:19:06
—	1	—	—	13	—	—	—	—	—	—	—	—	—

图 5.4-8　水平位移原始数据界面

水平位移成果报表

北京地铁　昌平线南延　线 土建工程第三方监测　学清路站　站 水平位移监测日报表
监测工程名称：学清路站　报表编号：133662775　天气：晴　本次监测时间：2020-04-08 11:15:00　上次监测日期：2020-04-08 10:51:30

计算过程记录

监测点号	初始坐标(mm)	本次变化量(mm)	上次累计变化量(mm)	本次累计变化量(mm)	变化速率(mm/d)	累计变化量控制值(mm)	变化速率控制值(mm/d)	预警等级	备注	x0坐标值(m)	xn坐标值(m)	y0坐标值(m)	yn坐标值	修正值(mm)	计算方式
ZQS-16-02	(316539.32433,499542.20692)	2.3	待完善	2.4	5.11	30~-30	2		备注	316539.32433	316539.3306	499542.20692	499542.2093	0	Yn-Y0
ZQS-16-01	(316539.03628,499565.34102)	-2	待完善	2.1	-4.59	30~-30	2		备注	316539.03628	316539.0427	499565.34102	499565.3389	0	Y0-Yn
ZQS-21-01	(316440.62219,499554.42252)	1.9	待完善	6.3	0.39	30~-30	2		备注	316440.62219	316440.6285	499554.42252	499554.4135	0	Xn-X0
ZQS-18-01	(316502.72022,499566.8126)	1.1	待完善	4.9	-0.39	30~-30	2		备注	316502.72022	316502.7221	499566.8126	499566.8078	0	Y0-Yn
ZQS-18-02	(316498.7608,499543.87351)	2.2	待完善	-0.9	4.85	30~-30	2		备注	316498.7608	316498.7647	499543.87351	499543.8726	0	Yn-Y0

图 5.4-9　水平位移成果数据界面

深层水平位移观测原始数据显示表

仪器品牌	徕卡	仪器型号	TS6000
仪器序列号	50938	观测人员姓名	贾×
监测类型	深层水平位移	观测时间	2022-09-13 09:26:30
工点编号	学清路站	测孔编号	ZQT-700-02
起算基准	自底起算		

序号	深度（m）	A+（mm）	A-（mm）	本次观测值（mm）
1	0.5	8.98	-8.72	39.635
2	1.0	4.12	-2.86	30.785
3	1.5	5.39	-4.96	27.295
4	2.0	2.5	-1.82	22.12
5	2.5	0.13	0.36	19.96
6	3.0	1.18	-0.73	20.075
7	3.5	4.26	-3.8	19.12
8	4.0	8.5	-8.06	15.09
9	4.5	4.59	-4.13	6.81
10	5.0	1.8	-1.38	2.45
11	5.5	-0.38	0.89	0.86
12	6.0	1.75	-1.24	1.495

图 5.4-10　分层测斜原始数据界面

6. 应力应变监测

应力应变测点监测手段多样，系统依据计算模式的不同，将其分为锚索拉力、混凝土支撑轴力、钢支撑轴力三个部分，如图 5.4-12 所示。其中混凝土支撑轴力

北京地铁 昌平线南延 线　土建工程第三方监测 学清路站 站 测点 ZQT-700-02 深层水平位移监测报表

本次监测日期：2022年09月13日09 时26分

上次监测日期：2022年09月09日08 时37分

深度(m)	初始值(mm)	本次使用的修正值	本次观测值(mm)	本次累计变化值(mm)	上次累计变化值(mm)	本次变化值(mm)	变化速率(mm/d)	累计变化值控制值(mm)	变化速率控制值(mm/d)
0.5	40.47	0.0	39.635	-0.835	-0.26	-0.575	-0.14254889	-30.0 ~ 30.0	2.0
1.0	31.36	0.0	30.785	-0.575	-0.125	-0.45	-0.11156128	-30.0 ~ 30.0	2.0
1.5	27.74	0.0	27.295	-0.445	-0.18	-0.265	-0.06569777	-30.0 ~ 30.0	2.0
2.0	22.5	0.0	22.12	-0.38	-0.235	-0.145	-0.03594825	-30.0 ~ 30.0	2.0
2.5	20.22	0.0	19.96	-0.26	-0.145	-0.115	-0.02851101	-30.0 ~ 30.0	2.0
3.0	20.28	0.0	20.075	-0.205	-0.125	-0.08	-0.01983397	-30.0 ~ 30.0	2.0
3.5	19.29	0.0	19.12	-0.17	-0.16	-0.01	-0.00247926	-30.0 ~ 30.0	2.0
4.0	15.25	0.0	15.09	-0.16	-0.185	0.025	0.00619822	-30.0 ~ 30.0	2.0
4.5	6.91	0.0	6.81	-0.1	-0.09	-0.01	-0.00247932	-30.0 ~ 30.0	2.0
5.0	2.49	0.0	2.45	-0.04	-0.01	-0.03	-0.00743802	-30.0 ~ 30.0	2.0
5.5	0.84	0.0	0.86	0.02	0.03	-0.01	-0.00247937	-30.0 ~ 30.0	2.0
6.0	1.48	0.0	1.495	0.015	0.055	-0.04	-0.00991755	-30.0 ~ 30.0	2.0

图 5.4-11　分层测斜成果数据界面

监测分为混凝土内安装应变计、主筋上截焊式安装钢筋计和绑焊式安装钢筋计监测模式。钢支撑轴力监测分为表面应变计和轴力计两种监测模式。

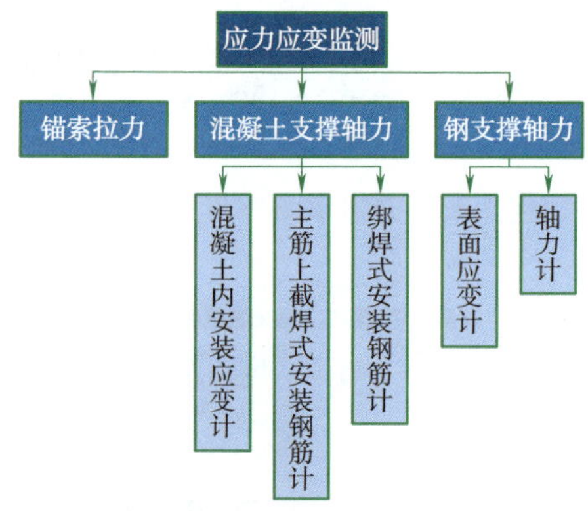

图 5.4-12　应力应变监测分类图

现场在半自动化监测系统设置应力应变测点,并设置测点的阈值、初始频率、标定系数等信息,手持设备下载后开始现场监测工作。在对一个测点测量完成后,手持设备自动计算,并将结果显示在手持设备端,确认无误后将原始数据和成果数据上传至半自动化监测系统,如图 5.4-13 和图 5.4-14 所示。

钢支撑—表面应变计监测原始数据显示表

仪器品牌	轴力计	仪器型号	000
仪器序列号	1	观测人员姓名	2
监测类型	应力应变	观测时间	2021-05-18 10:24:05
工点编号	西环路站（即时监测测试专用）	测点编号	CKYGZLBM-18-01

测点名称	应变计编号	应变计位置编号	初始频率值 (f_0) (Hz)	测量频率值 (f_i) (Hz)	标定系数 (k') (1/Hz²)	出厂温度补偿 (有/无)	测量温度 (T_i) (℃)	初始温度 (T_0) (℃)	温度系数 (W) (kN/℃)
CKYGZLBM-18-01	3400489	上1	1812	1632.5	-0.00001914	有	2	15	0
	3400488	中1	1812	1730.7	-0.00001914	有	2	15	0
	3400487	中2	1812	1735.5	-0.00001914	有	2	15	0
	3400486	下1	1812	1813.6	-0.00001914	有	2	15	0
基本参数	钢支撑面积 (A_s) (m²)	钢支撑弹性模量 (E_s) (10^6 kPa)							
	0.02	30000							

图 5.4-13　应力应变原始数据界面

北京地铁 房山线北延 线 土建工程第三方监测 四环路站（即时监测测试专用） 站 测点 CKYGZLBM-18-01 支撑轴力监测报表

监测点号	第一次测量值(kN)	本次测值(kN)	本次监测日期	上次测值(kN)	上次监测日期	本次变化值(kN)	变化速率(kN/D)	控制值-最大值(kN)	控制值-最小值(kN)	变化速率控制值(mm/d)
CKYGZLBM-18-01	4248.25608	6039.76492	2021-05-18 10:25:17	4248.25608	2021-05-17 15:46:52	1791.50892	2306.62936854	1000.0	0.0	100.0

图 5.4-14　应力应变成果数据界面

5.5　自动化监测技术及应用

5.5.1　概　　述

自动化监测是利用互联网技术、智能传感器技术、物联网技术、通信技术、云计算技术实现监测的全自动化。北京是轨道交通工程建设最早应用自动化监测技术的城市之一，随着自动化监测技术的逐渐成熟，目前已成熟应用到穿越正在运营的轨道交通线路的监测中。

自动化监测硬件系统包括传感器件、数据采集设备、通信设备、供电设备等；应具备稳定性、可靠性，使用寿命应满足项目监测工作要求，具备防水、防尘、耐温、防雷、防潮、抗振、抗电磁干扰等性能，便于维修和维护，维护时不宜中断监测工作。软件系统应包含通信与数据采集模块、数据储存与处理模块、监测信息展示与预警模块及软件系统管理模块，应采用国际通用框架、模块化结构，各子系统或子模块之间相对独立、有序融合、方便维护和升级，应保证系统的长期稳定，系统正常运行满足自动化监测要求，预留与其他信息系统互联互通的接口，具备可视化管理界面。

例如，实时沉降监测系统由自动全站仪（测量机器人）实施，测量机器人实时沉降监测系统主要由 4 部分组成：观测传感器——测量机器人（数据采集）；变形点——监测点棱镜；通信及供电——现场供电及数据传输系统；监测机房——配置全自动监测系统（数据分析，处理，预警）。测量机器人实时沉降监测系统运作模式如下：整个观测现场建立由 1 台（或多台）测量机器人全站仪和参考控制点组成的坐标基准，在关键的变形点上布设监测点棱镜；由测量机器人自动全站仪对监测点棱镜按照设定周期进行观测，实时地把变形点的三维坐标通过无线网络（无线/光纤）传到后台监测数据管理分析软件平台。考虑到外界环境温度气压变化对测量机器人测量精度的影响，需配置一体化温度气压计，实时测量全站仪周围环境的温度和气压值，并在后台监测数据管理分析软件平台上对测量数据进行实时气象改正。温度气压计通过支架固定于全站仪附近即可，并安装在百叶箱内。自动化监测系统工作原理如图 5.5-1 所示，一种自动化监测系统构成如图 5.5-2 所示。

自动全站仪，是一种集自动目标识别、自动目标跟踪、自动照准、自动测角与测距、自动记录于一体的测量平台。测量机器人的基本特征是配置了动力驱动系统、CCD（电荷耦合元件）相机以及相应的目标识别软件。测量时首次粗略瞄准目标并通过软件向测量机器人下达指令，测量机器人中的 CCD 相机可自动借助目标识别软件对返回的信号进行逻辑分析，准确判断出棱镜中心的位置，然后再进行自动

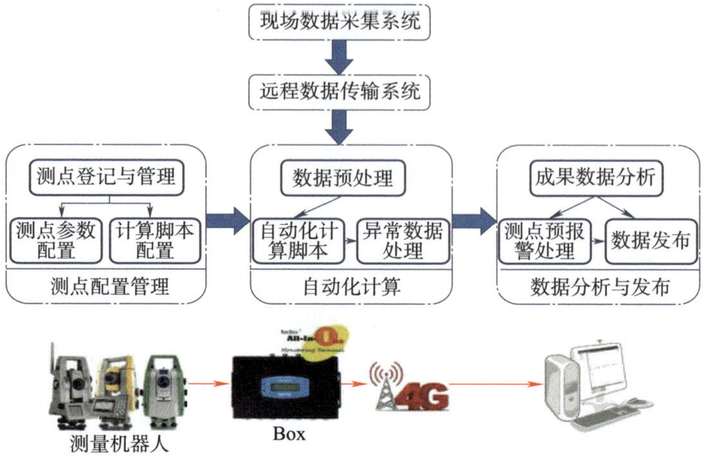

图 5.5-1　自动化监测系统工作原理图

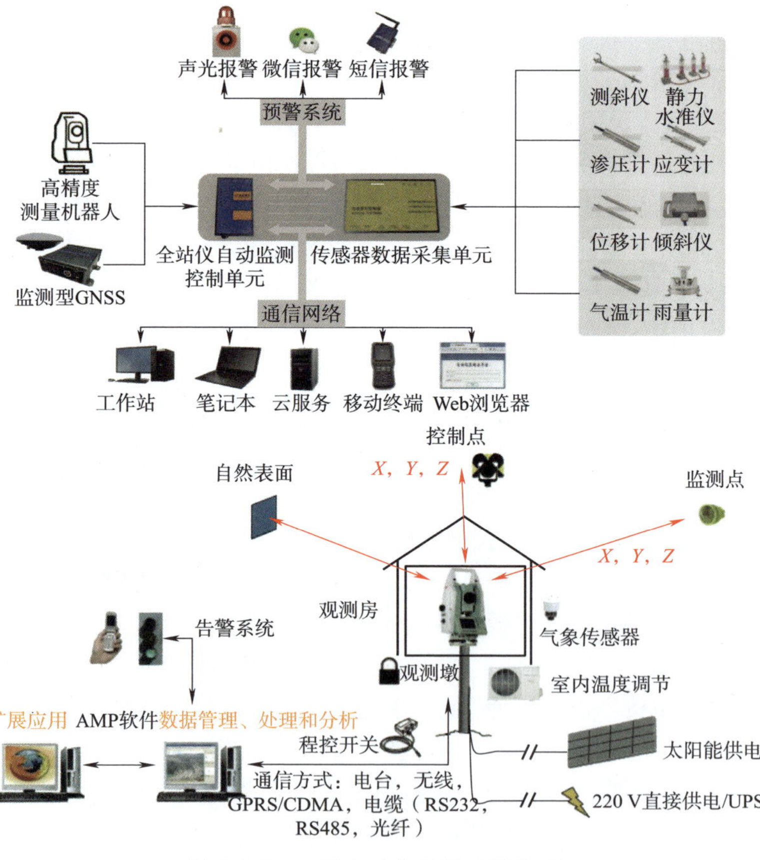

图 5.5-2　一种自动化监测系统构成

测量、自动记录、数据自动传输。下次再测量时，只需下达指令，全站仪即启动伺服马达驱动软件，自动完成系列测量。

5.5.2　自动化监测技术

1. 水平位移监测

水平位移自动化监测可选用智能全站仪、激光测距仪等设备进行测量，注意事项如下：

(1)智能全站仪的标称测角精度不宜低于 1″，测距精度不宜低于 1 mm，全站仪架设处宜配置电子温湿度气压计等配套仪器，系统具有自动检查智能全站仪电子气泡状态的功能，气泡偏离超限时及时发出提醒。

(2)水平位移自动化监测采用多点后方交会设站的方法进行观测，单测站的后视基准点数量不宜少于 5 个；工作基点选点时应避免外部条件对工作基点的影响，应设置强制对中观测墩，并安装防护装置；根据观测精度要求、全站仪精度等级、视线长度，进行观测方法设计和精度估算，多台全站仪联合组网观测时，相邻测站点应有一定数量的重合观测目标。

(3)测站点与监测点距离不宜超过 150 m；测站点点位中误差宜小于 1.5 mm。观测时，对基准点与监测点同步观测，观测完成后自动进行基准点稳定性分析并修正工作基点数据，同时进行监测网整体平差。

(4)采用激光测距仪进行水平位移监测时测量精度不宜低于 1 mm，基准点设备应设置在施工影响范围以外的稳定区域，应保证激光测距仪和接收标靶的安装距离及稳定性，安装时应避开潮湿的反射面，并避免测距通道上的粉尘、水汽对测距精度的影响。

2. 竖向位移监测

竖向位移自动化监测可采用智能全站仪、静力水准仪、电水平尺等设备进行测量，采用智能全站仪进行竖向位移监测时，可与水平位移监测同步进行。

采用静力水准仪进行自动化监测时，应满足以下要求：

(1)根据观测精度要求和预估沉降量，选取相应精度和量程的静力水准传感器，静力水准传感器应稳固安装在待测结构上。

(2)静力水准传感器应有良好的密封性，管路应平顺，不得带入空气，整体宜处于同一环境中。

(3)工作基点应采用水准测量方法定期与基准点进行联测并修正，相邻工作基点高差中误差不大于 0.5 mm，附合或环线闭合差不大于 $0.30\sqrt{n}$（n 为高差个数）。

(4)宜采用串联方式构成观测路线，并在观测线路两端分别设置工作基点。

(5)仪器量程无法满足监测点布设要求时，应在待测结构的上下位置转接点。

采用电水平尺进行竖向位移监测时,应尺链首、尾两端应设置在相对稳定区域,视作基准点,定期使用水准测量方法进行人工复核并安装专用的保护装置。

3. 净空收敛监测

净空收敛自动化监测可选用智能全站仪、激光测距仪等设备进行测量。

采用智能全站仪进行净空收敛监测时,监测点采用在收敛测线两端安装棱镜进行布设,两端点连线与圆心的偏差不超过 10 cm,在同一断面上并采用收敛测线两端监测点三维坐标进行计算,其他技术要求同水平位移监测。

采用激光测距仪进行净空收敛监测时激光测距仪和照准标志应安装稳定,并定期校正视线,人工校核宜每月不低于 1 次;应设置照准标志,隧道侧壁粗糙时应先打磨,测量精度不宜低于 1 mm。

4. 深层水平位移监测

深层水平位移自动化监测可采用固定式测斜仪、滑动式自动测斜仪或光纤传感等设备进行测量。

采用固定式测斜仪进行深层水平位移监测时,测斜探头间距不宜大于 1 m,且相邻探头间距保持固定,探头数量满足测斜孔深度要求;测斜仪系统精度不宜低于 0. 25 mm/1 m,单根传感器分辨率不宜低于 0. 02 mm/0. 5 m。自动化设备布设完毕后,应进行连续测试,以检查测试值的稳定性;当以顶部作为深层水平位移的起算点时,每次监测应测定顶部位移的变化并修正;监测点设备检查、更换后,应确保相应传感器处于测斜孔内原位置。

采用滑动式自动测斜仪进行深层水平位移监测时,自动化设备布设完毕后,应进行连续测试,以检查测试值的稳定性;采集间隔应与滑动式测斜仪上下轮距保持一致;测量时,应确保每次探头放置位置一致。测斜仪系统精度不宜低于 0. 25 mm/1 m,分辨率不宜低于 0. 02 mm/0. 5 m;起算标准、采集位置间隔参照固定式测斜仪部分。

采用光纤传感器进行深层水平位移监测时,支护结构深层水平位移监测可采用分布式应变传感光缆,土体深层水平位移监测可采用光纤测斜管;分布式应变感测光缆沿钢筋绑扎布设,形成沿结构变形方向“U”形对称回路,光纤测斜管通过钻孔布设,测点方向平行于滑动方向;分布式应变传感光缆宜采用定点结构,定点间距不大于 1 m,光缆抗拉强度不小于 3 000 N;光纤测斜管测点间距不大于 1 m;光纤数据采集设备应具备自动化采集功能,分辨精度不低于 2 $\mu\varepsilon$。

5. 支撑轴力监测

支撑轴力可采用轴力计、钢筋应力计、应变计等设备结合智能采集传输模块进行监测,传感器宜具有测温功能。采用钢筋应力计时,钢筋应力计与主筋采用焊接或套筒连接,传感器埋设前应进行标定和编号,并做好防护措施。

采用光纤传感技术进行分布式轴力监测时,应满足以下要求:

(1)混凝土支撑轴力监测,分布式应变传感光缆宜采用定点结构,定点间距不大于 1 m,光缆抗拉强度不小于 3 000 N,并采用分布式温度传感光缆进行温度修正。

(2)钢支撑轴力监测,宜采用带状结构的分布式应变传感光缆,并采用分布式温度传感光缆进行温度修正。

(3)混凝土支撑轴力监测,分布式应变传感光缆沿主筋绑扎布设,应不少于 1 个对称"U"形回路;钢支撑轴力监测,分布式应变传感光缆沿表面黏贴布设,应不少于 1 个对称"U"形回路。

(4)光纤数据采集设备应具备自动化采集功能,分辨精度不低于 2 με。

6. 锚杆及土钉拉力监测

锚杆和土钉拉力宜采用测力计、钢筋应力计或应变计等结合智能采集传输模块进行监测,当使用钢筋束作为锚杆时,宜监测每根钢筋的受力。自动化采集设备量测精度不宜低于 0.5%F · S,分辨率不宜低于 0.2%F · S。采用光纤传感技术进行监测时,锚杆及土钉拉力监测宜采用光纤光栅,单点或多点监测;光纤光栅通过锚杆、土钉切槽黏贴布设;光纤数据采集设备应具备自动化采集功能,分辨精度不低于 2 με。

7. 土体分层竖向位移监测

土体分层竖向位移可通过埋设磁环式分层沉降标,采用分层沉降仪结合智能采集传输模块进行监测;或通过埋设深层沉降标,顶部安装静力水准仪进行监测;系统精度不宜低于 1.5 mm;应定期监测管口或静力水准基准点的高程变化;可采用定点式应变传感光缆实现土体分层竖向位移监测。几种自动化监测仪器如图 5.5-3 所示。

5.5.3　自动化监测应用

1. 某区间邻近下穿既有 13 号线北苑站—望京西站区间工程

1)工程概况

望京西站下穿既有 15 号线望京西站,侧穿湖光中街立交桥后沿京承高速东侧向北敷设,而后下穿京承高速、既有 13 号线望京西站—北苑站区间路基段,侧穿来广营桥后转向西北方向沿着北五环南侧开始向西敷设,而后在顾家庄桥东南象限折向北,下穿北五环路,上跨南水北调东干渠后沿北苑东路敷设,到达勇士营站,如图 5.5-4 所示。

2)风险工程

根据设计文件说明,区间盾构下穿既有 13 号线望京西站—北苑站区间(地面线)段风险工程等级为一级。风险基本状况描述:地铁 13 号线(地面线),环境重要性等级为极重要。盾构隧道斜下穿,竖向净距为 13.4 ~ 16.2 m。

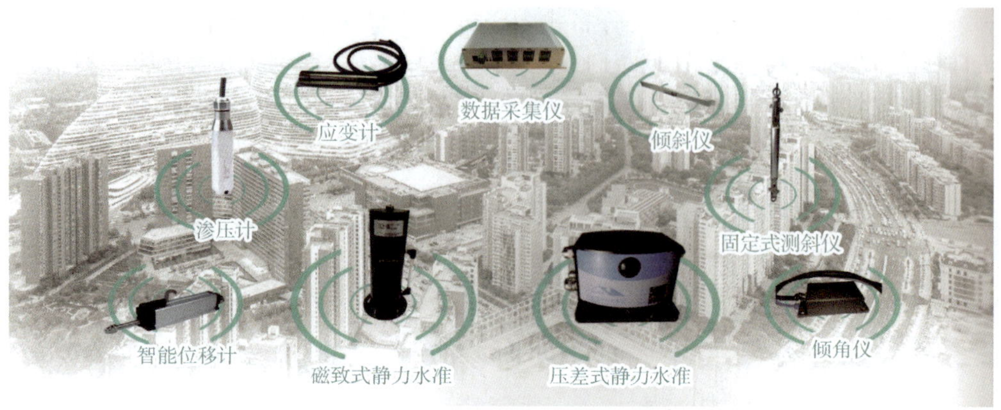

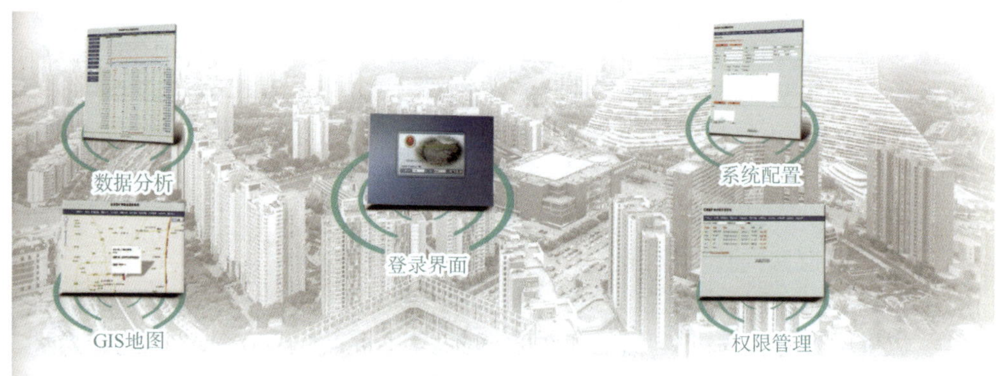

图 5.5-3　几种自动化监测仪器

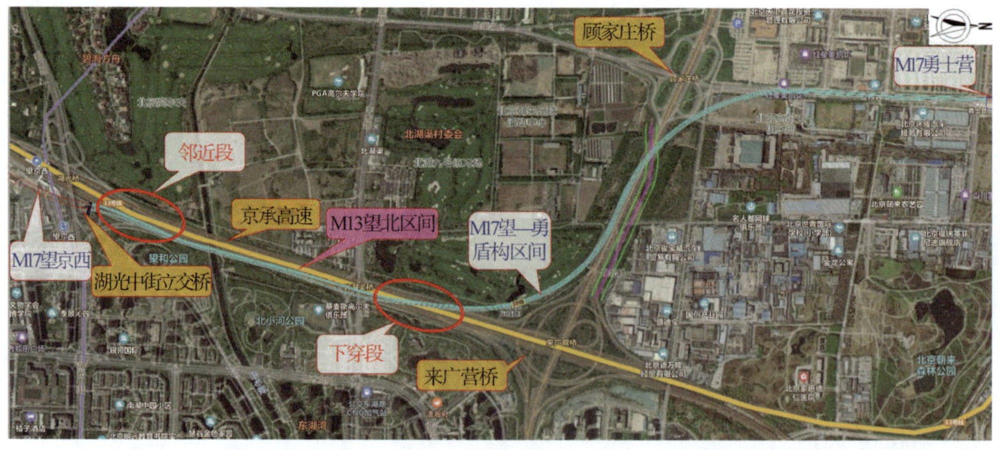

图 5.5-4　北京地铁 17 号线望京西—勇士营区间平面示意图

3) 地质及水文地质条件

此盾构区间穿越地层主要为砂质粉土黏质粉土③层、粉细砂④$_3$ 层、粉质黏土

④层、粉质黏土⑤$_4$ 层、粉质黏土⑥层、细中砂⑥$_3$ 层。

勘察 30.0 m 深度范围内，观测到五层地下水，地下水类型分别为上层滞水（一）、潜水（二）、层间水（承压水）（三）、承压水（四）和层间水（承压水）（五），地下水特征见表 5.5-1。

表 5.5-1　地下水特征

地下水性质	水位/水头埋深（m）	水位/水头高程（m）	水头（m）	观测时间	主要含水层
上层滞水（一）	1.40～4.60	33.21～37.40	—	—	杂填土①$_1$ 层、粉质黏土填土①层、砂质粉土黏质粉土②层、粉细砂②$_3$ 层
潜水（二）	5.10～9.90	29.53～33.61	—	2015 年 12 月 12 日～2016 年 1 月 31 日	杂填土①$_1$ 层、粉质黏土填土①层、砂质粉土黏质粉土②层、粉细砂②$_3$ 层
层间水（承压水）（二）	9.50～16.70	21.21～29.21	局部水头 2.3		黏质粉土砂质粉土④$_2$ 层、粉细砂④$_3$ 层
承压水（四）	18.00～25.50	18.83～22.47	约 1.90		中粗砂⑤$_1$ 层、粉细砂⑤$_2$ 层、黏质粉土砂质粉土⑤$_3$ 层、黏质粉土砂质粉土⑥$_2$ 层、细中砂⑥$_3$ 层
层间水（承压水）（五）	24.10～28.90	9.46～14.10	局部水头 2.4		圆砾卵石⑦层、中粗砂⑦$_1$ 层、粉细砂⑦$_2$ 层

4）自动化监测布置

自动化监测项目见表 5.5-2，自动化测点布置如图 5.5-5 所示。

表 5.5-2　自动化监测项目

序号	类别	监测对象	监测项目
1	自动化监测	轨道结构	轨道结构竖向位移
2			轨道结构横向位移
3	人工静态监测	轨道结构	轨道结构竖向位移
4			轨道结构横向位移
5			轨道几何形位检查
6			无缝线路钢轨变形
7		路基结构	路基结构竖向位移
8			轨道结构横向位移
9		盾构区间试验段	深层土体竖向位移

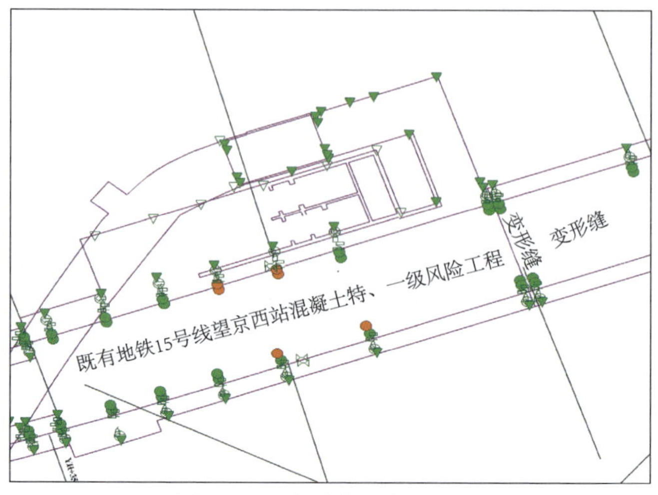

图 5.5-5　自动化测点布置图

5）自动化监测成果

区间正线下穿既有线车站初期支护施工，整个通过过程先隆起后缓慢沉降，主要由于前期注浆引起隆起，后期开挖过程中逐渐沉降，既有线道床监测最大累计变形为 2.20 mm（控制值为 -1.5 ~ 1 mm），变形速率为 -0.05 mm/d（控制值为 0.5 mm/d），实时自动化监测累计变形为 -1.82 mm（控制值为 -1.5 ~ 1 mm），变形速率为 -0.02 mm/d（控制值为 0.5 mm/d）。开挖期间整体变形平缓可控，如图 5.5-6 和图 5.5-7 所示。

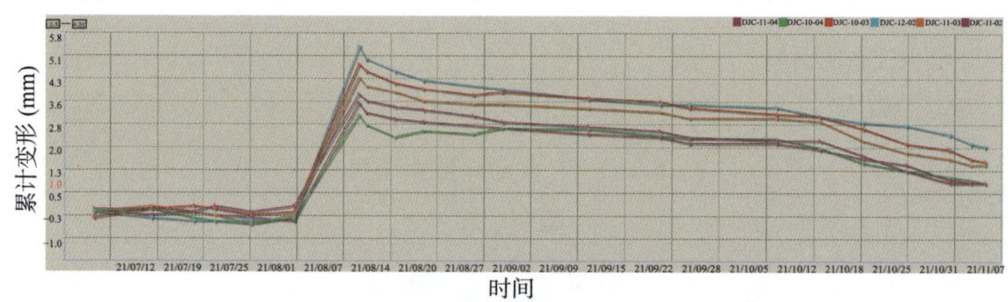

图 5.5-6　既有线道床监测点（DJC）变形图

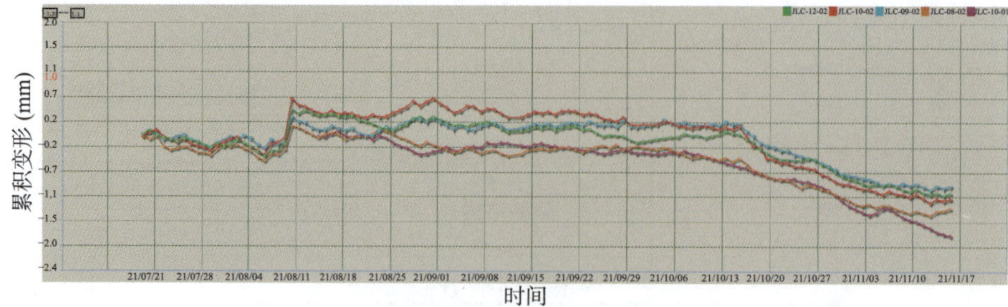

图 5.5-7　实时自动化监测点（JLC）变形图

2. 某区间下穿既有 2 号线长椿街站

1）工程概况

轨道交通 19 号线牛街站—金融街站区间，右线区间起止里程为右 K41 + 720.402 ~ 右 K43 + 604.139，右线全长 1 883.737 m，左线区间起止里程为左 K41 + 720.402 ~ 左 K43 + 604.139，左线区间全长 1 883.854 m（含长链 0.117 m）。在右 K42 + 227.528、K42 + 727.528、K43 + 227.528 分别设置 1 号、2 号、3 号联络通道。在右 K41 + 767.255 设置盾构侧始发竖井、横通道，用于盾构侧始发施工。区间左右线线间距为 13.0 ~ 19.2 m，线路为避让长椿寺及路侧建筑物设置平面曲线，最小曲线半径为 2 500 m。区间纵断出牛街站后接 16‰上坡，在穿越国铁直径线及 2 号线长椿街站处到达区间最高点，之后接 8‰下坡至金融街站，与车站 2‰纵坡衔接。区间结构埋深为 20.8 ~ 31.8 m。

地铁 2 号线长椿街站为明挖单层两柱三跨矩形箱体结构，车站宽度为 17.7 m，高度为 7.55 m。线路与既有 2 号线长椿街站位置关系平面如图 5.5-8 所示。

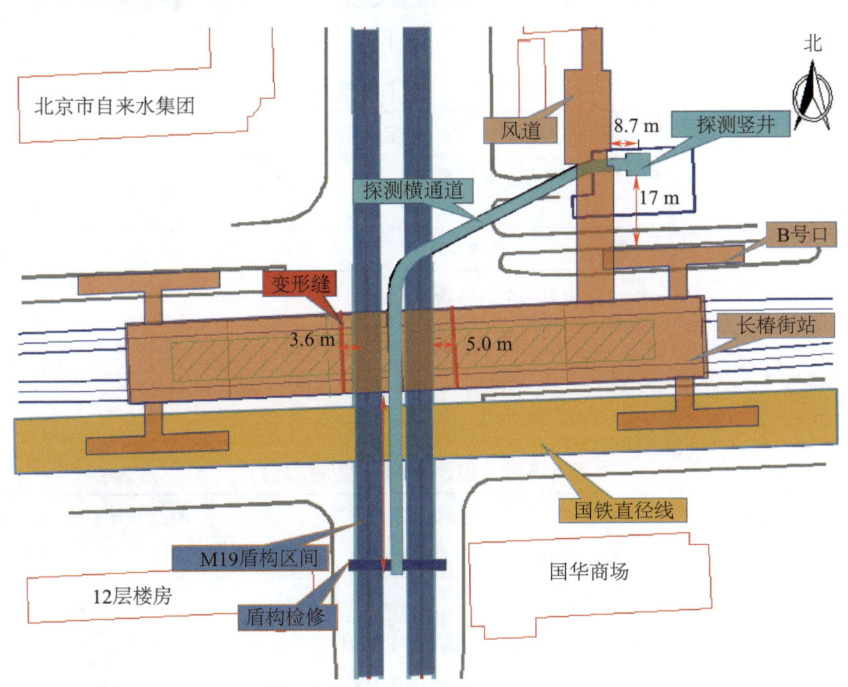

图 5.5-8　线路与既有 2 号线长椿街站位置关系平面图

2）风险工程

牛金区间风险源为下穿 2 号线长椿街站，风险源等级为特级。风险源状态描述：地铁 2 号线长椿街站为明挖单层两柱三跨矩形箱体结构，车站宽 17.7 m，高 7.55 m，顶板厚 0.9 m，底板厚 0.8 m。

3)工程地质与水文地质

工程地质如图5.5-9所示,地下水情况见表5.5-3。

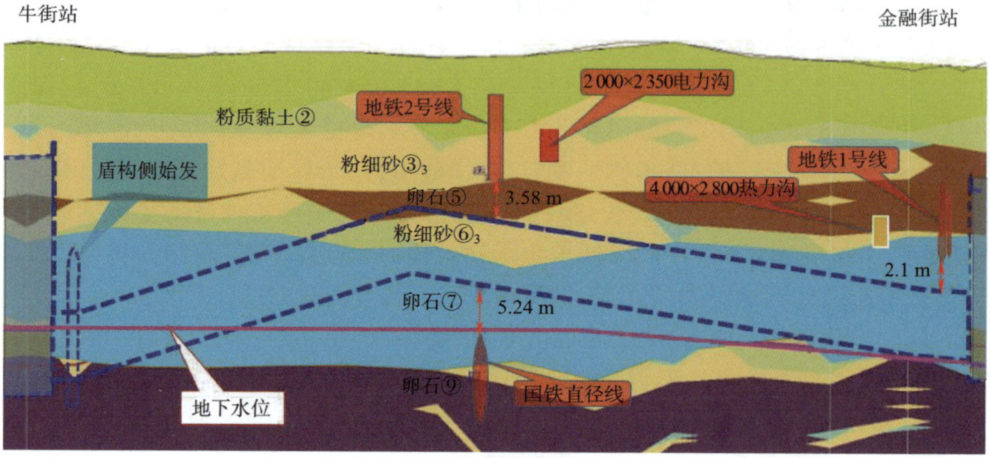

图5.5-9　工程地质图(单位:mm)

表5.5-3　地下水情况

工点名称	地下水层号	稳定水位		含水层及其特征	
		水位埋深(m)	水位高程(m)	岩性特征	渗透系数(m/d)
牛街站—金融街站	潜水	26.9~28.0	19.02~21.30	⑦、⑨	300

注:1. 表中渗透系数根据公司收集沿线水文地质资料并结合地区经验进行取值。
　　2. 表中水位埋深及高程为现场实测。

4)监测对象及监测项目

监测对象及监测项目见表5.5-4。

表5.5-4　监测对象及监测项目

序号	监测对象	监测项目		测点数量	单点测次
1	既有2号线长椿街站	远程自动化监测	轨道结构沉降、差异沉降	14个	约240组日
		人工静态监测	隧道结构沉降	14个	约90次
			轨道结构沉降、差异沉降	30个	
			隧道结构横向变形	14个	
			轨道几何形位检查	22个	
			无缝线路钢轨位移	8个	
2	附属结构	人工静态监测	结构沉降	34个	
			结构水平位移	7个	

5）测点布设

既有地铁轨道结构测点采用静力水准点，变形缝为监测重点，如遇变形缝位置应在变形缝两侧各布设一个静力水准点。道床沉降监测的静力水准点安装在轨道外侧，测点布设如图 5.5-10 所示。

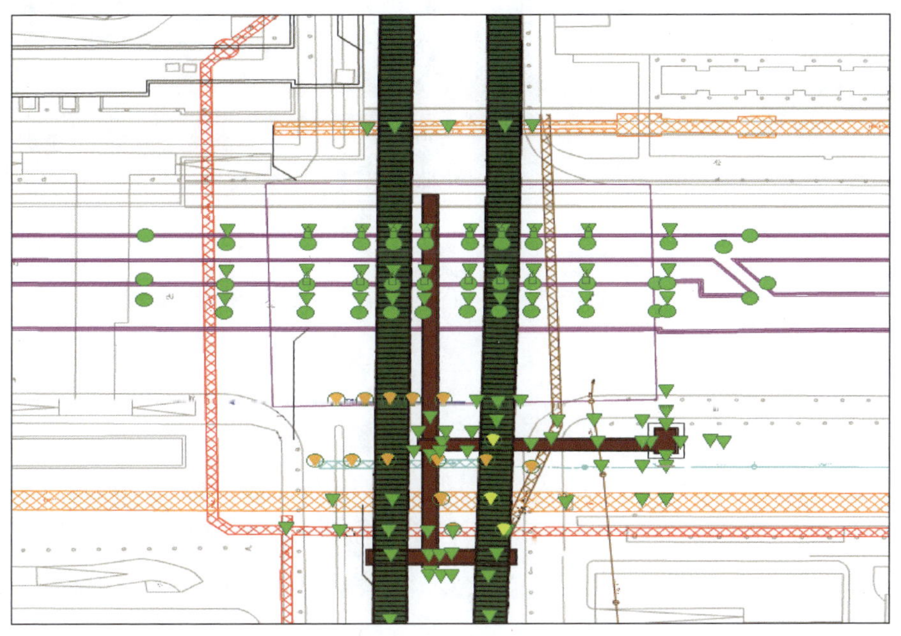

图 5.5-10　轨道结构沉降自动化测点布置示意图

6）自动化监测成果

根据图 5.5-11 和图 5.5-12 分析，整个通过过程为沉降趋势，通过后沉降平缓，既有线道床监测最大累计变形为 -1.40 mm（控制值为 -1.5 ~1 mm），变形速率为 -0.05 mm/d（控制值为 0.5 mm/d），实时自动化监测累计变形为 -1.30 mm（控制值为 -1.5 ~1 mm），通道开挖期间造成变形量为 -1.26 mm，后期盾构穿越期间变形整体平缓。

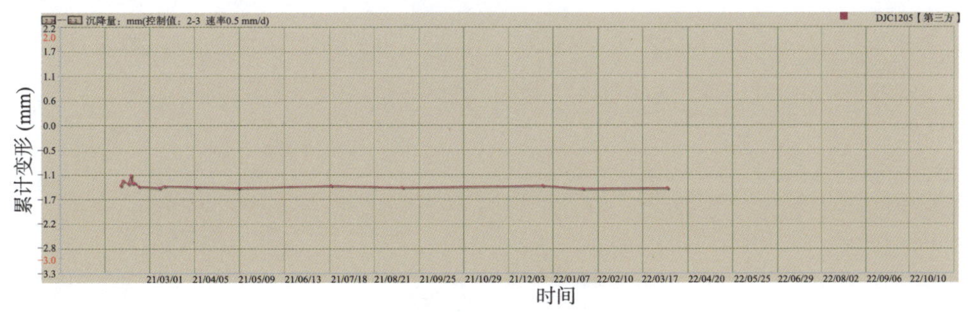

图 5.5-11　既有线道床监测点（DJC）变形图

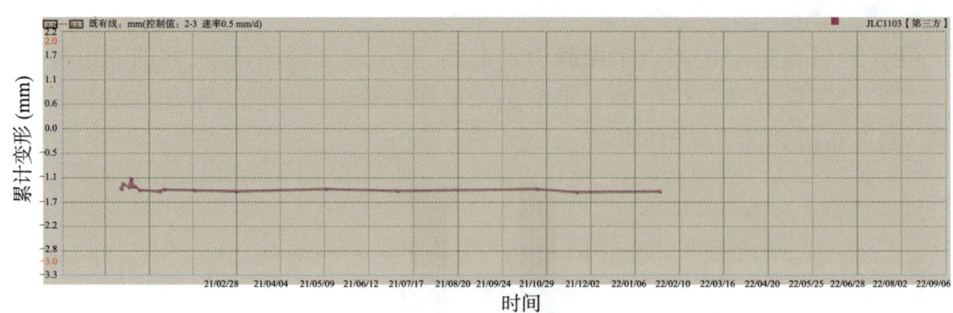

图 5.5-12　实时自动化监测点(JLC)变形图

第6章　北京轨道交通安全风险管控成效

6.1　概　　述

从北京轨道交通建设安全风险技术管理体系建立以来，截至2022年6月底已完成轨道交通约建设783.1 km，整个建设过程中未发生较大级别以上安全事故，管控效果显著。同时在建里程约235.6 km，安全风险形势严峻，对安全风险管理体系需求更加深入，北京轨道交通建设安全风险技术管理体系管控线路见表6.1-1。

表6.1-1　北京轨道交通建设安全风险技术管理体系管控线路

开始年份	线路	里程(km)	车站数(个)	区间数(个)
2009年	9号线	16.45	12	18
2009年	大兴线	21.75	11	13
2009年	6号线一期	29.07	20	22
2009年	8号线二期	17.46	14	24
2009年	10号线二期	32.44	21	28
2009年	亦庄线	23.23	15	18
2009年	房山线	27.49	1	3
2009年	昌平线一期(地下段)	3.36	1	1
2010年	4号线(尾工附属)	—	4	0
2011年	6号线二期	12.44	9	8
2011年	7号线	23.67	20	22
2011年	14号线	47.56	34	44
2013年	西郊线	9.06	0	5
2013年	昌平线二期	10.06	6	8
2014年	6号线西延	8.93	6	7
2014年	8号线三期	17.3	14	21
2016年	房山线北延	5.2	4	5
2016年	7号线东延	16.6	9	11

续上表

开始年份	线路	里程(km)	车站数(个)	区间数(个)
2016 年	17 号线	49.7	19	26
2017 年	3 号线一期	22	12	12
2017 年	12 号线	29.6	18	20
2017 年	19 号线一期	22.4	10	13
2017 年	新机场线一期	41.23	1	11
2017 年	八通线南延	4.5	1	2
2018 年	昌平线南延	12.6	5	10
2018 年	宣武门新增换乘通道	—	1	0
2021 年	机场线北延	3.5	1	1
2021 年	28 号线	8.77	9	9
2022 年	22 号线	78.6	20	20
2022 年	13 号线扩能提升工程	63.5	18	20

6.2 风险工程管理案例

2019 年初—2022 年 6 月底期间,安全风险技术管理体系累计识别风险工程 12 798 项,管控通过风险工程 8 026 项,正在通过风险工程近 3 000 项,后续有约 2 000 项风险工程将要开工建设,其中特级风险工程有 27 项,2019 年初—2022 年 6 月底风险工程通过情况如图 6.2-1 所示。

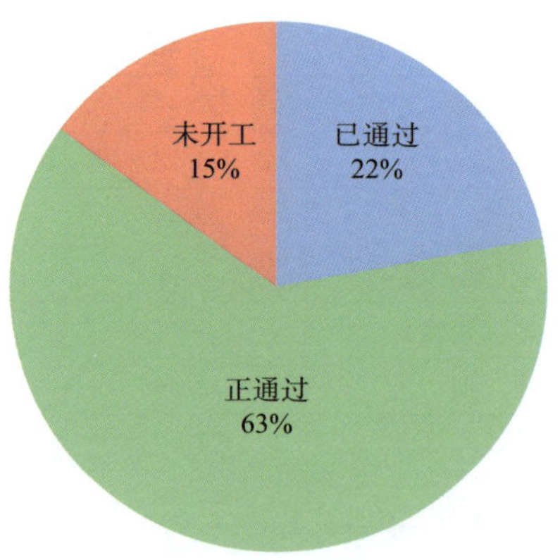

图 6.2-1　全网风险通过情况

安全风险技术管理体系运行以来,对风险工程进行辨识与分级,并对重要风险工程进行专项设计,通过差异化的风险管控,2019 年初—2022 年 6 月底期间累计通过特级风险工程 82 项,其中既有线 64 处,铁路 15 处,南水北调 3 处,通过了大量的重要风险源。

6.2.1　典型风险工程案例 1：某明挖车站超宽基坑

1. 工程概况

该车站为地下三层钢筋混凝土箱形框架结构，标准段为五柱六跨结构，小里程接区间段为单柱双跨结构，采用明挖法施工，如图 6.2-2 所示。部分附属结构于主体结构内顶出，与主体结构同期明挖实施；与既有车站换乘通道采用暗挖法施工，3 号物业出入口和 6 号安全出口采用明暗挖法结合施工；其余均采用明挖法施工。车站东、西两端区间隧道均采用矿山法施工。

图 6.2-2　车站工程地理位置图

车站主体基坑深为 25.04 ~ 26.45 m（不含局部降板），小里程接区间段基坑宽为 20.2 m，采用“桩 + 撑”支护；标准段基坑宽为 45.1 m，转辙机加宽段宽为 45.7 m，采用“桩 + 锚”支护；大里程邻近既有站段宽为 45.1 m，采用“桩 + 撑”支护。

2. 工程地质与水文地质条件

车站拟建场地地面以下 60 m 深度范围内的地层按其沉积年代及工程性质分别为表层人工填土层、新近沉积层、第四纪全新世冲洪积层、第四纪晚更全新世冲洪积层及古近纪基岩层。某车站场区表层为人工填土层，从上至下分别描述如下：

人工填土（Q_4^{ml}）：砂质粉土黏质粉土素填土①层，层顶高程为 40.88 ~ 42.19 m；杂填土$①_1$ 层。

新近沉积层（Q_{42+3}^{al}）：砂质粉土黏质粉土②层，本层厚度为 4.0 ~ 7.9 m，层顶高程为 38.52 ~ 41.02 m；粉质黏土$②_1$ 层；黏土$②_2$ 层；粉细砂$②_3$ 层。

第四纪全新世冲洪积层（Q_{41}^{al+pl}）：砂质粉土黏质粉土③层，本层厚度为 0.4 ~ 3.1 m，层顶高程为 32.57 ~ 34.83 m；粉质黏土$③_1$ 层；黏土$③_2$ 层；粉细砂$③_3$ 层，本层厚度为 1.9 ~ 7.1 m，层顶高程 31.13 ~ 33.45 m；粉细砂$④_3$ 层。

第四纪晚更新世冲洪积层(Q_3^{al+pl}):卵石圆砾⑤层,本层厚度为0.7~6.1 m,层顶高程为25.38~29.96 m;粉质黏土⑥层,厚度为1.0~8.6 m,层顶高程为22.59~29.38 m;黏土$⑥_1$层;砂质粉土黏质粉土$⑥_2$层;粉细砂$⑥_3$层;卵石圆砾⑦层,厚度为4.7~8.9 m,层顶高程为19.68~22.25 m;粉细砂$⑦_2$层;粉质黏土⑧层,厚度为2.9~6.0 m,层顶高程为13.28~15.84 m;黏土$⑧_1$层;砂质粉土黏质粉土$⑧_2$层;卵石圆砾⑨层,厚度为5.7~10.8 m,层顶高程为7.97~11.83 m;粉细砂$⑨_2$层;卵石圆砾⑪层,厚度为2.1~6.6 m,层顶高程为0.47~3.38 m;粉细砂$⑪_2$层;粉质黏土$⑪_4$层;粉质黏土⑫层,厚度为0.5~4.1 m,层顶高程为-5.37~-1.83 m;黏土$⑫_1$层;细中砂$⑫_3$层;卵石⑬层,最大揭露厚度为13.0 m,层顶高程为-8.83~-4.51 m;粉细砂$⑬_1$层。地下水位观测情况一览见表6.2-1。

表6.2-1　地下水位观测情况一览(m)

初见水位深度	初见水位绝对高程	稳定水位深度	稳定水位绝对高程
29.80~32.20	9.08~11.83	26.30~27.70	13.68~15.28

层间潜水~承压水(四)的主要含水层为卵石圆砾⑨层、粉细砂$⑨_2$层及以下砂、卵石地层,主要接受侧向径流补给,以侧向径流和向下越流为主要排泄方式,具有承压性,观测承压水头为2.0~5.5 m。其水位动态变化规律一般为当年最高水位出现在9~11月,最低水位出现在6~7月,平均年变幅为2~3 m。抗浮设防水位绝对高程为37.00 m。

3. 工程重难点

北京地铁某车站自身风险工程清单见表6.2-2,环境风险工程清单见表6.2-3。

表6.2-2　自身风险工程清单

风险工程名称	风险工程描述	风险工程等级
主体基坑邻近既有车站	既有站位于车站主体基坑西侧,距离主体结构基坑最小水平距离约23.5 m	一级

表6.2-3　环境风险工程清单

序号	风险工程名称	风险工程描述	风险工程等级
1	主体基坑邻近既有某车站紧急疏散出口	既有某车站B出入口通道位于车站主体西端北侧,距离主体结构基坑最小水平距离约9.3 m	一级
2	主体基坑邻近2 000 mm×2 000 mm电力管廊	电力管廊位于主体基坑西端,距离基坑最小水平距离约17.1 m	三级
3	主体基坑邻近150 cm×50 cm电力管块	电力管迁改后位于主体基坑东端,距离基坑最小水平距离约5 m	一级

该车站基坑开挖深度为25.0~26.5 m,小里程接区间段基坑宽为20.2 m,采用"桩+撑"支护;标准段基坑宽为45.1 m,转辙机加宽段宽为45.7 m,采用"桩+

锚”支护;大里程邻近既有站段宽为45.1 m,采用“桩＋撑”支护。明挖基坑开挖深度大、宽度大,开挖过程中确保基坑安全可靠,支护体系有效,围护结构自身不出现较大位移是工程的难点。

4. 风险工程管理对策

(1)小里程接区间段采用“桩＋撑”支护(竖向四道内支撑,第一、二道采用D609 mm,厚为16 mm钢管支撑,第三、四道采用D800 mm,厚为16 mm钢管支撑),围护桩采用A1 000 mm@1 600 mm灌注桩,如图6.2-3和图6.2-4所示。

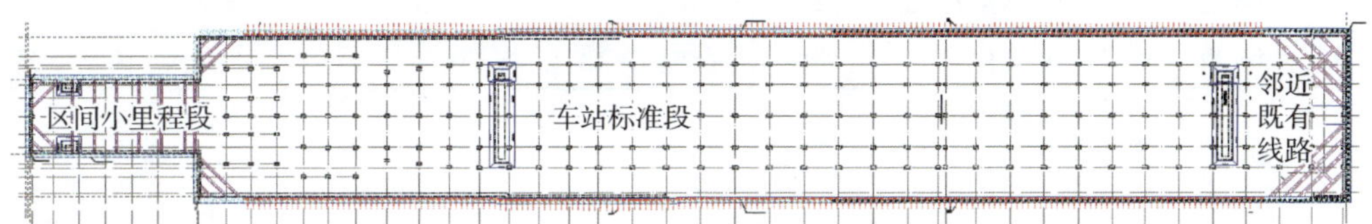

图6.2-3　车站主体围护结构平面图

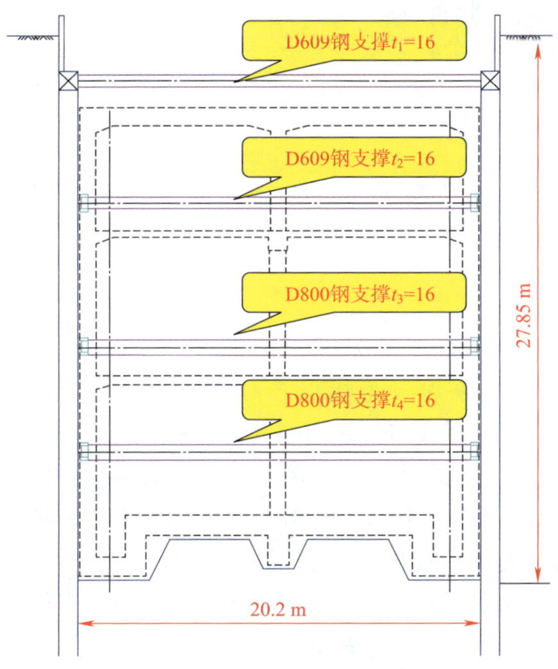

图6.2-4　小里程段区间段围护结构剖面图(单位:mm)

(2)车站主体基坑标准段采用“桩＋锚”支护(竖向五道预应力锚索,其中第一、二锚索采用可拆芯锚索),围护桩采用1 000 mm@1 500 mm灌注桩,锚索采用一桩一锚。锚索支护结构主要参数见表6.2-4,车站主体基坑标准段围护结构剖面如图6.2-5所示。

表 6.2-4　锚索支护结构主要参数

名称	规格数量	有效长度(m)	自由段长度(m)	锚固段长度(m)	锚固体直径(mm)	水平间距(m)	轴向拉力标准值(kN)	锚杆锁定值(kN)
第一道锚索(可拆芯)	$4\phi^s$ 15.2	27.5	15	12.5	200	1.5	197.7	150
第二道锚索(可拆芯)	$4\phi^s$ 15.2	26	12.5	13.5	200	1.5	277.8	228
第三道锚索	$5\phi^s$ 15.2	30	10	19.5	200	1.5	614.3	480
第四道锚索	$6\phi^s$ 15.2	26	9	17	200	1.5	569.3	435
第五道锚索	$6\phi^s$ 15.2	21	6.5	14.5	200	1.5	598.5	450

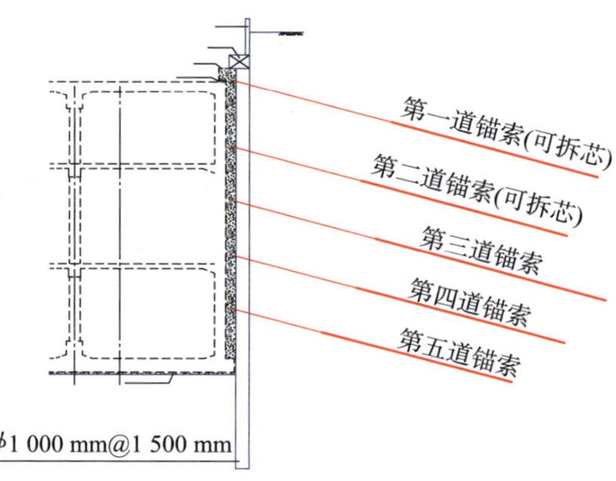

图 6.2-5　车站主体基坑标准段围护结构剖面图

(3)采用可拆芯式锚索为 U 形可拆芯锚索,是将可全长自由滑动的无黏结力的预应力钢绞线弯曲加工成 U 形,分别装入数个按一定间距配置的承载体上。张拉钢绞线时,拉力直接由无黏结钢绞线传至底端承载体,通过承载体对注浆体施加压应力,并使注浆体与周围岩土体产生剪切摩阻力,以此提供锚杆所需的承载力。钢绞线可从无黏结包裹体中抽出,如图 6.2-6 所示。

拉力型锚索主要采用有黏结预应力钢绞线,对锚固段进行全长注浆,张拉时采用同步分级张拉,依靠水泥砂浆内锚固段提供足够的握裹力和抗拔力,以此提供锚杆所需的承载力。

(4)大里程邻近既有站段

大里程邻近既有站段采用"桩 + 撑"支护(竖向四道内支撑,第一道采用 800 mm × 1 000 mm 混凝土支撑,第二道采用 D609 mm、厚为 16 mm 钢管支撑,第三、四道采用 D800、厚为 16 mm 钢管支撑),设置钢格构柱及连系梁,围护桩采用 ϕ1 000 mm@1 400 mm 灌注桩,如图 6.2-7 所示。

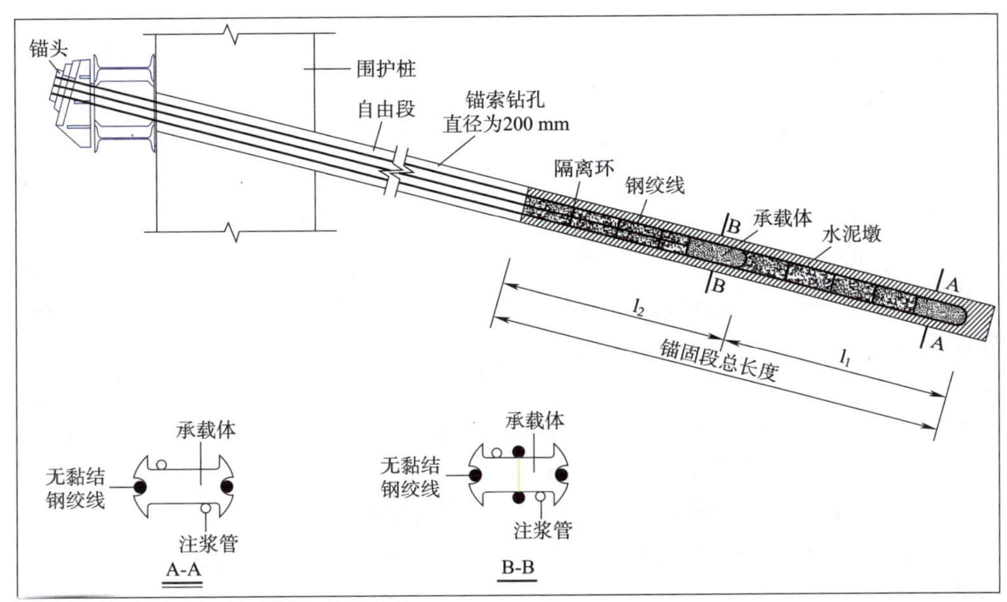

图 6.2-6　压力分散型锚索结构及装配示意图(可拆芯)

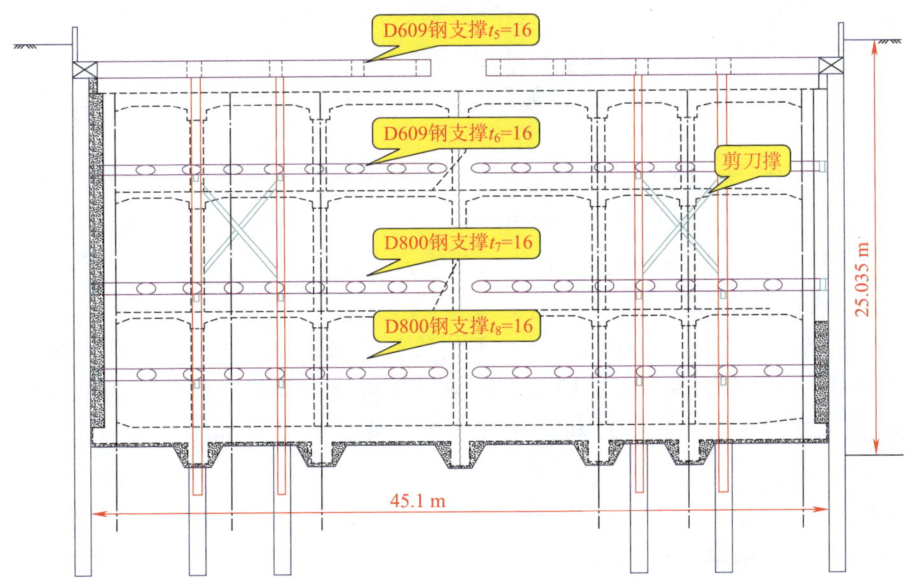

图 6.2-7　大里程邻近既有站段围护结构剖面图(单位:mm)

(5)基坑土方开挖方法

开挖主要采用纵向放坡拉槽方式,运输车辆进入基坑,挖掘机开挖、装车后外运;坡顶线开挖至车站中部,若坡度超过运输车辆的爬坡能力时,采取多台挖掘机接力的方式开挖，地面采用长臂挖掘机配合出土；无法采用以上两种方式开挖的土方，在基坑内设小型挖掘机开挖、装土，采取塔式起重机提升完成开挖。随开挖随进行桩间网喷和锚索、钢支撑的支护施工。

①纵向分段：基坑纵向开挖分段按照支撑平面布置及内部结构段划分，基坑开挖从东西两个方向向中间开挖，纵向开挖采用临时放坡开挖（坡度为 15°，适应车辆爬坡能力）。采用挖掘机接力开挖时，设多级坡，根据土层情况放 1∶1～1∶2.5 的坡度，在合适高度设置台阶，不宜大于 4 m。开挖时遵循阶梯状开挖施工顺序，“从上到下，分层、分块，留土护坡，阶梯流水开挖，垫层及时浇筑”的总原则，确保按时完成深基坑土方开挖，为主体结构施工创造条件。

②中部拉槽：纵向拉中槽，中槽位于基坑横断面中间。中槽的大小首先要满足挖掘机回转弃土的要求，同时要尽可能多的保留两侧土体，以支撑围护结构，减小对周边环境的扰动，中槽宽度为 8～10 m，放坡系数为 1∶1。挖掘机正面挖土，挖掘臂回转弃土，沿围护桩两侧各留 3～5 m 宽平台，即可充分利用土体抗力保证围护结构的稳定，又可为钢支撑安装及锚索施工提供平台，同时可以确保在钢支撑及锚索施工时土方开挖正常进行，以加快施工速度。在钢支撑及锚索施工完成后，达到开挖条件，再进行下面一层土方开挖前铲除预留平台部位的土方。

③竖向分层：竖向分层高度按立体结构尺寸、横撑排距、竖向层距以及为满足挖机最小装车高度。除一般土方外，自上而下沿基坑竖向分六大层，每大层层底高程为相应的锚索（钢支撑）高程下 0.5 m 处，每一大层分为若干小层，每小层开挖深度不大于 2.0 m，逐层开挖，开挖完成后立即进行喷锚防护。

④横向扩边：为中槽开挖至适宜距离后，向横向扩边拓展，即由中槽向两边跨开挖扩边。开挖方式为由中槽向两边跨横向挖土，两边跨的土方开挖尽量对称进行，土方开挖至钻孔桩及格构柱附近时，改为人工挖土，以免机械开挖破坏钻孔桩。

5. 监测数据分析及监测预警管理

（1）基坑阳角部位与标准段桩体水平位移对比，如图 6.2-8 和图 6.2-9 所示。由以上监测曲线可知，阳角桩撑支护处 ZQS-04-02 桩体中部最大位移量为 12.22 mm，标准段桩锚支护处 ZQS-08-02 桩体中部最大位移量为 8.31 mm。可见阳角效应明显，且无法抵消。

（2）可回收锚索与一般锚索对比，如图 6.2-10 所示。取基坑南北两侧同断面第一道和第二道锚索进行轴力观测，从锚索轴力监测数据能够看出南北基坑第一道锚索轴力两侧相差不超过 20 kN，第二道锚索轴力监测两侧相差不超过 10 kN，且随时间发展，轴力的变化量均很小，表明锚索工作性能比较稳定。从上述监测数据可以看出，采用可回收锚索比普通预应力锚索的锚固性能并没有减弱，并且锚索轴力随时间发展也较稳定，基本一致，就锚固性能来说具有可互换性。

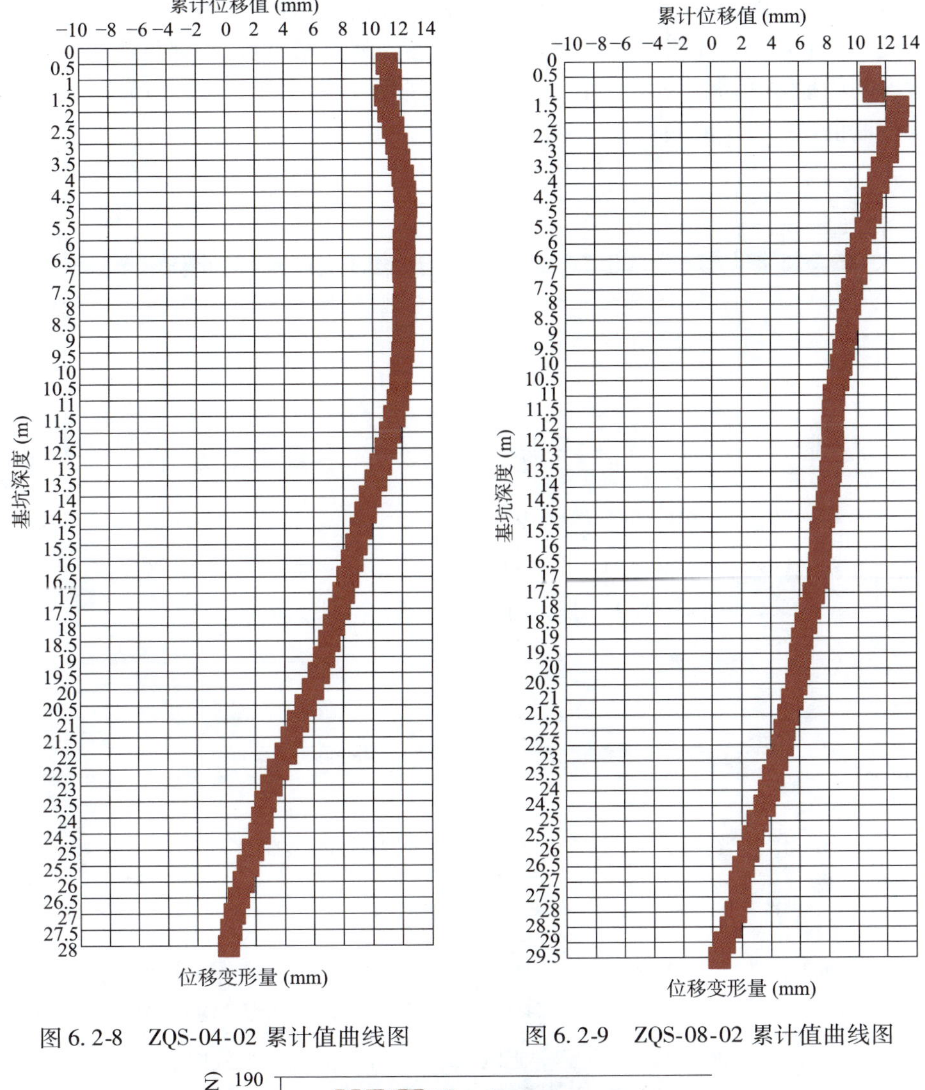

图 6. 2-8　ZQS-04-02 累计值曲线图

图 6. 2-9　ZQS-08-02 累计值曲线图

锚索轴力值 (kN)
190
170
150
130
110
90
2017/8/23 2017/9/2 2017/9/12 2017/9/22 2017/10/2 2017/10/12 2017/10/22 2017/11/1 2017/11/11 2017/11/21 2017/12/1 2017/12/11
监测日期
ML-06-01 (南侧)　ML-05-01 (北侧)
ML-06-02 (南侧)　ML-05-02 (北侧)

图 6. 2-10　锚索轴力时呈曲线图

(3)小里程区间段(宽 20.2 m)与大里程邻近既有站段(宽 45.1 m)周边地表沉降对比,如图 6.2-11 和图 6.2-12 所示。从上述监测数据可看出,邻近既有站段与小里程区间段地表沉降速率均较小,且趋势较为平稳,最大沉降量为 -15.74 mm,均未超出控制值(±37.5 mm)。

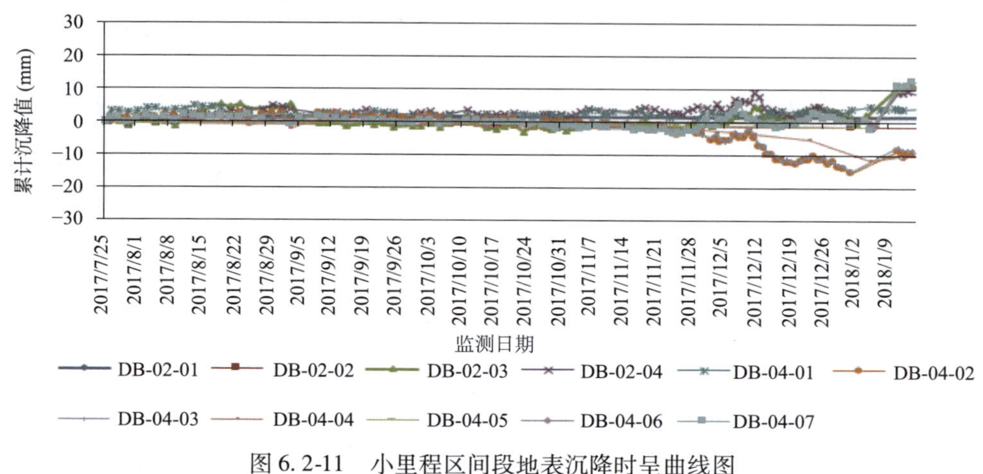

图 6.2-11　小里程区间段地表沉降时呈曲线图

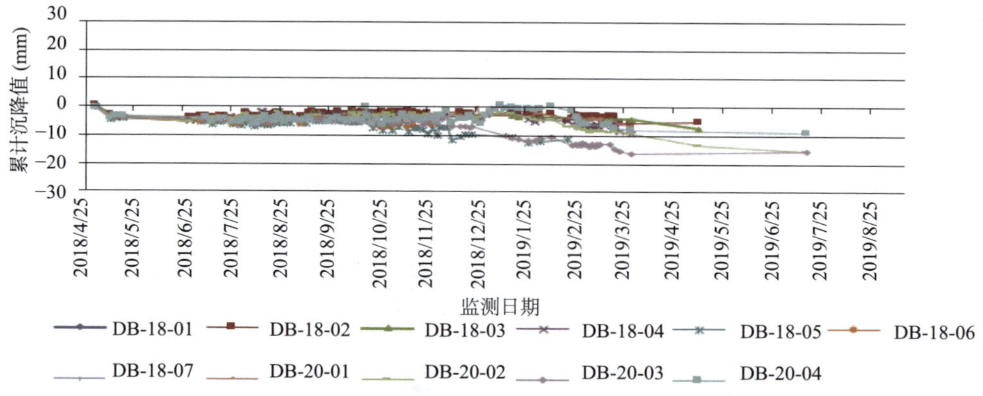

图 6.2-12　大里程邻近既有站段地表沉降时呈曲线图

(4)小里程区间段(宽 20.2 m)与车站主体基坑标准段(宽 45.1 m)桩顶沉降对比,如图 6.2-13 和图 6.2-14 所示。从上述比对监测数据中可看出,土方开挖期间,标准段桩顶隆起量约为 +12 mm,小里程区间段桩顶隆起量约为 +8 mm。基坑标准段在土方开挖期间,土体卸载量大于宽度较小的小里程区间段,对应造成的桩体隆起量也更大。

6. 现场巡视及巡视预警管理

(1)风险管控措施落实情况

车站主体基坑标准段:主体结构施工已完成,土方开挖期间,施工规范性较强,锚索施作及张拉及时性较强,侧壁喷锚及时性较强,如图 6.2-15 ~ 图 6.2-18 所示。

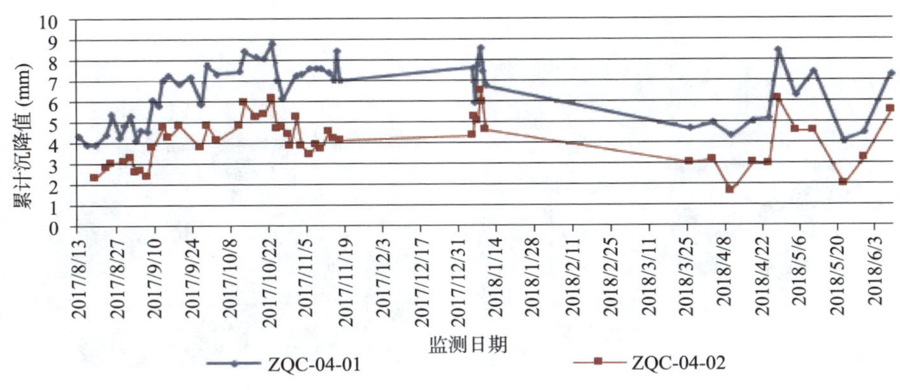

图 6.2-13　小里程区间段桩顶沉降时呈曲线图

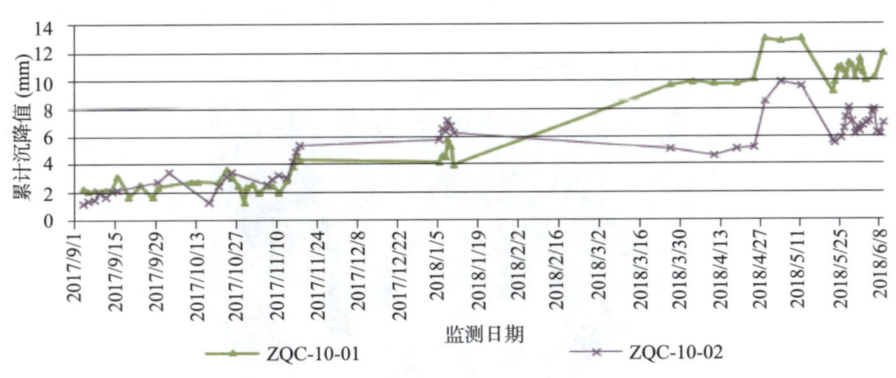

图 6.2-14　标准段桩顶沉降时呈曲线图

图 6.2-15　锚索钻孔与安装

图 6.2-16　锚索施作机械

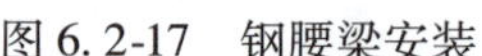

图 6.2-17　钢腰梁安装

图 6.2-18　侧壁喷锚

大里程邻近既有站段:负一层底板施作完毕,待拆撑施作部分侧墙及顶板。土方开挖期间,支撑架设及时性较强,侧壁喷锚及时性较强,如图 6.2-19 所示。

图 6.2-19　基坑大里程端头支撑架设图

地表防排水:开挖前清理地表,现场测量放线,依据设计坡度(2‰)拉线控制排水垫层范围内的高程,找平地表原状土。施作基坑周边地表截排水及防护设施,防止地表水向地下渗透,使径流远离边坡。沿基坑轮廓线外 1 m,砌筑深 300 mm×宽 300 mm 集水沟,采用 120 mm 厚砖砌成型,内表面施作 2 cm 厚 M10 水泥砂浆抹面,确保水沟内的水不外渗。排水沟由东向西设置 2‰的下坡,排水沟每隔 20 ~ 30 m 设一个直径为 0.8 m 的集水井,集水井底低于水沟底 0.8 m,防止泥土淤积沟内。到明挖段排水沟末端根据现场情况将水排入市政的排水管道内。在现场低洼处的施工围挡底部设置雨水口,便于地表水的自然外排。

基底排水:纵向放坡时,应在坡顶设置截水沟或挡水土堤,防止地表水冲刷坡面和基坑外积水流入坑内。基坑开挖后及时设置坑内排水沟和集水井,必要时设集水坑,防止基坑内积水,坑内的临时明沟和集水坑距围护桩边 4 m 以外处设置,基坑坡脚严禁积水,如图 6.2-20 和图 6.2-21 所示。

图 6. 2-20　基底抽排现场情况

图 6. 2-21　基底抽排设备

(2)巡视预警情况处置

车站主体施工期间共发布黄色巡视预警 19 次,预警分类统计如图 6. 2-22 所示。施工规范性巡视预警情况见表 6. 2-5、图 6. 2-23 和图 6. 2-24,渗漏水巡视预警情况见表 6. 2-6、图 6. 2-25 和图 6. 2-26,围护桩侵限类预警情况见表 6. 2-7、图 6. 2-27 和图 6. 2-28。

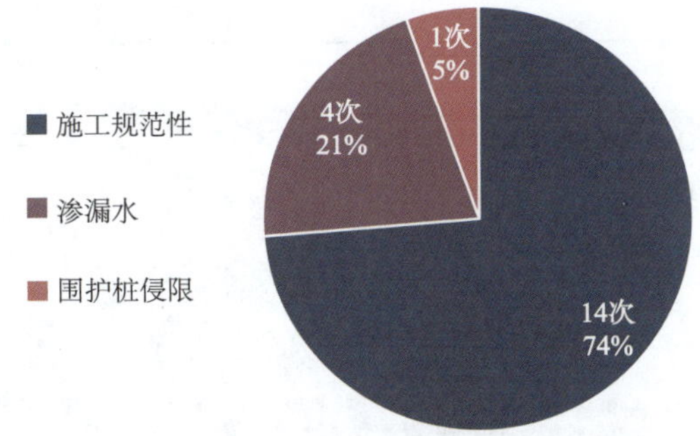

图 6. 2-22　巡视预警类别分布情况统计图

表 6. 2-5　施工规范性巡视预警情况

线路	工点	发生部位	发布单位	预警时间	预警级别	预警原因及情况	预警处置	消警时间
19 号线	09 标某车站	车站主体	中铁华铁工程设计集团有限公司(19 号线监理 05 标	2017 年 12 月 12 日	黄色	12 月 10 日夜间土方开挖完成,12 月 12 日此段钢筋网片未及时安装,桩间喷射混凝土滞后	采取措施及时挂网喷射混凝土,确保安全	2017 年 12 月 14 日

图 6. 2-23　施工规范性巡视预警时照片

图 6. 2-24　施工规范性巡视整改后照片

表 6. 2-6　渗漏水巡视预警情况

线路	工点	发生部位	发布单位	预警时间	预警级别	预警原因及情况	预警处置	消警时间
19 号线	09 标某车站	车站主体	中铁华铁工程设计集团有限公司（19 号线监理05 标）	2018 年 6 月 7 日	黄色	下翻梁土方开挖时基坑底部积水未及时抽排	某车站基坑积水已抽排，施工单位后续施工中应确保积水抽排及时性	2018 年 6 月 13 日

图 6. 2-25　渗漏水巡视预警时照片

图 6. 2-26　渗漏水巡视整改后照片

表 6.2-7　围护桩侵限类预警情况

线路	工点	发生部位	发布单位	预警时间	预警级别	预警原因及情况	预警处置	消警时间
19 号线	09 标某车站	车站主体	中铁华铁工程设计集团有限公司(19 号线监理05 标)	2017 年 9 月 17 日	黄色	围护桩侵限严重,要求施工单位做好处理措施,及时安装网片,及时喷锚,保证基坑稳定	地面已清洗干净,加强周边巡视,调整注浆压力,合理控制注浆量,确保环境安全	2017 年 9 月 22 日

图 6.2-27　围护桩侵限类预警时照片

图 6.2-28　围护桩侵限类整改后照片

7. 风险管控总结

(1)车站标准段围护桩采用桩锚支护,设置 5 道锚索,1 桩 1 锚,通过对锚索轴力、周边地表沉降的监测数据统计发现,监测数据变化均较为平稳,说明设计的安全储备较大,开挖过程中对周边环境的影响较小,根据监测数据在以后的类似工程设计中具备优化条件;基坑阳角处桩体水平位移较标准段变形量较大但并未超控,较大的围护桩直径(ϕ1 000 mm)在其中起到了关键作用,围护桩断面刚度大则在同等混凝土强度等级下抗剪强度更高、抗变形能力更强,是基坑抗变形的重要因素之一,前期围护桩施作期间按照施工经验外放 7 cm,对整体围护桩不侵限起到了决定性作用。基坑整体开挖期间大部分围护桩未出现侵限、剔凿情况,确保了围护结构的完整,是整体变形较小的又一个因素。基坑开挖过程中严格按照施工方案施工,采用纵向放坡拉槽方式分段分层开挖,各个开挖面均衡开挖,未出现单侧超挖现象,对整体变形较小也起到了关键作用。

(2)开挖期间基底排水措施落实到位,开挖过程中采用边开挖边沿基坑周边设置临时排水沟及临时集水坑的排(降)水的方式进行排(降)水,开挖至基底高程后,在适当位置设置临时集水井,及时抽排坑内集水,确保了开挖过程中的土体和基底的干燥,一定程度上保持了基底强度及完整性不受破坏。

(3)车站超宽基坑在土方开挖期间,土方短时间内的卸载量大于标准宽度的地铁车站,对应造成的桩体隆起量也更大更明显,在其他邻近带水、带压管线或既有线的同类工程中应引起重视。开挖过程中应采取分段分层开挖,各个开挖面均衡开挖,严禁出现超挖现象。

(4)针对后期附属施工影响基坑选择了可回收锚索施工工艺减少对附属施工的影响,可回收锚索在注浆和张拉时若施工措施不当,存在浆液进入套管风险,在这种情况下整束锚索后期将难以收回,在施工中应予以重视。可回收锚索与普通预应力锚索相比,监测对比表明锚固性能并没有减弱,能减少留置在地层中的障碍物,在明挖车站附属结构施工中优势明显,同时能较好地应用于城市地下空间的开发,具有较高的推广价值。

6.2.2　典型风险工程案例 2:北京地铁某 PBA 暗挖车站

1. 工程概况

该车站为北京地铁 M12 及 M17 换乘站,车站为地下两层岛式车站,采用暗挖法施工。有效站台宽为 16 m,长为 186 m,车站总长为 326.6 m,标准段宽度为 25.5 m,呈东西走向,车站总平面如图 6.2-29 所示。车站有效站台中心里程处拱顶覆土厚度约 12.132 m,底板埋深约 30.512 m。车站上导洞、下导洞采用台阶法施工,降水导洞采用 CD 法施工。

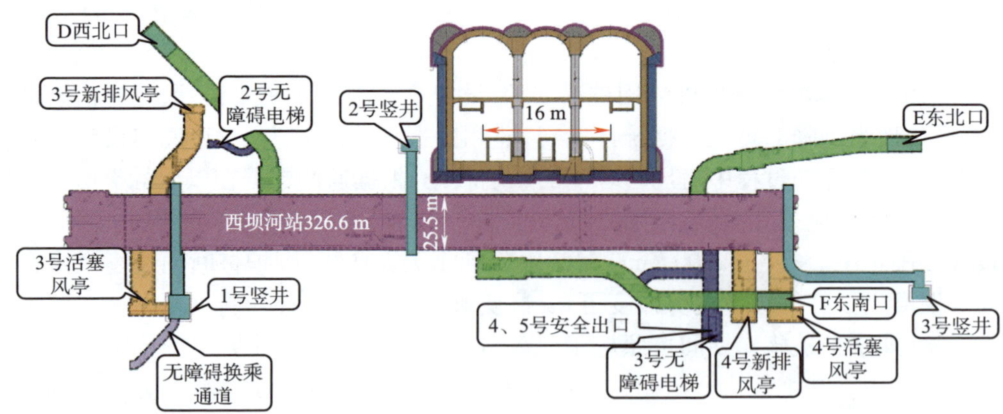

图 6.2-29　车站总平面图

2. 工程地质与水文地质条件

车站主体暗挖结构主要穿越的地层有粉质黏土④层、黏质粉土④$_2$ 层、粉细砂④$_3$ 层、黏土⑥$_1$ 层、黏质粉土⑥$_2$ 层、中粗砂⑦$_1$ 层、粉细砂⑦$_2$ 层、粉质黏土⑦$_4$ 层、粉质黏土⑧层。车站拱顶主要位于粉砂③$_3$ 层和粉质黏土④层,底板位于粉质黏土⑧和黏质粉土⑧$_2$ 层中。

车站施工范围共遇到五层地下水,分别为上层滞水(一)、潜水(二)、潜水～承压水(三)和(四)、承压水(五)。地下水均位于车站结构底板以上,车站地下水处理措施采用地表降水＋局部降水导洞降水措施,对于承压水,施工中采取深层降水措施。

3. 工程重难点

1)自身风险

主要自身风险工程有主体暗挖结构(PBA 工法、底板埋深 30.51 m、一级风险)、1 号施工竖井(倒挂井壁法、深约 34.2 m、二级风险)、1 号施工横通道(台阶法、全高 22.85 m、一级风险)、2 号施工竖井(倒挂井壁法、深约 34.14 m、二级风险)、2 号施工横通道(台阶法、全高 22.85 m、一级风险)、3 号施工竖井(倒挂井壁法、深约 34.6 m、二级风险)、3 号施工横通道(台阶法、全高 19.25～23.40 m、一级风险)。

施工难点如下:

(1)车站拱顶位于粉砂③$_3$ 和粉质黏土④层中,底板位于粉质黏土⑧和黏质粉土⑧$_2$ 层中,底板位于承压水(五)中,若降水效果不佳,易发生流沙、管涌、坍塌等现象,导致开挖面失稳、初期支护结构变形和地下管线开裂等。

(2)施工过程中,如果初期支护不及时,开挖与支撑体系不同步或施工不当,自由变形时间过长,可能导致结构失稳;注浆压力及注浆量不易控制,容易导致上方道路隆起、冒浆等危害。

(3)1 号、2 号、3 号施工竖井开挖深度大,竖井断面大,开挖与支撑体系不同步或施工不当,可能导致竖井失稳;横通道分 6 层开挖,需多次破马头门,受力转换会引起结构应力重新分布,产生自身结构变形、周边环境变形。

(4)下层导洞间设置横导洞,布置间距 14 m,横导洞马头门施工前,先对拱部超前注浆加固,加固形式采用双排超前小导管注浆。横导洞格栅从导洞侧墙开始布置,洞口范围前 3 榀密排。横导洞需要多次破马头门,对下层导洞侧墙初期支护结构稳定性的干扰较大,施工不当容易引起初期支护结构变形、周边环境变形等。

2)环境风险

周围环境(一级)风险工程清单见表 6.2-8。施工难点如下:

表 6.2-8 周围环境（一级）风险工程清单

序号	风险源名称	风险工程等级	风险源基本状况描述及分析评估
1	平行侧穿 ϕ1 100 mm 雨水管	一级	雨水管距车站主体侧墙最小水平距离约 0.9 m，管底距车站顶板竖向距离为 6.79 ~ 8.76 m
2	平行下穿 ϕ1 100 mm 污水管	一级	管底距车站顶板竖向距离约 7.01 m
3	车站主体平行下穿 ϕ1 200 mm 雨水管（重要）	一级	管底距离车站顶板净距为 8.21 ~ 8.53 m
4	平行下穿 ϕ1 400 mm 给水管	一级	管底距离车站顶板净距为 7.9 ~ 8.1 m
5	垂直下穿 ϕ720 mm 热力管	一级	管底距车站顶板净距约 4.37 m
6	车站主体垂直下穿 ϕ1 600 mm 燃气管沟（重要）	一级	管底距车站顶板净距约 5.4 m
7	垂直下穿 ϕ500 mm 污水管	一级	污水管管底距车站顶板净距约 6.5 m
8	下穿北三环东路	一级	车站拱顶与基础垂直距离为 12.13 m

（1）暗挖车站主体导洞及横通道下穿多条市政管线，施工易引起管线变形，导洞位置易造成管线差异沉降过大，严重时发生开裂、渗漏水甚至断裂等情况。管线开裂渗漏水进而引起道路沉陷等现象，严重危害道路使用安全及工程自身安全。

（2）车站主体结构及横通道均位于北三环东路下方，北三环东路为城市主干道，交通流量较大，车速较快。车站多导洞开挖施工，易导致路面沉降变形。此外施工过程中注浆压力要严格控制，控制不当易造成路面隆起，严重时会造成路面开裂、塌陷等情况，从而严重影响道路使用安全及工程自身安全。

4. 风险工程管理对策

1）地下水处理方案

地下水处理方案采用地表降水措施（车站小里程端端头局部采用降水导洞进行洞内降水），施工过程中须将地下水降至作业面以下 0.5 m。

（1）开挖范围内存在承压水，施工中应采取深层降水措施，降水参数通过试验确定，并确定降水对地层沉降、周边建（构）筑物的影响程度。

（2）施工过程中应根据实际情况设排水沟、截水沟并及时将水抽出。对渗透系数差异较大的地层，施工期间要密切注意流沙、流土或管涌等不良现象。

（3）在降水工程实施之前，结合工程实际情况布设沉降监测点，在抽水期间要进行连续沉降观测，若累计沉降量接近预警值时，及时上报并采取措施。

（4）为了较准确地掌握场区地下水动态变化，及时采取必要的处理措施，在降水工程实施的同时，应建立地下水动态监测网。

（5）施工现场应有备用电源及降水设施，以保证降水连续不间断地进行。

2）风险源处理措施

（1）主体暗挖结构

①严格按照十八字方针规范施工；

②采用超前深孔注浆进行地层加固，加固范围为初期支护线外轮廓线 1 500 mm，初期支护内轮廓线 500 mm；

③马头门处上导洞之间拱部土体开挖扣拱前采用 DN32 mm 超前小导管对拱部地层进行超前注浆预加固；

④施工过程中加强监测，做到信息化施工；

⑤加强超前深孔注浆、小导管注浆。

（2）施工竖井及横通道

①对竖井内土体进行对角分块开挖，对横通道采用台阶法开挖；

②对隧道开挖外轮廓外一定范围内土体进行超前小导管注浆加固；

③及时进行初期支护及二次衬砌背后注浆；

④施工时进行实时监控，加强监控测量，提高监测的数量及频率，根据监测反馈信息，随时调整施工参数，必要时应架设临时支撑。

（3）周边地表、管线及建筑物

①施工前，核查管线与通道结构关系，是否满足设计要求，并做好分析与评估工作；对污水、雨水、给水管线进行核查管线渗漏水及老化情况，并做好相应处理措施；

②对通道开挖轮廓线 1.5 m、轮廓线内 0.5 m 上半断面粉细砂范围进行超前深孔注浆加固，长度范围为管线两侧 3 m；

③加强支护结构刚度；

④施工过程中加强监测，做到信息化施工；

⑤加强初期支护背后注浆；

⑥施工单位针对风险源制定专项施工方案、应急预案及风险点管理办法。

5. 专家巡视活动

该车站主体施工期间共组织进行 3 次专家巡视活动，专家巡视活动统计见表 6.2-9。

表 6.2-9　专家巡视活动统计

序号	巡视时间	巡视原因	专家意见
1	2018 年 4 月 16 日	车站地层复杂，地下水丰富，降水效果不佳，且开挖面穿越粉细砂层等综合因素	（1）现场施工水量较大，喷混凝土质量难以保证，建议尽快形成封闭降水，合理安排降水周期，保证暗挖施工降水效果； （2）进一步核查分析 2 号竖井 3、4 层横通道侧墙内鼓及节点板位置水平裂缝原因，建议在该部位增设收敛测点并加强监测； （3）加强车站周边管线及建筑物现状调查，重点关注管线及建筑物差异变形； （4）对已施工区段，加强背后注浆及渗漏水处理； （5）开挖过程中，保证砂层锁脚锚管打设质量

续上表

序号	巡视时间	巡视原因	专家意见
2	2018 年 8 月 16 日	1 号井主体 A2 导洞小里程方向中隔壁、A1 导洞右侧初期支护受降水导洞深孔注浆影响,导洞节点板位置出现多条纵向及横向裂缝;3 号横通道挑高层位于粉细砂层,流水流砂情况频发	(1)立即封闭 E 降水导洞;优化开挖工艺,禁止采用三台阶施工方式,建议优化为 CRD 工法施工; (2)G 导洞施工建议优化超前支护方式,自先行导洞进行侧向注浆预加固,后下导洞开挖阶段补充超前小导管注浆措施; (3)优化 3 号横通道上导洞结构形式,规避上方砂层影响; (4)优化多导洞施工断面中隔壁结构形式; (5)做好雨污水管线渗漏引起的突涌风险探测和格栅节点的等强连接; (6)加强洞内外监测与巡视,切实做到信息化施工
3	2018 年 11 月 9 日	车站 1 号施工竖井降水 E 导洞注浆造成初期支护裂缝及施工工法是否需要调整,1 号施工竖井降水 G 导洞注浆造成中隔墙初期支护裂缝	(1)进一步核实管线与结构的位置关系,调查管线与管井情况,梳理并完善对管线的保护措施; (2)应检查 G 导洞裂缝部位格栅钢架节点连接情况,根据检查结果及后续施工影响采取加强措施; (3)合理安排 E 右导洞与主体导洞相交部位的施工工序,减小对相邻结构的影响; (4)与邻近 17 号线区间做好施工配合,明确共筹要求; (5)加强洞内变形监测及巡查,备足应急抢险物资
4	2020 年 1 月 14 日	车站主体下层导洞开挖,受群洞效应影响,上方地表沉降速率较大,且累计值已远超控制标准,监测频次严重不足;人工挖孔桩施工过程中,渗漏水严重,降水效果不佳,施工风险较高	(1)加强监测及现场巡视,严格控制后续施工工序对周边环境的影响,切实做到信息化施工; (2)加强周边管线变形分析,重点针对差异变形、变形反弯点、阀门井等不利位置综合研判、及时处置; (3)后续扣拱阶段应优化纵向施工步序,适当拉开各导洞间距,加强各节点连接质量管控; (4)完善 K 导洞施工对中柱稳定性影响的分析和相应措施,加强中柱、顶底梁监测; (5)加强现场节点连接、钢管柱吊装等各作业环节质量管控

6. 监测数据分析及监测预警管理

1)监测预警统计

主体导洞施工期间陆续破除多个马头门,道路地表及管线监测点受现场土方开挖及降水施工等影响,沉降趋势明显,导致沉降监测点变化速率及累计变形值均超控制值,为红色监测预警状态。车站部分红色监测预警点竖向位移时程曲线如图 6.2-30 所示,2018 年 11 月 18 日 ~2019 年 1 月 4 日,阶段平均变形为 -42 mm,平均速率为 -0.89 mm/d。

针对车站暗挖施工影响造成红色监测预警,施工单位立即停止继续土方开挖及下导洞横导洞施工;初期支护完成后,及时进行初期支护背后回填注浆;严格控制注浆压力及注浆量;下层导洞加固支撑、浇筑垫层;加强现场监测、巡视,及时反

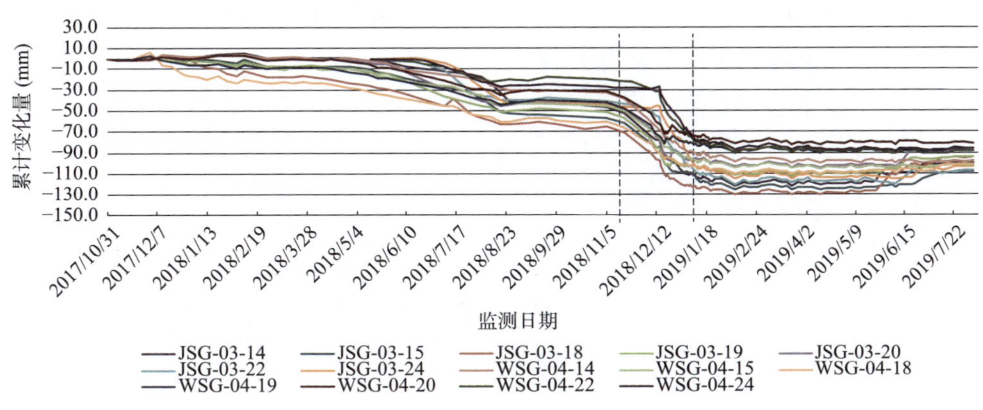

图 6.2-30　车站部分红色监测预警点竖向位移时程曲线

馈监测数据，指导现场施工；严格按照图纸进行施工。

施工单位采取措施后，地层得到加固，监测点变形平稳；同时，施工单位对拱顶沉降、洞内收敛、钢支撑轴力进行监测，拱顶沉降、洞内收敛变形速率在 ±0.02 mm/d 范围内，钢支撑受力值普遍为 0 ~ 100 kN，变形平稳。车站红色监测预警点竖向位移处置后时程曲线如图 6.2-31 所示，2019 年 1 月 6 日 ~26 日，下层导洞加固支撑，浇筑垫层；停工至 5 月 5 日，期间变形趋势平稳。

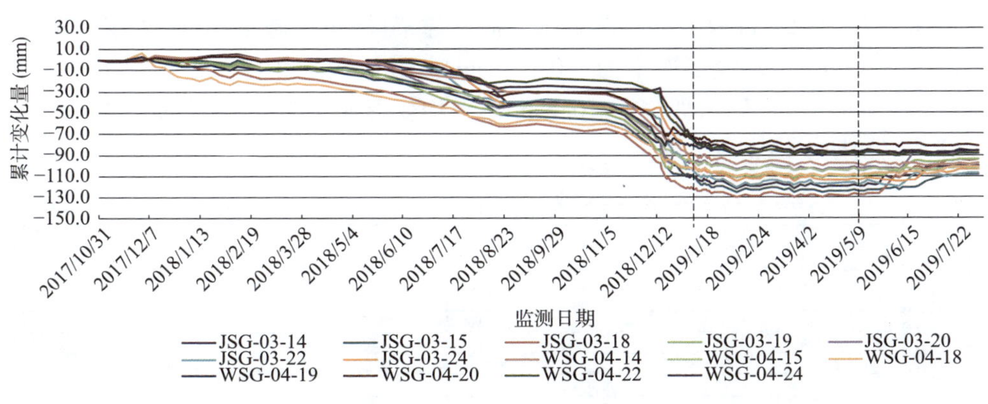

图 6.2-31　车站红色监测预警点竖向位移处置后时程曲线

（1）道路地表竖向位移

某车站周边地表累计变化最大点为 DB-08-08，累计变化量为 −122.7 mm，处于橙色预警状态。车站周边地表监测点竖向位移时程曲线如图 6.2-32 所示。①阶段 1 ~2 号横通道间上层导洞施工，阶段沉降为 40 ~ 47 mm，平均变形速率为 −0.30 mm/d；②阶段 1 ~2 号横通道间下层导洞施工，阶段沉降为 71 ~ 73 mm，平均变形速率为 −0.54 mm/d；③阶段下层导洞支撑架设、垫层施工；④阶段停工期间,阶段沉降6 mm,平均变形速率为 -0.06 mm/d;⑤阶段5月5日复工后,阶段隆起5 mm,平均变形速率为0.06 mm/d。

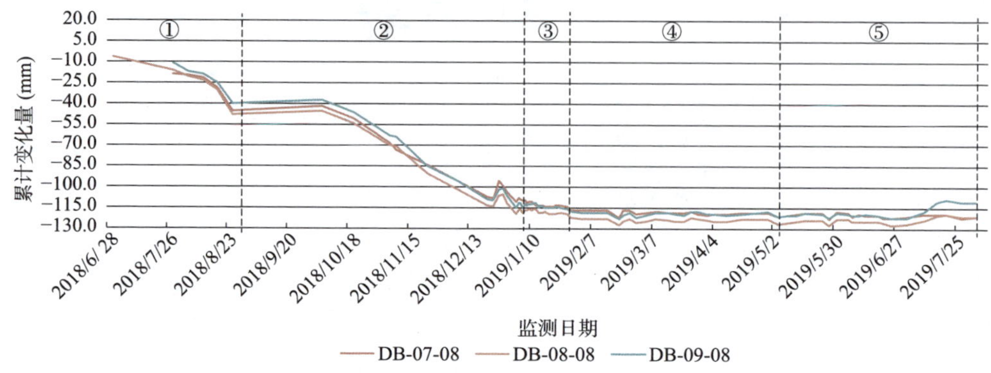

图6.2-32　车站周边地表监测点竖向位移时程曲线

(2)地下管线竖向位移

某车站周边管线累计变化最大测点为 ϕ1 600 mm 燃气管测点 RQG-02-06,累计变化值为 -120.6 mm,处于橙色预警状态。车站周边管线监测点竖向位移时程曲线如图6.2-33所示。①阶段上层导洞施工,阶段沉降60 mm,平均变形速率为 -0.86 mm/d;②阶段主体导洞开挖;③阶段下层导洞施工,阶段沉降68mm,平均变形速率为 -0.54 mm/d;④阶段下层导洞支撑架设、垫层施工;⑤阶段停工期间,阶段沉降3 mm,平均变形速率为 -0.01 mm/d;⑥阶段现场停工;⑦现场复工;⑧阶段5月5日复工后,阶段隆起16.5 mm,平均变形速率为0.18 mm/d;⑨阶段上导洞全部初期支护完成。

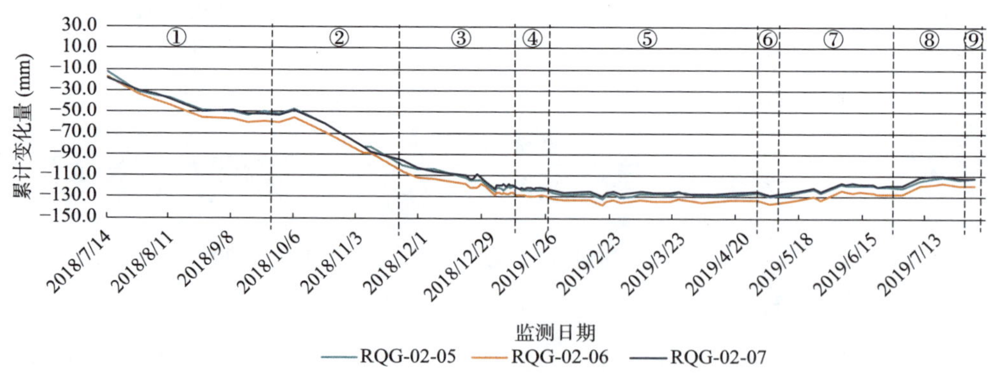

图6.2-33　车站周边管线监测点竖向位移时程曲线

(3)建筑物竖向位移

某车站周边建筑物累计变化最大测点为西坝河中里2号楼测点 FBC-02-01,

累计变化值为 -32.2 mm,处于橙色预警状态。车站周边建筑物监测点竖向位移时程曲线如图 6.2-34 所示。①阶段上层导洞施工,阶段沉降 5 mm,平均变形速率为 -0.01 mm/d;②阶段下层导洞施工,阶段沉降 17 mm,平均变形速率为 -0.08 mm/d;③阶段下层导洞支撑架设、垫层施工;④阶段停工期间,阶段沉降 5 mm,平均变形速率为 -0.04 mm/d;⑤阶段 5 月 5 日复工后,阶段沉降 4 mm,平均变形速率为 -0.02 mm/d。

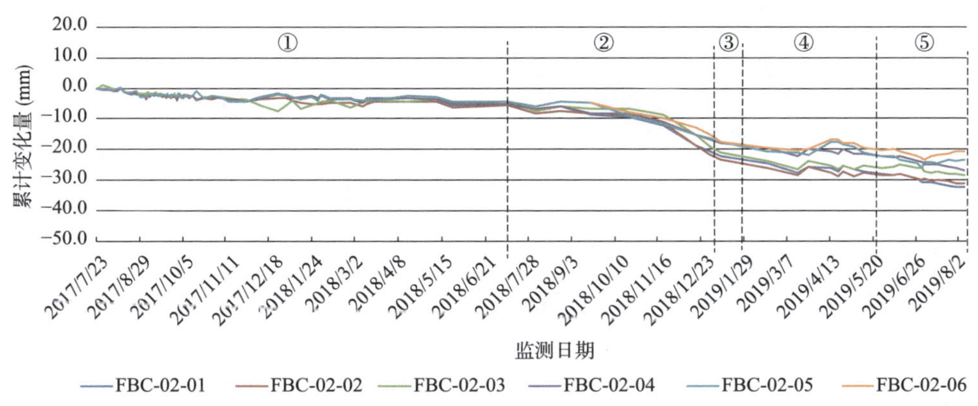

图 6.2-34　车站周边建筑物监测点竖向位移时程曲线

2)施工阶段变形分析

(1)道路地表竖向位移

某车站下层导洞初期支护结构变形区域,为地表沉降观测点累计沉降值最大区域,目前地表累计沉降最大值为 -122.7 mm。车站下层导洞初期支护变形位置示意如图 6.2-35 所示。

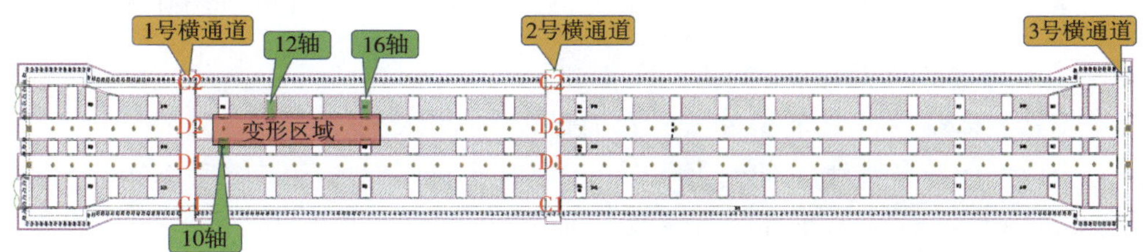

图 6.2-35　车站下层导洞初期支护变形位置示意图

(2)地下管线竖向位移

①ϕ1 600 mm 燃气管线

车站主体结构垂直下穿 ϕ1 600 mm 燃气管线测点沉降槽如图 6.2-36 所示。

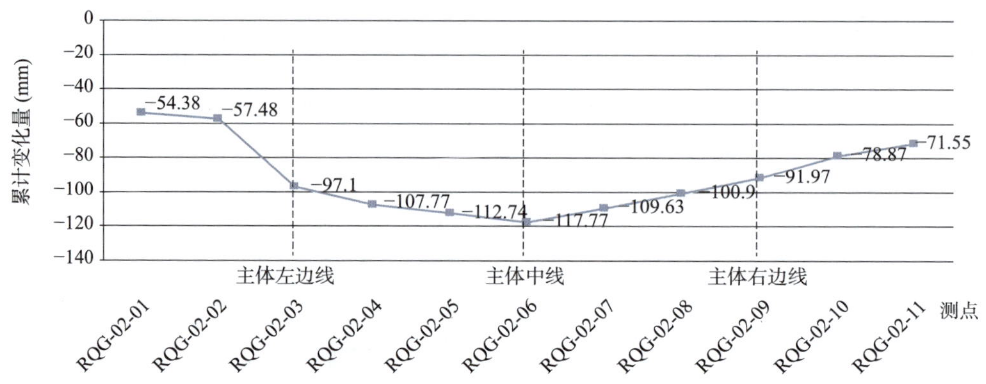

图 6. 2-36 车站主体结构垂直下穿 ϕ1 600 mm 燃气管线测点沉降槽

②ϕ1 100 mm 污水管线

车站主体结平行下穿 ϕ1 100 mm 污水管线测点沉降槽如图 6. 2-37 所示。

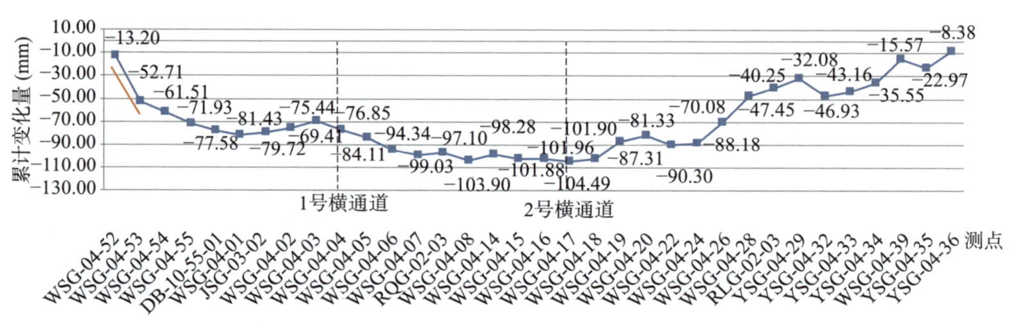

图 6. 2-37 车站主体结构平行下穿 ϕ1 100 mm 污水管线竖向位移测点沉降槽

③ϕ720 mm 热力管线

车站主体结垂直下穿 ϕ720 mm 热力管线测点沉降槽如图 6. 2-38 所示。

由以上的 3 条管线的时程曲线图可知,下导洞型钢加固完成后,沉降趋势收敛;由沉降槽可知,垂直下穿的管线最大沉降点位于主体中线位置,平行下穿的管线最大沉降点位于 2 号横通道中线附近。

7. 现场巡视及巡视预警管理

现场巡视如图 6. 2-39 所示。

1)主要措施落实情况及效果

(1)地下水控制措施

该车站采用管井降水方式处理地下水,实际工作降水井共计 128 眼,其中 1 号

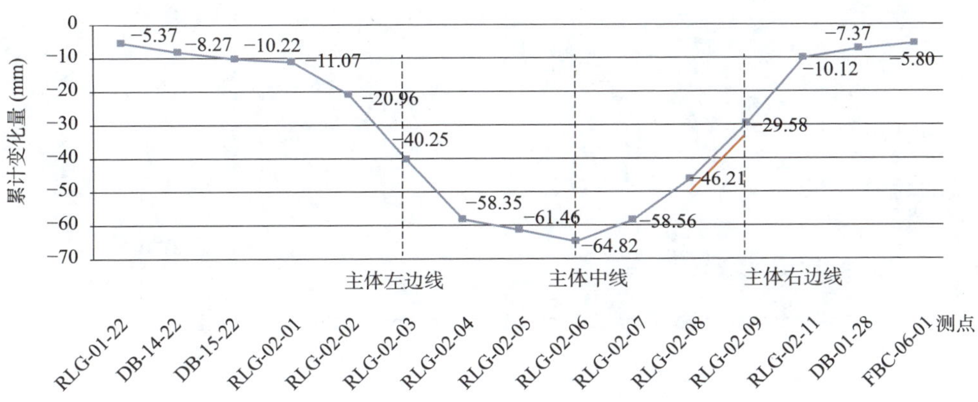

图 6.2-38　车站主体结构垂直下穿 ϕ720 mm 热力管线竖向位移测点沉降槽

(a) 2017年7月22日，1号竖井土方开挖

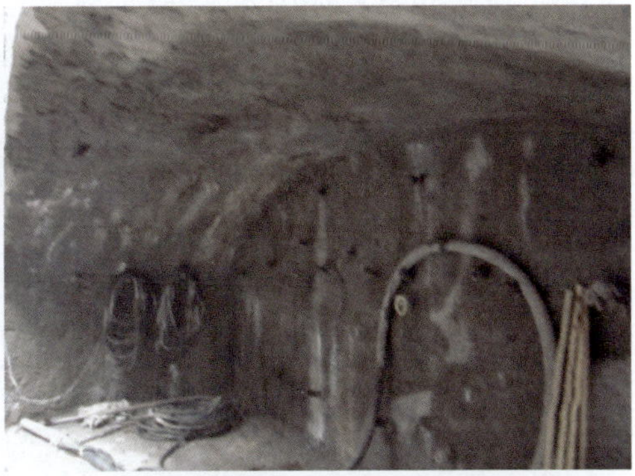

(b) 2017年10月26日，1号横通道开挖

(c) 2018年10月21日，2号横通道初支完成

(d) 2018年6月14日，3号竖井永久封底

图　6.2-39

(e) 2018年4月20日，1号横通道A1导洞向小里程方向马头门

(f) 2019年6月28日，3号-2号横通道间A1导洞贯通

图 6. 2-39　现场巡视图

竖井及横通道 12 个,2 号竖井及横通道 7 个,三号竖井及横通道 21 个,车站主体 88 个。降水井布置如图 6. 2-40 所示。

(2)超前深孔注浆

①止浆墙喷射混凝土厚度为 30 cm,掌子面前方打设 2 m 长 DN32 mm 钢筋锚杆,间距为 500 mm×500 mm,采用 C20 喷射混凝土,双层钢筋网。

②注浆管规格:ϕ44 mm,长度 2 m。

③采用双浆液,填土地层注浆压力为 0. 5 ~1 MPa,其他地层为 1 ~2 MPa,扩散半径为 0. 4 ~0. 6 m。

④每段循环长度为 12 m,设计搭接 2 m,下穿管线处断面,采取对开挖轮廓线外 1. 5 m,轮廓线内 0. 5 m 上半断面进行深孔注浆加固,长度范围为管线两侧 3 m,注浆加固体单轴无侧限抗压强度不小于 0. 7 MPa。

(3)上导洞径向注浆

①注浆孔打设深度为 4 ~4. 5 m,采用倒退式注浆施工。每一孔位注浆深度为 4. 5 m,导洞初期支护面 0. 5 m 范围内停止注浆。孔位布设按照环向间距 1 m,纵向间距 3 m 执行。车站深孔注浆和上层导洞径向注浆如图 6. 2-41 所示。

②注浆浆液:优先选用采用单液水泥浆,水灰比为 1∶1,如若遇到涌水、渗水孔位则根据现场情况采用水泥水玻璃双液浆进行止水控制。

③注浆压力:0. 5 ~1. 0 MPa。

2)巡视预警情况处置

该车站主体施工过程中,共发布 45 项巡视预警,其中黄色巡视预警 41 项,橙色巡视预警 4 项,大部分为初期支护施工阶段掌子面垮塌、开挖面渗水等。因为主体下层导洞、3 号横通道挑高层、4 层、5 层位于粉细砂层中,导致临时仰拱及底板容易出现积水积淤、侧壁及拱顶渗漏水等现象,再加上如果现场抽排水不及

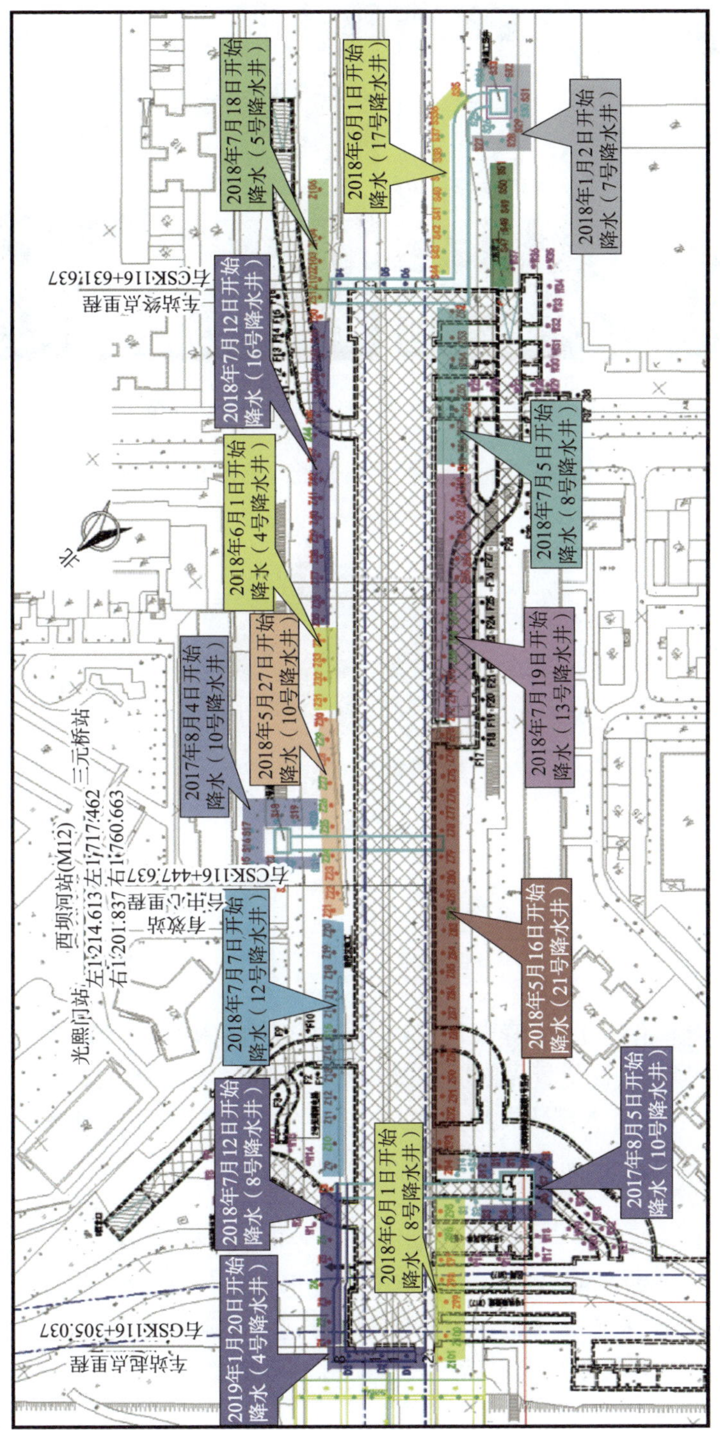

图 6.2-40　降水井布置图(单位：m)

图 6.2-41　车站深孔注浆(左)和上层导洞径向注浆(右)

时,掌子面未能及时封闭成环,会引起掌子面失稳、土体坍塌等。巡视预警分布如图 6.2-42 所示。

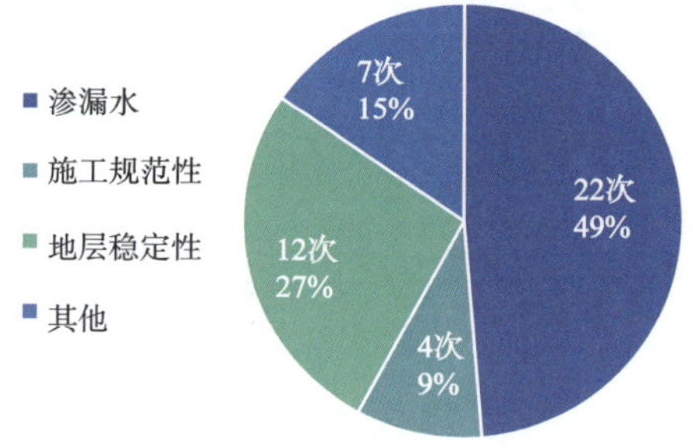

图 6.2-42　巡视预警分布图

(1)初期支护规范性

①原因分析

车站 1 号横通道西北 A1 导洞小里程方向右侧初期支护受西端头降水导洞深孔注浆影响,导洞节点板位置内鼓明显,出现纵向裂缝,导洞内对撑明显变形,长度约 10 m。另外距降水导洞马头门向东约 10 m 位置上方道路灯杆有明显可视倾斜,第三方发布橙色巡视预警,如图 6.2-43 所示。

②预警处置

在初期支护侵限处及上方 1 m 位置增加钢支撑(钢支撑规格为工 22a,横间距为 1.0 m),确保侵限处受力稳定;并对拱部原变形支撑予以替换;加强变形处水平收敛监测;邀请地勘单位对导洞变形处顶部土体进行空洞普查,排除空洞等其他因素,确保土体稳定;监测数据稳定后,由设计单位制定方案,方案确定后,方可施工。

图 6.2-43 预警照片

③处置效果

各项整改措施已落实整改到位,监测数据显示变化趋势趋稳,雷达空洞探测结果显示密实无空洞,后续加强监测和巡视。空洞雷达探测和从初期支护变形区域架设钢支撑如图 6.2-44 所示。

图 6.2-44 空洞雷达探测(左)和从初期支护变形区域架设钢支撑(右)

(2)下层导洞初期支护变形险情处置

①原因分析

车站下层 D2 导洞内 14 轴横导洞破马头门施工时,发现节点板上方格栅弯曲变形严重,下层导洞水平收敛严重超标,如图 6.2-45 所示。

②预警处置

现场立即停工,进行钢支撑加固;中心领导 2019 年 1 月 3 日组织召开该车站现场预警紧急会议,1 月 4 日组织召开现场预警经理专题会、车站导洞变形专家咨询会,1 月 5 日组织召开车站沉降、变形应急处理方案讨论会;下层导洞新增临时型钢支撑作为应急处理措施,1 号 ~2 号横通道间东端开挖面总计加固长度 722 m。初期横向支撑间距 2.0 m,完成 494 m;“八”字形支撑,间距 1.5 m,

13标1号横向导洞
13标1号横向导洞

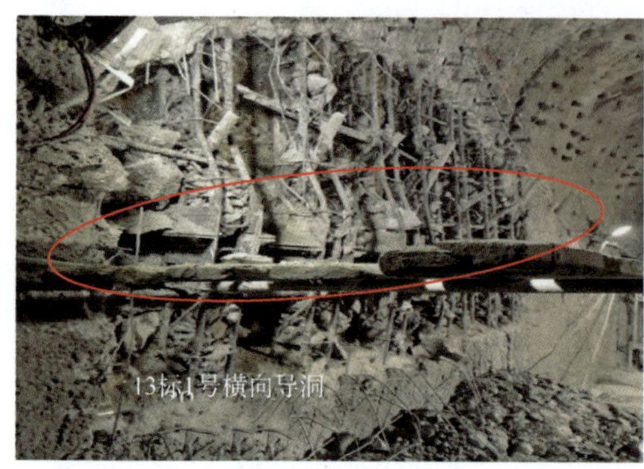

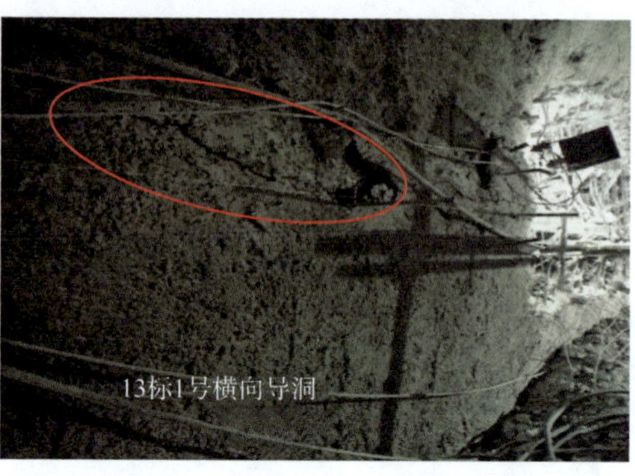

图 6. 2-45　预警照片

“八”字形支撑逐个替换初期横支撑,“八”字形支撑优先安装变形较大处及中导洞,支撑平面及剖面如图 6. 2-46 所示;加强支撑轴力、导洞收敛、沉降监测等监测工作及巡视工作。

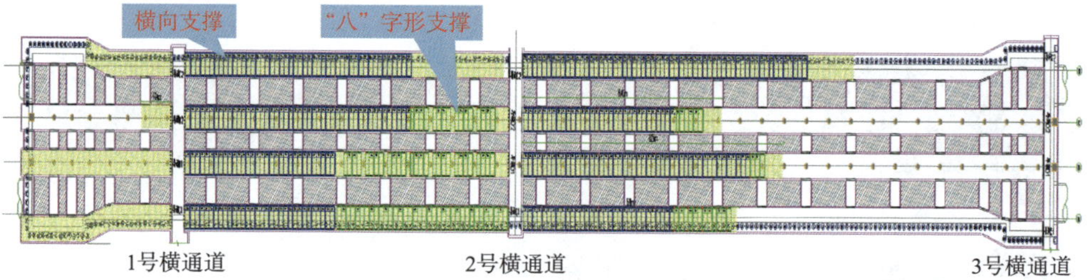

横向支撑
“八”字形支撑
1号横通道
2号横通道
3号横通道

(a) 剖面图

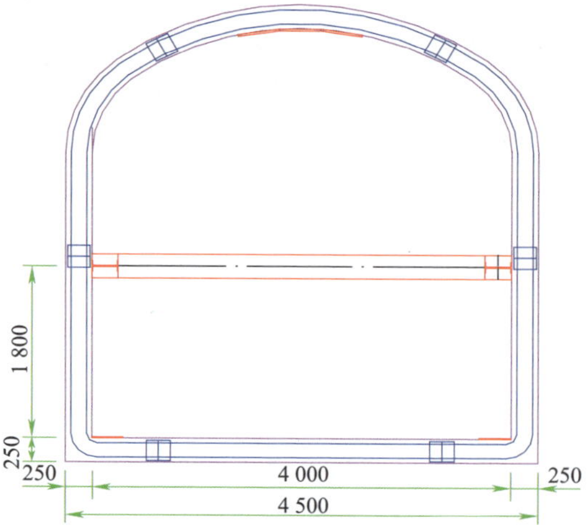

1 800
250
250
4 000
250
4 500

(b) 横支撑平面图

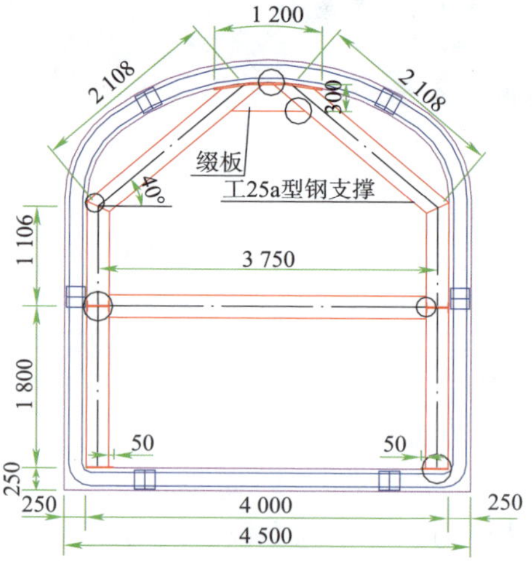

1 200
2 108
2 108
300
缀板
40°
工25a型钢支撑
3 750
1 106
1 800
50
50
250
250
4 000
250
4 500

(c) “八”字形支撑平面图

图 6. 2-46　型钢支撑加固平面图及剖面图(单位:mm)

③处置效果

2019 年 1 月 26 日,下层导洞型钢支撑架设完毕,垫层浇筑完成,如图 6. 2-47 所示。监测数据显示初期支护变形处变化趋稳。现场加强监测和巡视。

图 6. 2-47　下导洞绑扎垫层钢筋和初期支护加固完成

8. 风险管控总结

(1)车站所处地质主要以填土、粉质黏土、黏质粉土、细砂为主。车站主体采用八导洞 PBA 工法施工,群洞效应明显。沿车站纵断面方向,1、2、3 号横通道两侧为沉降较大区域;沿车站横断面方向,主体结构中线位置处累计沉降量较大;土方开挖期间监测点沉降量较大,初期支护完成后地层变形趋于稳定。

(2)所有管线监测点中,累计沉降值及斜率超控制值的点数较多,变形速率可控,施工单位需加强管线排查,尤其是在汛期,要加强对雨水管的排查。

(3)北三环东路路面平整,未发现塌陷等异常;周边建筑物巡视未发现裂缝等异常情况,部分建筑物测点差异沉降超控制值。

(4)对掌子面长期存在渗漏水情况要加强重视,及时采取有效的措施对渗漏水进行处置,并加强巡视与监测。

(5)浅埋隧道施工过程应尽量减少对地层的扰动,需严格控制超前支护效果,及时采取初期支护背后回填注浆等措施补充地层损失。

(6)应系统论证设置横导洞的必要性与替代措施,控制主体导洞变形继续发展。

(7)针对北京东部城区细颗粒地层无降水条件的情况,设计部门应系统论证新条件下 PBA 车站施工的参数设置。

6. 2. 3　典型风险工程案例 3:北京地铁某盾构区间下穿既有车站施工

1. 工程概况

该盾构区间下穿既有已运营地铁车站(地下两端双层明挖中间单层暗挖的端厅式车站)及其西南出入口,平面关系如图 6. 2-48 和图 6. 2-49 所示。

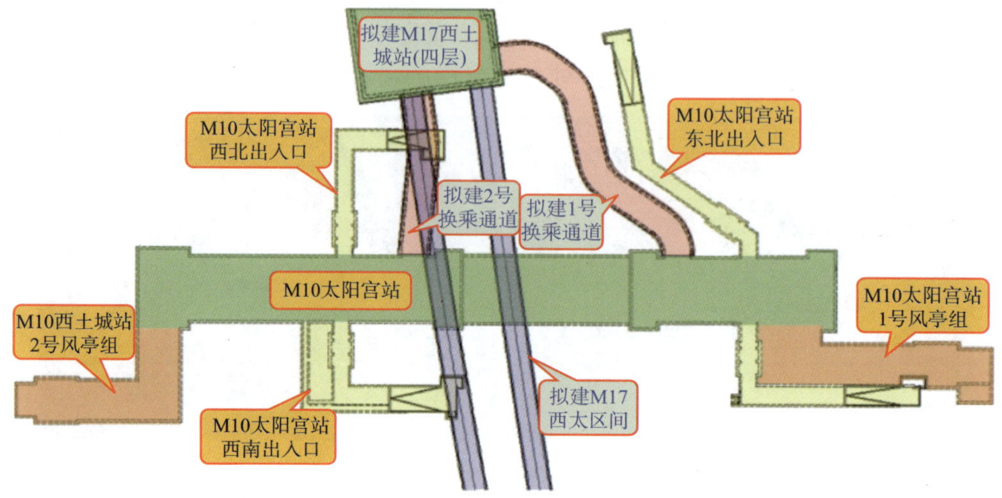

图 6.2-48　该区间与既有车站平面示意图

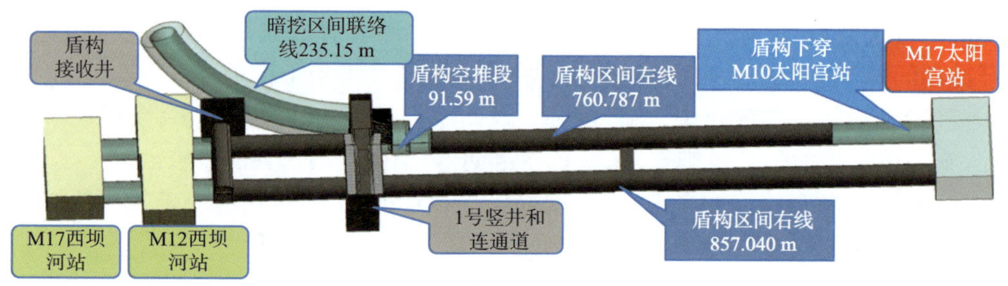

图 6.2-49　该区间示意图

隧道采用平板式单层预制钢筋混凝土管片衬砌,管片强度为 C50,管片外径为 6 400 mm,内径为 5 800 mm,管片宽度为 1 200 mm,管片厚度为 300 mm,由 6 块(A1、A2、A3、B1、B2、K)预制钢筋混凝土管片错缝拼装构成,管片种类有标准环、左转环、右转环,每环共设 28 条 B 级 M27 的管片连接螺栓,其中纵缝设置 12 条,环缝设置 16 条,钢筋混凝土管片采用防水混凝土,抗渗等级为 P10,如图 6.2-50 所示。衬砌管片外弧面沿管片四周设置一道封闭的防水弹性密封垫,衬砌管片内弧侧在预留的嵌缝槽内进行嵌缝密封,对每一个螺栓孔、注浆孔设置缓膨胀型遇水膨胀橡胶密封垫。

2. 工程地质与水文地质条件

根据勘察报告显示,区间穿越段结构位于第四纪晚更新世冲洪积层

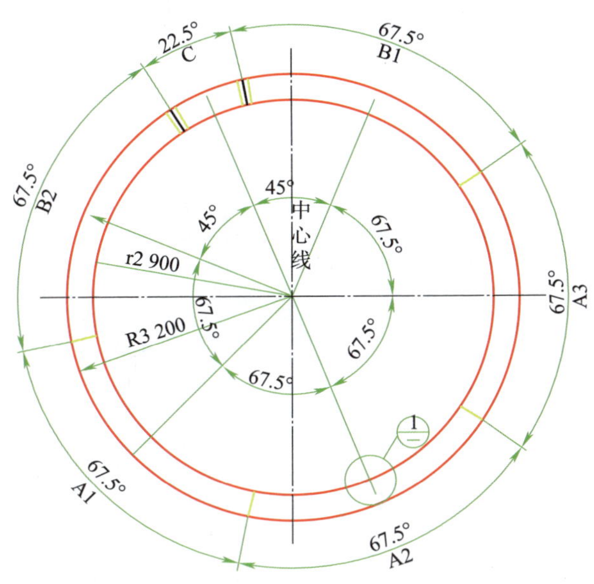

图 6.2-50　区间管片断面图

(Q_3^{al+pl})，⑥$_2$ 黏质粉土、⑦圆砾、⑦$_1$ 细中砂、⑦$_2$ 粉细砂层中。⑥$_2$ 黏质粉土褐黄色饱和，切面粗糙，含云母、氧化铁、姜石。⑦圆砾杂色饱和，成分以砂岩、花岗岩为主，一般粒径为 5 ~ 20 mm，最大粒径不大于 100 mm，粒径在 2 ~ 20 mm 的含量大于 50%，褐黄色细中砂充填。⑦$_1$ 细中砂灰黄色、褐黄色饱和，含云母、石英、长石，砂质不均，约含 10% 砾石。⑦$_2$ 粉细砂褐黄色饱和，含云母、石英和长石，砂质不均，含少量砾石。

区间穿越段结构位于层间潜水 ~ 承压水（四）。层间潜水 ~ 承压水（四）主要赋存于⑥$_2$ 黏质粉土层、⑦层圆砾、⑦$_1$ 层中粗砂、⑦$_2$ 层粉细砂、⑦$_3$ 砂质粉土和⑧$_2$ 层黏质粉土，含水层顶板为⑥粉质黏土和⑥$_1$ 黏土层，底板为⑧粉质黏土和⑧$_1$ 黏土层。由于顶部隔水层埋深变化，该层水局部具有承压性。该层水主要接受区域地下水侧向径流补给，以及上层地下水的垂直渗透补给，以侧向径流的方式排泄。

3. 工程重难点

区间下穿既有 M10 太阳宫站为两侧设端头厅的地下单柱双跨岛式 12 m 站台车站，有效站台长为 120 m，车站全长为 191.0 m，采用明暗挖结合法施工。车站两端明挖段主体结构均采用分离式布置的钻孔灌注桩支护，钻孔桩桩径为 800 mm，桩间距为 1 500 mm（1 100 mm），风险源等级为特级。其中区间左线下穿太阳宫车站明挖段，竖向距离最近约 2.55 m。既有车站南北两侧共 16 颗钢筋混凝土灌注桩会对盾构左线掘进产生影响,需直接削切 15 颗 ϕ800@1 500 mm 钢筋混凝土桩基,主筋 ϕ32 mm,每颗桩削切长度约为 3.8 m。区间双线隧道结构平剖面如图 6.2-51 ~ 图 6.2-54 所示。

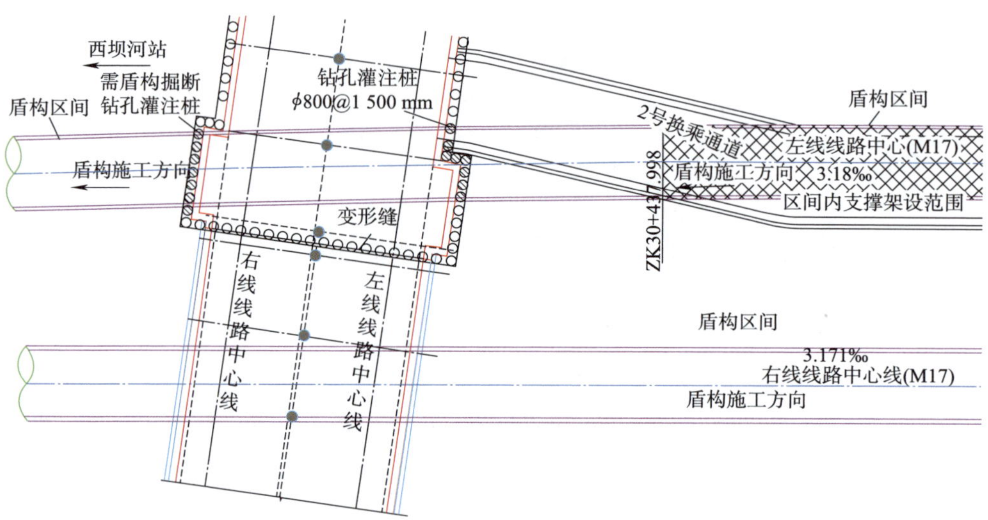

图 6.2-51　区间穿越既有车站平面图

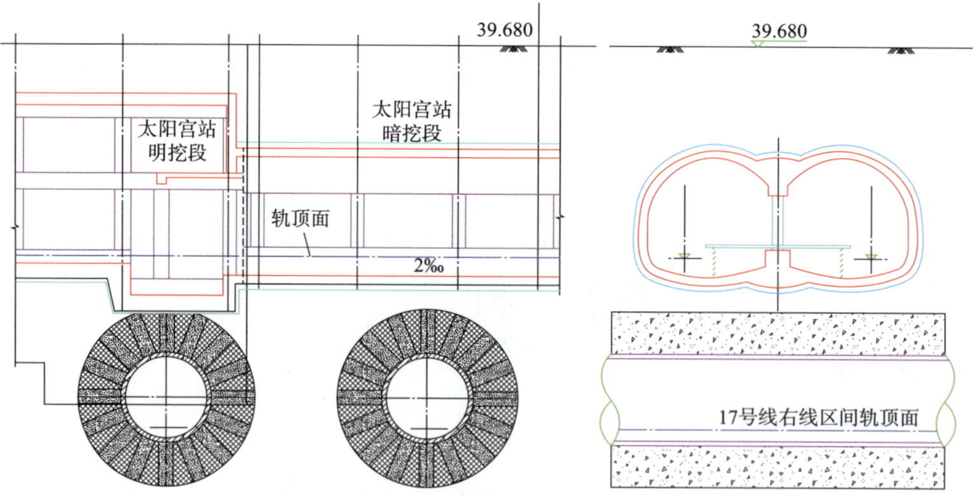

图 6.2-52　区间横断面图(单位:m)

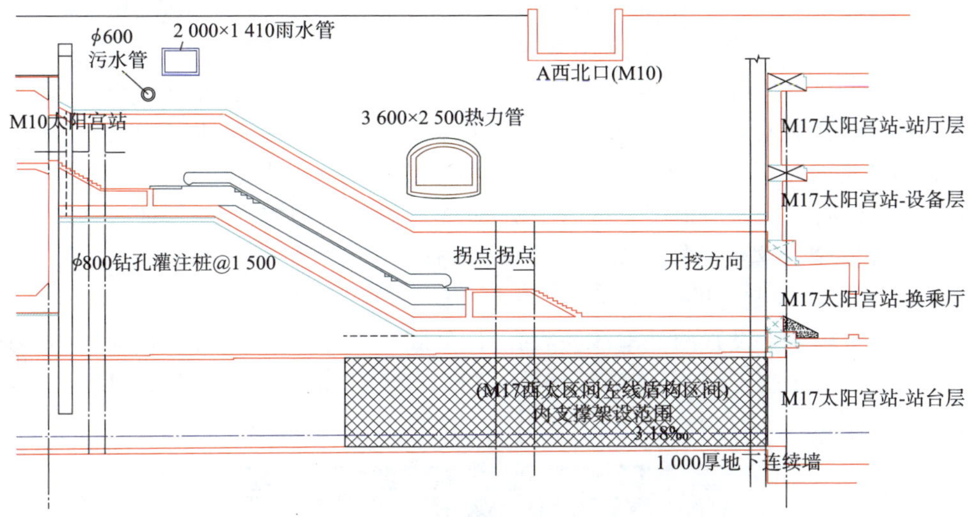

图 6.2-53　区间纵断面图(单位:mm)

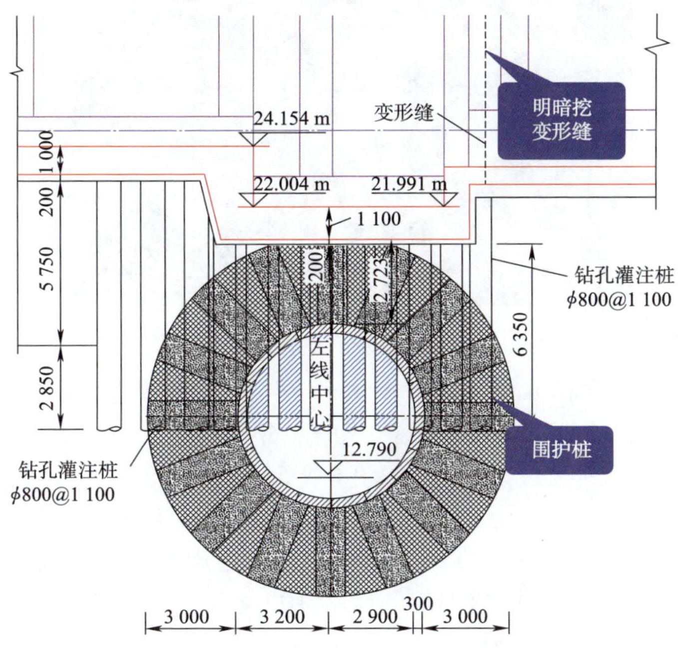

图 6.2-54　区间左线截桩横断面图(单位:mm)

4. 风险工程管理对策

(1)选取合适的盾构机

工程采用中交天和制造的加泥式 ϕ6 560 mm 土压平衡盾构机,设计刀盘开挖直径 ϕ6 590 mm,盾体前、中、尾直径 ϕ6 560 mm。刀盘额定扭矩为 7 531 kN · m,

脱困扭矩为 9 790 kN · m，推力为 48 000 kN，适用地层为圆砾、中粗砂、粉细砂和粉质黏土等混合地层，同步注浆采用水泥 + 水玻璃双液浆方式。

针对区间地层特点，盾构机刀盘采用中间支撑方式，使设备能够更适应在区间地层中的掘进施工，如图 6. 2-55 所示。同时针对工程主要穿越地层特点和线路上方建（构）筑的特点，选用 6 辐条式刀盘，采用这种辐条式刀盘能更好地建立土压，保证土压仓内土压力与地层土压力平衡，能更好地控制地层沉降，保证线路上方建（构）筑物安全。这点面板式刀盘很难做到，辐条式刀盘更能够满足区间盾构施工掘进进度、沉降控制等的要求。

在刀盘辐条上设置两处泡沫注入孔，四处膨润土注入孔，通过向切削面和土仓内加注适量的膨润土泥浆、泡沫等润滑材料，提高土体的流塑性，降低切削土体对刀具的磨损。

图 6. 2-55　刀盘形式

刀盘钢结构主要由六个主刀梁和外圈梁（外圈梁焊有耐磨复合钢板，保护刀盘本体）组成，刀盘开口率约 70%，开口部分在整个盘面均匀分布，保证刀盘掘进过程中渣土顺利进入土压仓，如图 6. 2-56 所示。正常进渣情况下，能够实现渣土径向方向的顺利流动，使渣土在刀盘中心区域不易形成因流动不畅而引起的堵塞和堆积，从而有效减少刀具磨损。同时考虑磨桩对刀盘磨损大，刀盘面板及外圈梁采用耐磨堆焊（耐磨焊间距为 100 mm，宽度为 30 mm，焊缝高度为 6 mm 和 4 mm，增强刀盘表面耐磨性）；刀盘圈梁靠近切口环处镶焊保护刀具，增强耐磨性能。

针对该区间左线磨桩，刀具的磨损形式以冲击磨损、切削磨损和二次磨损为主要特点的情况，刀盘配备的刀具具备耐冲击、耐磨损、耐二次磨损的能力。刀体材质为 Q345B 刀具合金采用银钎焊。刀盘上配置的刀具包括鱼尾刀、主切刀、先行刀、外周保护刀、注入口保护刀、磨损检测刀和仿形刀。

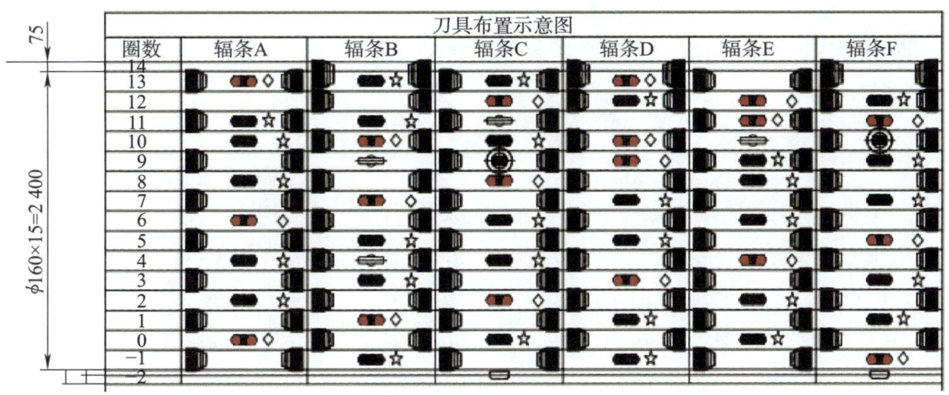

图 6. 2-56　刀盘刀具布置形式(单位:mm)

①鱼尾刀:配置 14 把三棱型鱼尾刀头,刀头长度为 180 mm,宽度为 80 mm,高度为 360 mm。

②主切刀:配置 96 把主切刀,其中 6 把主刀宽为 200 mm、高为 110 mm、厚为 155 mm,90 把主刀宽为 150 mm、高为 110 mm、厚为 155 mm。

③先行刀:共 61 把,分两层布置,其中 160 mm 高的 36 把、210 mm 高的 25 把(即在刀盘不同的轨迹上配置 25 把专用磨桩刀具)。

④外周保护刀:竖条形 18 把 + 圆柱形 24 把。

⑤磨损检测刀:配置 2 把磨损检测刀,便于直观了解刀盘磨损情况。

⑥仿形刀:配置 2 把,最大超挖量为 150 mm。

同时,为了使盾构磨桩产生的钢筋条和碎桩块能较为顺畅地排出,应采用无轴式螺旋输送机,即带式螺旋输送机。带式螺旋轴的节距为 1 100 mm,可通过粒径较大的碎桩块和卵石,最大排出粒径可达 ϕ625 mm × 930 mm,如图 6. 2-57 所示。同时碎桩块和卵石在螺旋机内对螺旋轴具有一定的冲击载荷,所以为了保证螺旋轴片的强度,螺旋叶片厚度达到 170 mm。

图 6. 2-57　螺旋轴片示意图

(2)磨桩过程盾构机参数分阶段控制

磨桩过程阶段划分示意如图 6.2-58 所示。

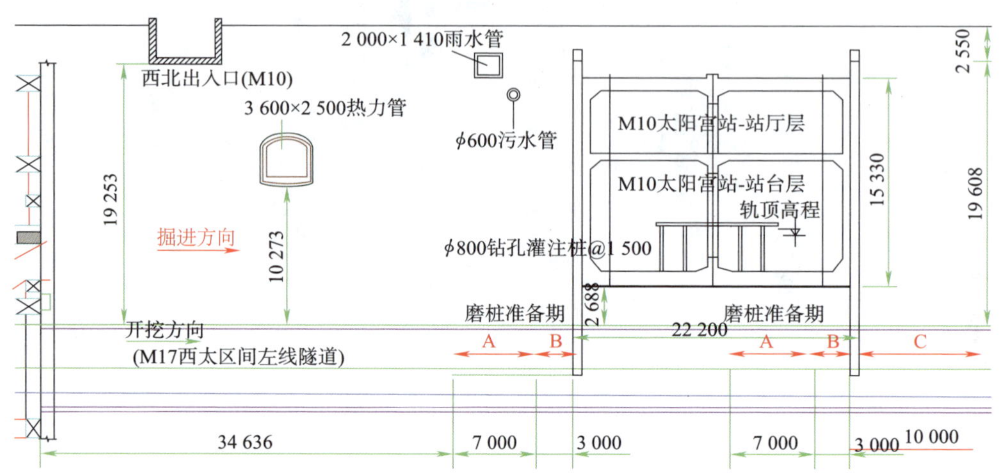

图 6.2-58　磨桩过程阶段划分示意图(单位:mm)

A 阶段:施工过程中在盾构机刀盘推进至距桩基础 10 m 左右时进入磨桩调整准备阶段,放慢推进速度,推进速度控制在 20 ~30 mm/min,刀盘转速由 1.2 r/min 降至 1.0 r/min,并使用中盾盾体的径向孔,距离既有站 5 m 位置注入克泥效,每环注入 0.5 ~0.7 m^3。加大同步注浆量,每环注浆量由 3.0 m^3 增加至 3.5 m^3,并隔环进行二次补浆。二次补浆量根据补浆压力确定,补浆压力一般不超过 0.5 MPa。同时根据监测数据,及时调整。

B 阶段:在刀盘距桩基础 3 m 左右时,再次放慢推进速度为 5 ~10 mm/min,刀盘转速由 1.0 r/min 降至 0.9 r/min,并控制好盾构机姿态以及隧道轴线确保盾构机以良好的姿态进行磨桩施工,其他参数与 A 阶段一致。

C 阶段:在盾尾离开桩基础 10 m 左右时,逐渐提高推进速度为 40 ~60 mm/min,刀盘转速控制在 1.0 ~1.2 r/min,出既有线 5 m 后停止注入克泥效,利用膨润土泥浆替代克泥效,盾构进入正常掘进阶段。

(3)做好同步注浆和二次补浆之外实施隧道周边土体加固注浆等工作

结合第三方监测数据,采用同步注浆(注浆量为 3.0 ~3.5 m^3)和二次注浆(注浆量为 0.35 ~0.6 m^3)及径向注浆加固盾构管片周边土体,同时左右线穿越既有车站两侧 5 m 范围(左线 33 m,右线 30 m)、试验段范围(30 m)增加克泥效。注浆浆液均采用水泥水玻璃双液浆,注浆压力控制在 0.5 MPa 以内,具体注浆参数应以现场试验为准。二次注浆需在离盾尾 3 ~5 环后及时打设注浆管并注浆,注浆管采用 ϕ42 mm 小导管,壁厚为 3.75 mm,长度为 2.5 m;钢管外露 10 cm 并接上单向球阀(10 cm),防止地下水渗漏。注浆加固过程中,严格控制注浆压力和注浆量,防止注浆引起既有M10太阳宫结构产生变形。

5. 监测数据分析

针对盾构磨桩穿越既有车站，采取了两套自动化监测设备。既有地铁轨道结构自动化远程监测采用静力水准远程自动化监测系统（既有线南侧）与徕卡测量机器人系统（既有线北侧），监测网按测线形式在车站两侧车站轨道结构布置，基准点在受施工影响外的车站、轨道结构位置设点；同时在北侧站台板下方布设站台板自动化监测点。

自动化测点布设方法同人工测点布设，工程共布设24个测点及2个基点。现场监测点布设如图6.2-59所示。

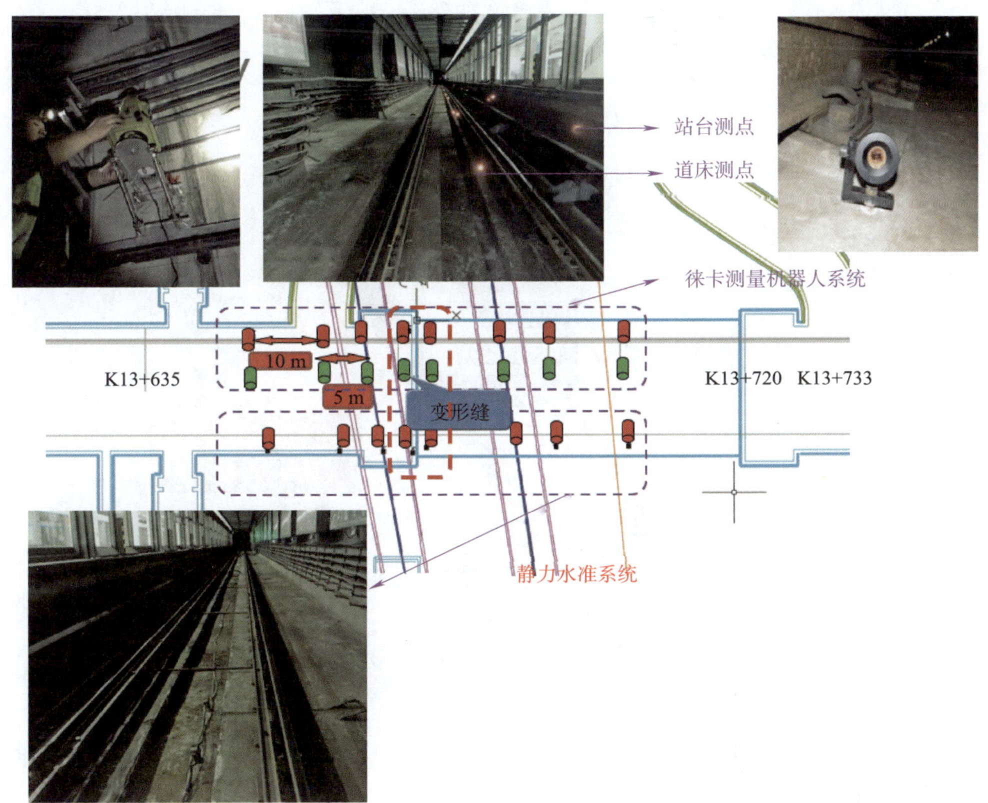

图6.2-59　自动化监测现场布设情况

整个穿越过程监测点变形平缓，通过对静力水准断面分析，左线盾构磨桩穿越过程中，既有线既有车站道床结构沉降变形平缓，最大值为-1.42 mm（控制值为-3.0～2.0 mm），结构处于安全状态，且通过数据对比发现，左线盾构穿越与右线穿越过程，道床沉降，变形趋势一致，如图6.2-60～图6.2-63所示。

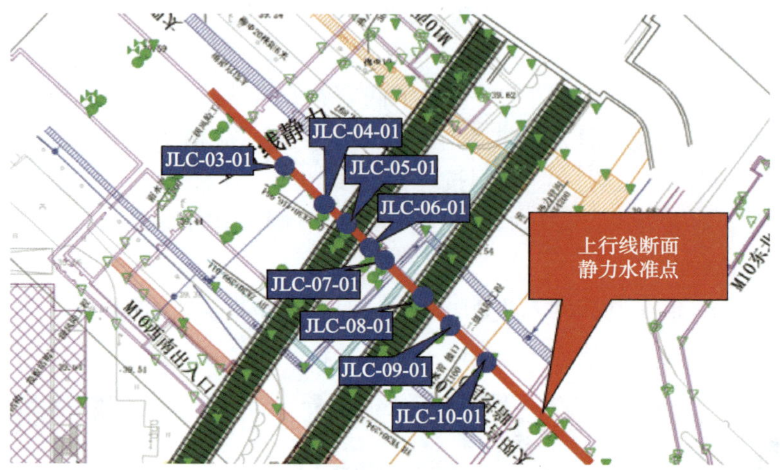

图 6.2-60　轨道结构自动化监测点示意图（一）

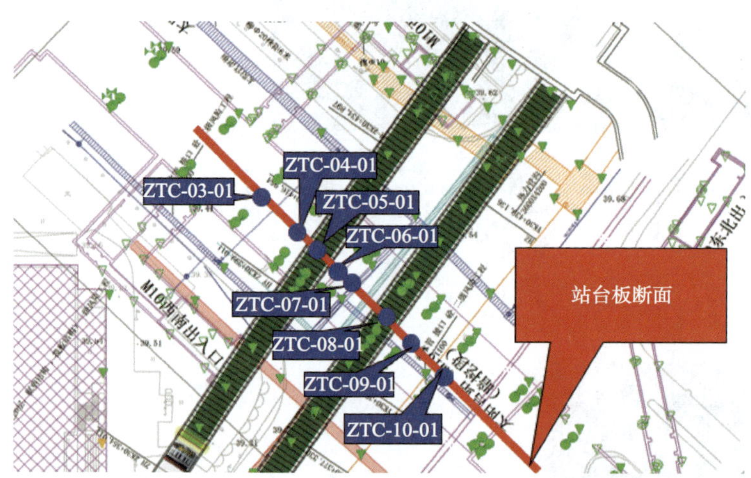

图 6.2-61　轨道结构自动化监测点示意图（二）

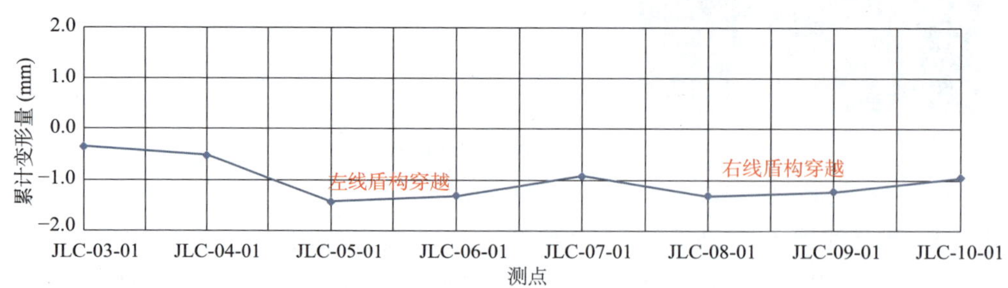

图 6.2-62　道床结构自动化监测纵断面竖向变形曲线图

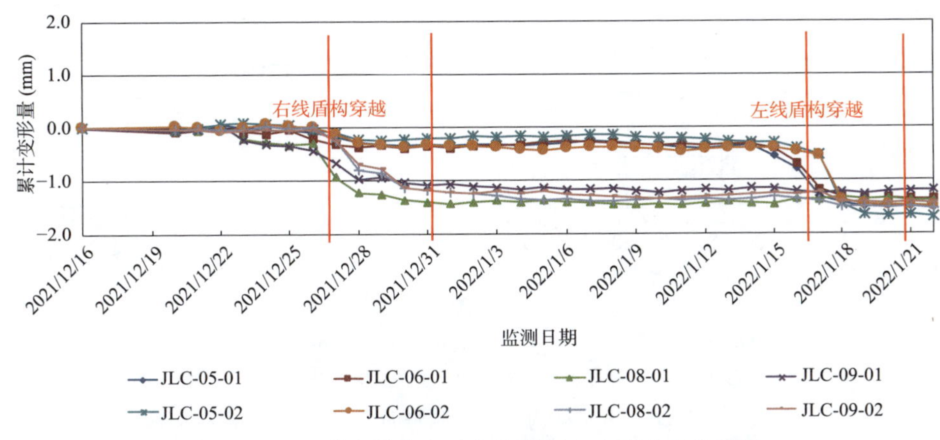

图 6.2-63　道床结构自动化监测竖向变形时程曲线图

整个穿越过程监测点变形平缓，通过对站台板自动化监测，左线盾构磨桩穿越过程中，既有线既有车站道床结构沉降变形平缓，最大值为 –1.32 mm（控制值为 –3.0 mm），结构处于安全状态，如图 6.2-64 所示。

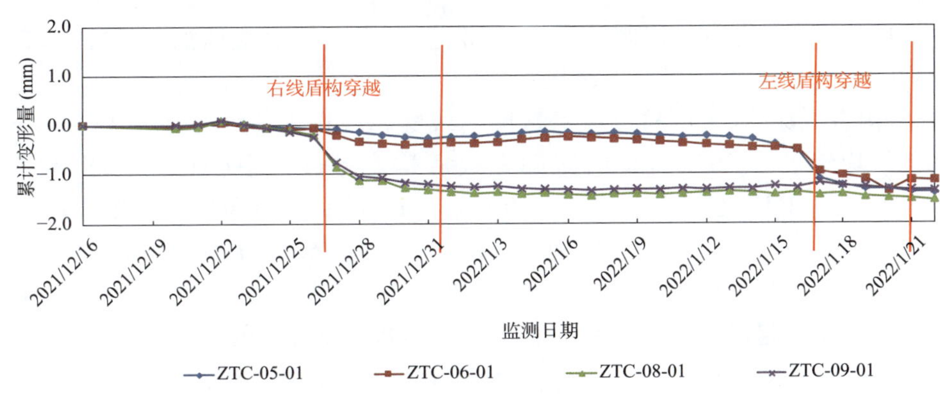

图 6.2-64　站台结构自动化监测纵断面竖向变形时程曲线图

同时通过对道床数据人工分析，左线盾构穿越过程中，道床沉降变形最大值为 –1.36 mm，自动化监测与人工监测数据相符，如图 6.2-65 和图 6.2-66 所示。

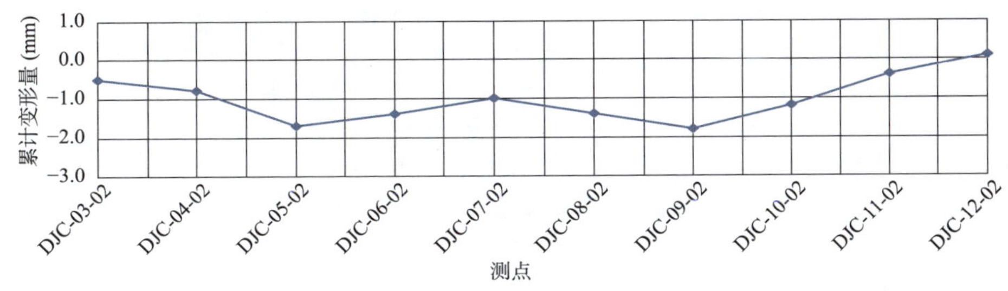

图 6.2-65　道床结构人工监测纵断面竖向变形曲线图

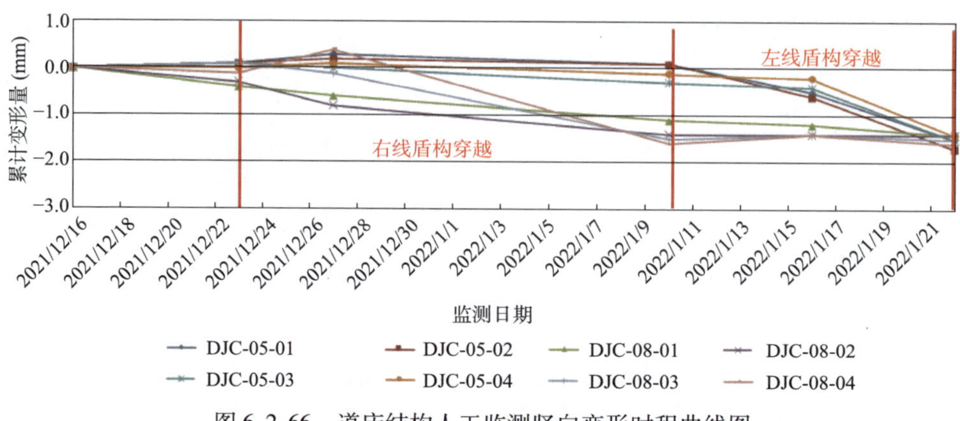

图 6.2-66　道床结构人工监测竖向变形时程曲线图

6. 盾构系统巡视情况

新建区间盾构左线穿越既有车站于 2022 年 1 月 15 日开始穿越段 32 环施工，于 1 月 18 日完成穿越段 61 环施工，其中 32 ~ 34 环和 49 ~ 51 环为区间左线盾构磨桩穿越段。

（1）盾构参数分阶段控制效果良好，推进过程中，既有线巡视无异常，既有线变形可控。

盾构右线穿越（无磨桩过程），区间右线穿越段掘进速度控制在 45 mm/min 以下，平均速度为 36 mm/min；区间左线盾构磨桩过程中（31 后半环、32 环、33 环、50 环、51 环）速度控制在 5 ~ 10 mm/min 范围，其余穿越过程掘进速度控制在 35 mm/min 以下，平均速度为 22 mm/min，如图 6.2-67 所示。

盾构右线穿越段土仓压力控制在 80 ~ 110 kPa 之间，土压力平均值为 103 kPa；磨桩穿越段土仓压力控制在 70 ~ 110 kPa 之间，土压力平均值为 86 kPa，如图 6.2-68 所示。

右线穿越期间，盾构机在该段掘进时最小推力为 26 083 kN，最大推力为 36 247 kN，平均推力为 29 932.4 kN。左线磨桩穿越期间，盾构机在该段掘进时最小推力为 22 015 kN，最大推力为 34 422 kN，平均推力为 27 629.87 kN，如图 6.2-69 所示。

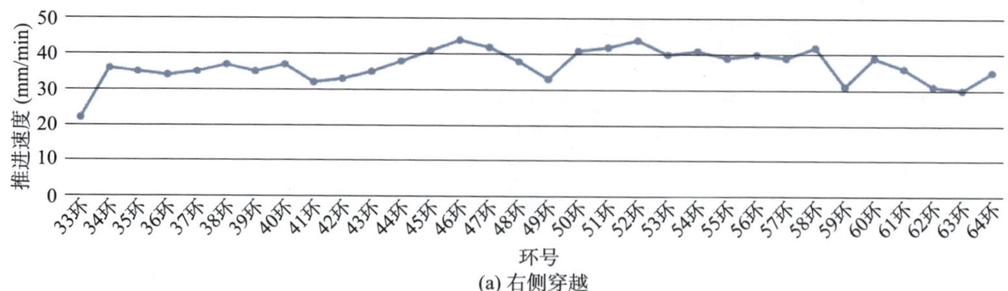

(a) 右侧穿越

图　6.2-67

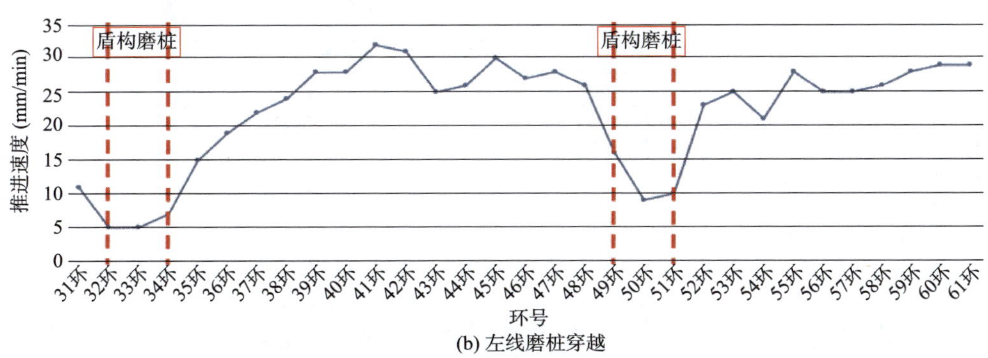

(b) 左线磨桩穿越

图 6. 2-67　盾构穿越期间推进速度对比示意图

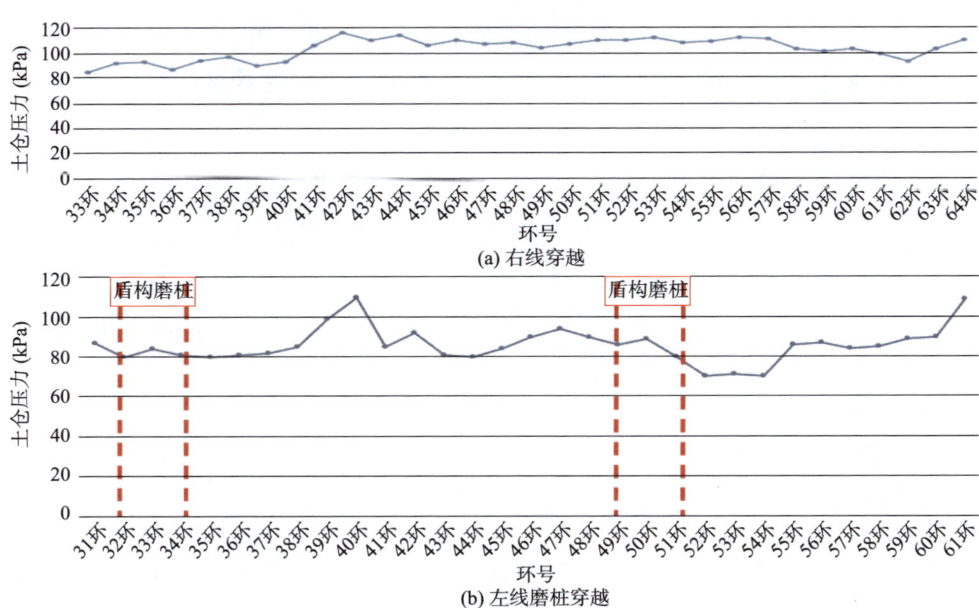

(a) 右线穿越

(b) 左线磨桩穿越

图 6. 2-68　盾构穿越期间土仓压力对比示意图

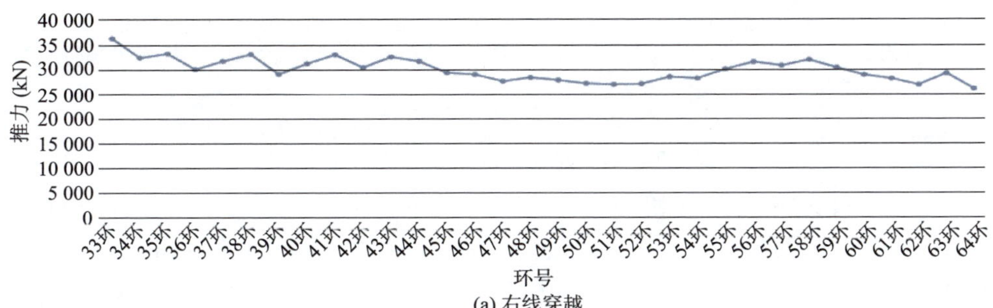

(a) 右线穿越

图　6. 2-69

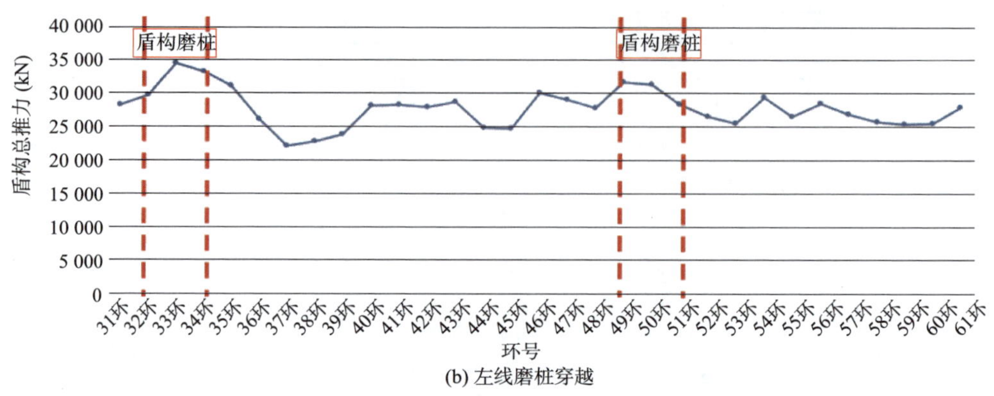

(b) 左线磨桩穿越

图 6.2-69　盾构穿越期间土仓压力对比示意图

右线区间穿越段掘进刀盘转速控制在 1～1.03 r/min；左线区间穿越期间刀盘转速控制在 0.9～1.07 r/min，如图 6.2-70 所示。

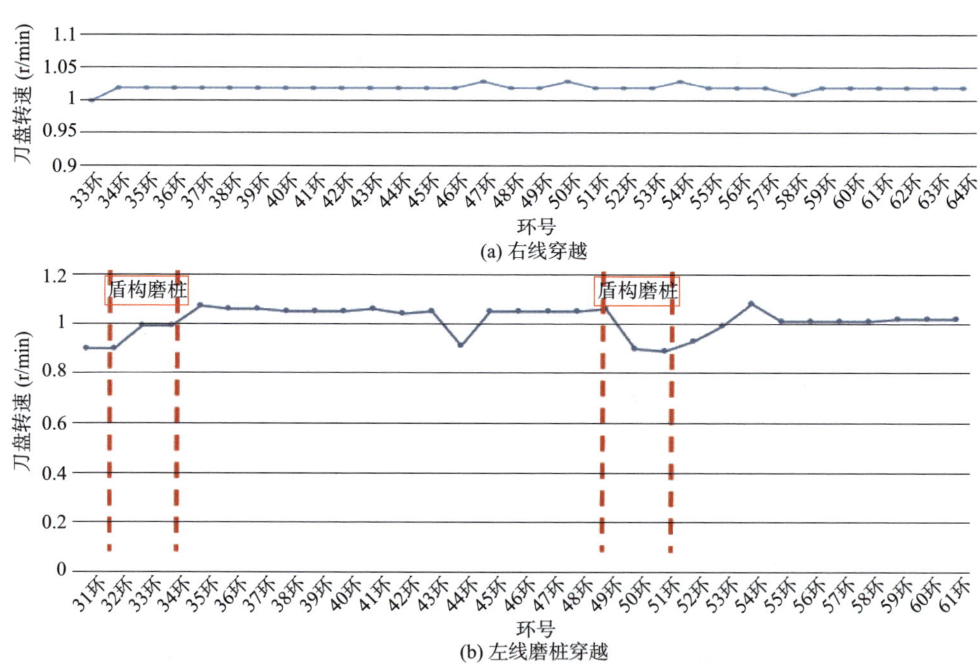

(b) 左线磨桩穿越

图 6.2-70　盾构穿越期间刀盘转速对比示意图

右线区间穿越段刀盘扭矩最小值为 33 环 3 978 kN · m，最大值为 60 环 5 930 kN · m，平均扭矩为 5 318 kN · m；左线区间穿越期间刀盘扭矩最小值为 50 环 2 297 kN · m，最大值为 60 环 6 651 kN · m，平均扭矩为 4 834 kN · m，如图 6.2-71 所示。

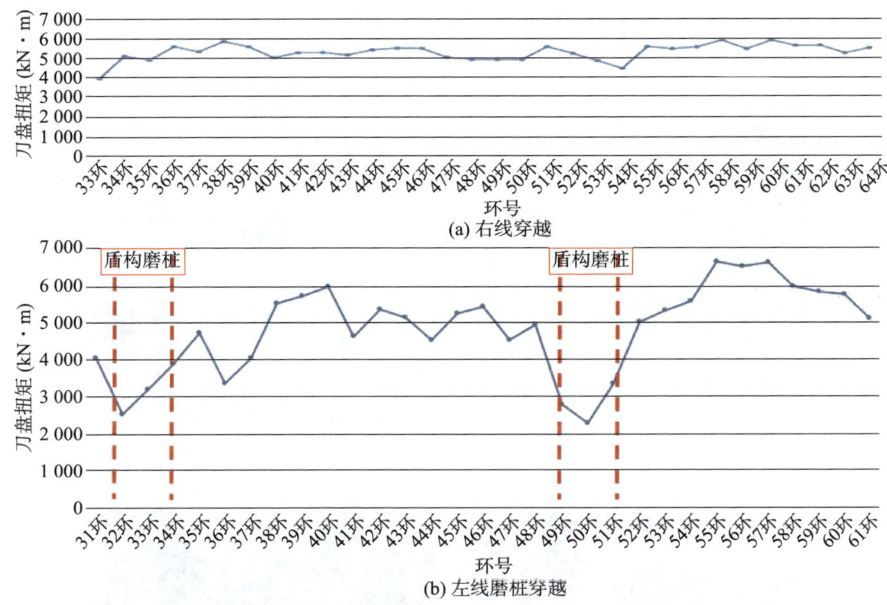

图 6. 2-71　盾构穿越期间刀盘扭矩对比示意图

右线区间穿越段每环同步注浆量控制在 3. 2 ~4 m^3 之间,平均注入量为 3. 59 m^3;左线区间穿越期间,同步注浆控制在 3. 2 ~4 m^3 之间,平均注入量为 3. 44 m^3,如图 6. 2-72 所示。

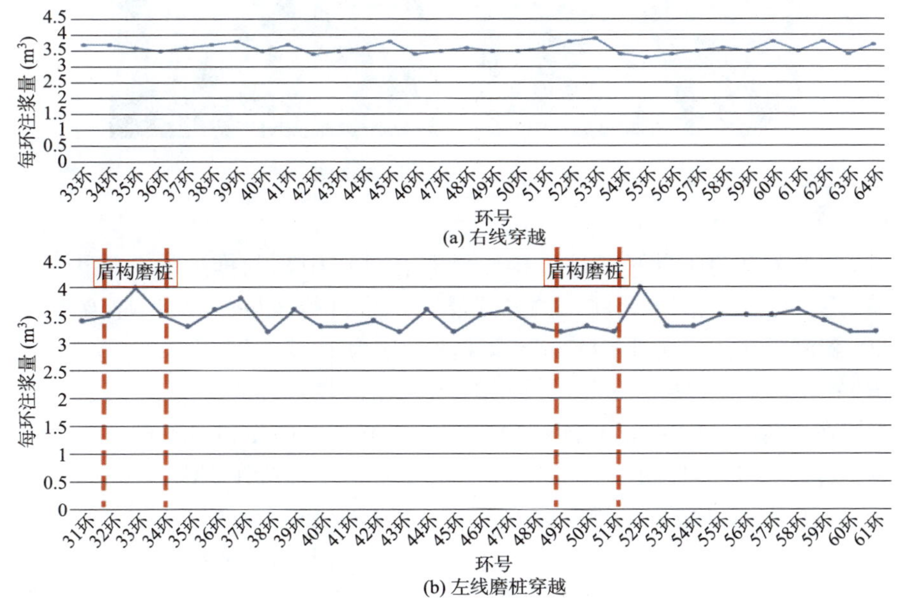

图 6. 2-72　盾构穿越期间注浆量对比示意图

(2)刀具布置合理,切削围护桩效果良好,螺旋机选型合适,钢筋排出效果达到预期,如图 6.2-73 和图 6.2-74 所示。

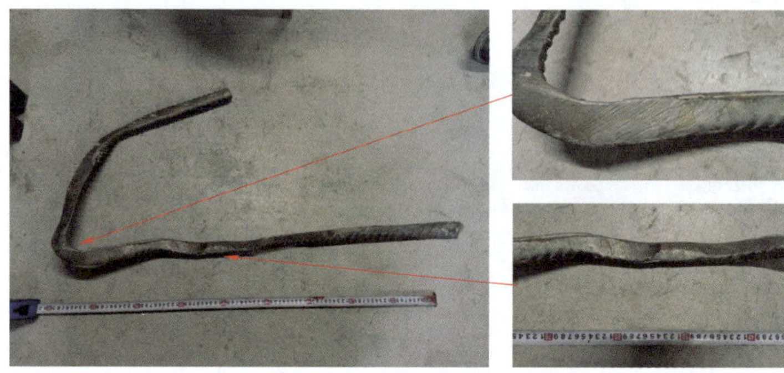

图 6.2-73 钢筋磨削情况

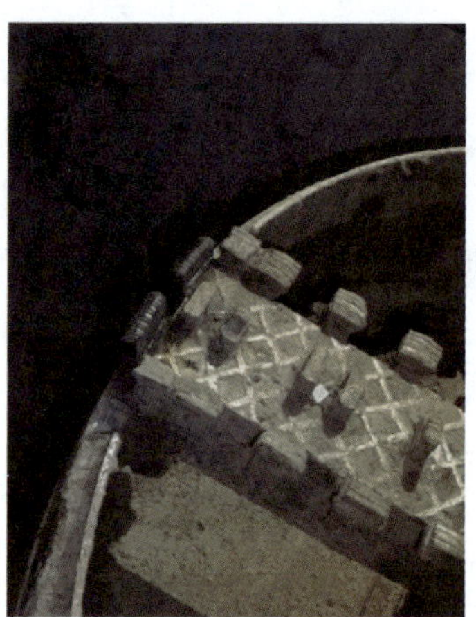

图 6.2-74 刀盘磨损现场图

7. 风险管控总结

(1)渣土改良的质量好坏是盾构机能否在砂层中顺利推进的关键因素,在砂层中采用膨润土 + 泡沫组合注入的方式能对土层进行较好的改良,原液与水比例为 1∶20,膨润土注入量为 4 ~ 11 m^3,泡沫注入量为 1 ~ 2 m^3。

(2)穿越段主要地层为中粗砂及圆砾,在渣土改良较好的情况下,刀盘扭矩和推力可维持在相对稳定的区间,且能获得比较理想的推进速度和出土量。在该土层中推进时,盾构机的推力控制在 20 000 ~ 37 000 kN,扭矩维持在 3 000 ~ 6 500 kN · m,刀盘转速为 0.9 ~ 1.1 r/min,推进速度为 35 ~ 45 mm/min。

(3)土仓压力与推进速度是引起刀盘前方地层隆沉的主要因素。穿越段加大土压力设定,刀盘前方有地层有轻微的隆起(大约 0.3 mm),而随着盾构机的通过后,土层隆起值将回落,并开始缓慢沉降。因此从控制地面沉降来看,土仓压力控制在 80 ~ 130 kN,出土量控制在 48 ~ 55 m^3。

(4)穿越时中采用的克泥效工法是在盾构机掘进的同时,采用克泥效浆液和水玻璃双液,混合后从盾构机中的径向注浆孔注入的方式。混合后的液体呈黏稠状,可以及时充填盾构机掘进引起的盾体与土体的间隙,能有效控制隧道结构沉降、变形和地面建筑物的沉降、变形。根据现场试验及实际掘进数据,每环克泥效注入量为 0.5 ~ 0.7 m^3。

(5)通过对盾构掘进参数的控制,严格按照试验段参数设定,左线穿越既有 M10 太阳宫期间结构,轨道自动化监测沉降速率及累计沉降量变化稳定,均无预警发生,最大沉降量为 -1.58 mm,满足穿越需求。

6.3 预警管理

6.3.1 监测预警

2019 年初—2022 年 6 月期间,北京轨道交通建设累计发布监测预警 167 829 项,其中红色监测预警 4 872 项,橙色监测预警 85 177 项,黄色监测预警 77 780 项,如图 6.3-1 所示。经过对监测预警统计分析,红色监测预警以矿山法和盾构法工点发布较多,且预警原因与现场施工未达到设计及施工方案要求存在直接关系,各工法主要预警原因如下:

(1)矿山法监测预警原因:超前支护效果差、深孔注浆压力控制不佳、初期支护不能及时成环,渗漏水控制不到位、施工部位上方覆土浅等。

(2)明挖法监测预警原因:支撑架设不及时、注浆压力大、基坑渗漏水等。

(3)盾构法监测预警原因:渣土改良差、土压力控制不达标、同步注浆量不足、同步注浆浆液质量差等。

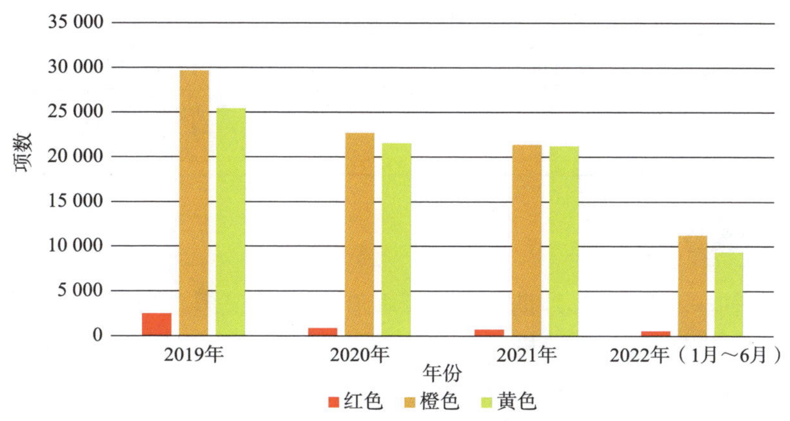

图 6.3-1　2019 年初—2022 年 6 月监测预警发布情况

监测预警主要集中在17号线、19号线一期、12号线、3号线一期、昌平线南延，大部分线路本阶段处于施工高峰期，作业面数量较多，工期压力大导致预警数量较多，22号线为新开线路，基于北京东部细颗粒地层特点，以及现场施工存在的问题，目前该线路处于监测预警频发时段，具体分布情况如图6.3-2和表6.3-1所示。

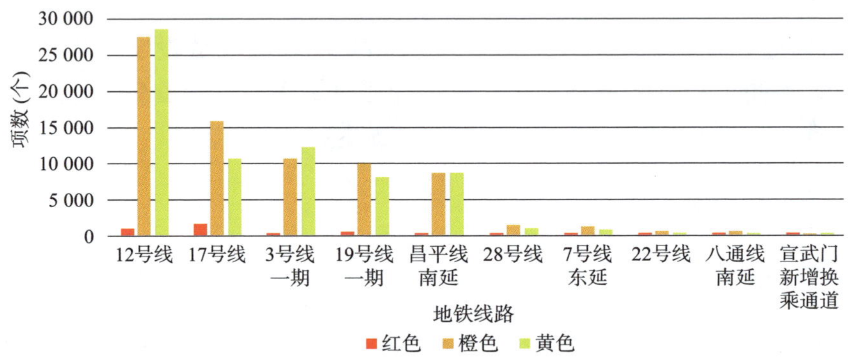

图6.3-2　2019年初—2022年6月监测预警线路发布图

表6.3-1　2019年初—2022年6月监测预警线路发布表（个）

线路	红色	橙色	黄色	合计
17号线	1 761	15 949	10 754	28 464
3号线一期	409	10 643	12 219	23 271
12号线	905	27 606	28 531	57 042
7号线东延	84	1 254	823	2 161
八通线南延	41	494	260	795
19号线一期	508	10 074	7 921	18 503
宣武门新增换乘通道	33	238	321	592
昌平线南延	118	8 606	8 744	17 468
28号线	57	1 485	1 025	2 567
22号线	66	509	353	928

6.3.2　巡视预警

2019年初—2022年6月期间，北京轨道交通建设累计发布巡视预警2 966项，其中红色巡视预警13项，橙色巡视预警239项，黄色巡视预警2 714项，巡视预警由咨询组、第三方监测单位及监理单位分别发布。经过体系多年推广运用，能够充分发挥三级风险管控优势，巡视预警发布后89%的预警在7 d内完成预警处置并消警，快速降低了现场风险，见表6.3-2和图6.3-3。

表 6.3-2　不同工法巡视预警原因

工法	巡视预警主要原因
矿山法	(1)地下水控制问题(开挖面渗漏水、积水、积淤等); (2)地层稳定性问题(掉块、超挖、垮塌等); (3)初期支护开挖不规范(多榀连立核心土留设、台阶长度、掌子面封闭、马头门破除、掏挖等)
明挖法	(1)支撑架设滞后; (2)地下水控制问题(侧壁渗漏水、流水、流沙等); (3)监测问题(测点占压、破坏等)
盾构法	(1)土压力控制问题; (2)盾构姿态问题; (3)盾构数据传输问题

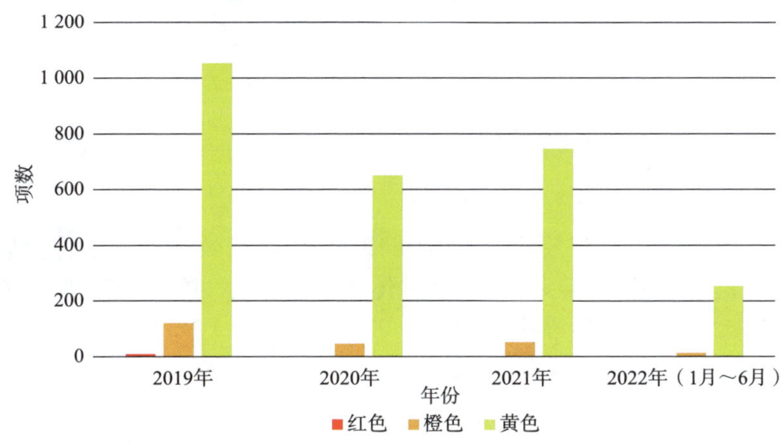

图 6.3-3　2019 年初—2022 年 6 月巡视预警发布情况

6.4　专家巡视管理

为确保重要风险源安全可控,应对现场突发的风险状况,2019 年初—2022 年 6 月期间,北京轨道交通建设累计组织公司级专家巡视 155 次,其中明挖法 21 次,矿山法 106 次,盾构法 28 次,通过组织专家巡视活动,及时对全网在施存在较大安全隐患的工点进行了风险判断和原因分析,并对现场工作提出了相关改进建议。巡视后撰写专家巡视报告,并及时跟踪各巡视工点的后期整改状况。该项工作的展开充分利用了外部专家的力量,对现场风险控制起到重要作用。专家巡视解决的问题统计见表 6.4-1。

表 6.4-1　专家巡视解决问题统计

工法	解决的主要问题	
矿山法	（1）开挖面渗漏水； （2）超前支护效果不佳，地层稳定性差； （3）监测变形超限； （4）初期支护结构变形、开裂	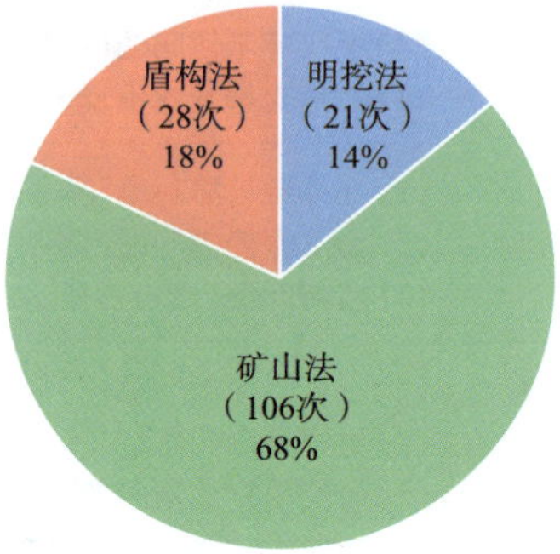 盾构法 （28次） 18% 明挖法 （21次） 14% 矿山法 （106次） 68%
明挖法	（1）基坑渗漏水； （2）基坑断面不规则、受力复杂； （3）现场施工不规范； （4）监测变形超限	
盾构法	（1）下穿重要风险； （2）盾构参数控制不当； （3）盾构始发、接收端风险； （4）监测变形超限	

6.5　风险事件及管理

6.5.1　某车站1号风井坍塌风险事件

1. 工程概况

该车站为岛式站台，有效站台宽度为 13 m，车站有效站台中心位置轨顶高程为 27. 30 m，底板埋深约 24. 5 m。车站主体结构总长为 248. 8 m，为暗挖双层双柱三跨平顶直墙结构形式，标准段结构宽为 22. 6 m，高为 17. 29 m，顶板覆土厚度约 7. 2 m，采用洞桩法施工。

1 号风井平面形状为矩形，采用倒挂井壁法施工，初衬骨架为钢格栅 + 300 mm 厚 C25 喷射混凝土，中间设置 2 道双拼 18b 工字钢，东南西北角各设置工 25a 型钢斜撑。

2. 工程地质与水文地质

1 号风井开挖深度范围依次穿越①杂填土、①粉土填土、②$_3$ 粉细砂、②$_5$ 圆砾卵石、③粉土、③$_3$ 粉细砂、⑤圆砾卵石、⑦卵石。

1 号风井主要受潜水二影响，原有水位位于底板以上 2. 6 m，因汛期降水影响，水位有所上升，目前水位位于底板以上 5. 6 m，施工过程采用管井 + 明排措施。

3. 设计概况

风井采用倒挂井壁法开挖至高程 18. 252 m，临时封底，破除马头门后采用中洞法施工下层风道，首先采用深孔注浆加固地层，采用台阶法先后开挖中间两洞室土体，施作初期支护及锁脚锚杆；中间两洞室纵向间距不得小于 8 m，并根据现场情况及时封闭掌子面。然后深孔注浆加固地层，采用预留核心土法开挖两侧上部洞室，台阶法开挖两侧下部洞室土体，施作初期支护及锁脚锚杆；两侧上下洞室纵向间距不得小于 8 m，并根据现场情况及时封闭掌子面，待风井和外挂下沉广场二次衬砌结构达到设计强度要求后，再采用土钉墙放坡明挖法施工施作上层明挖风道，风井及上层风

道均采用格栅钢 + 架喷射混凝土初期支护。下层风道采用放坡土钉墙 + 架喷射混凝土初期支护。某车站 1 号风井初期支护结构设计概况见表 6.5-1。

表 6.5-1　某车站 1 号风井初期支护结构设计概况

项目	设计概况	
风井长度	15.5 m	风井净空尺寸为 15.5 m × 5.6 m，深 23.598 m，自身开挖风险等级为三级
风井宽度	5.6 m	
风井深度	23.598 m	
初期支护结构	风井平面形状为矩形，采用倒挂井壁法施工，初衬骨架为钢格栅 + 300 mm 厚 C25 喷射混凝土，中间设置 2 道临时中隔墙，中隔墙采用双拼工 18b 型钢，东南西北角各设置工 25a 型钢斜撑，风井开挖深度范围依次穿越①杂填土、①粉土填土、②$_3$ 粉细砂、②$_5$ 圆砾卵石、③粉土、③$_3$ 粉细砂、⑤圆砾卵石、⑦卵石	
锁口圈梁	截面尺寸为 800 mm × 1 500 mm，C30 现浇混凝土，钢筋保护层厚度为 30 mm	
初期支护	风井开挖过程中，应打设井壁小导管，环向间距为 1 m，竖向隔榀打设，梅花形布置，其余设计参数及注浆要求同锁脚锚管，风井格栅钢架内外侧均设置竖向 C22 拉结筋，环向间距为 1 000 mm，内外交错布置；风井底部 2 m 范围内以及风井开马头门区段，格栅拉结筋间距加密为 500 mm	

二次衬砌施工拆撑长度按照 6 ~ 8 m 进行拆除，拆撑期间需加密周边监测及巡视，可根据监测数据适当调整，并征得设计同意，如图 6.5-1 所示。

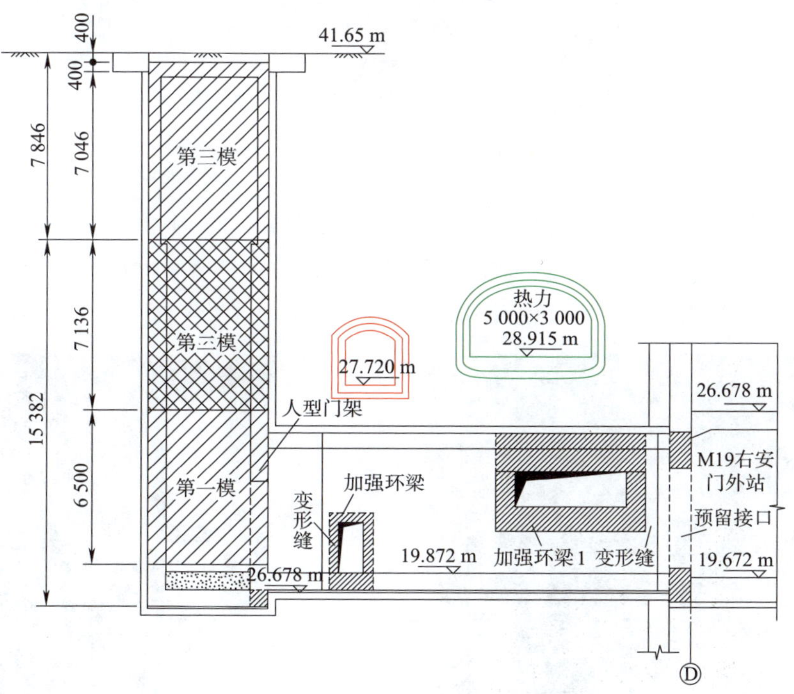

图 6.5-1　二次衬砌分模划分(单位：mm)

4. 事故前工程状态

车站工期紧,通车压力大;风道二次衬砌结构于 2021 年 9 月 20 号施工完成,风井井深为 23.59 m,2021 年 10 月 20 日完成风井第一模(6.5 m)浇筑,2021 年 10 月 29 日完成风井第二模(7.1 m)浇筑,2021 年 11 月 1 日拆除剩余支撑准备施工第三模风井结构,如图 6.5-2 所示。

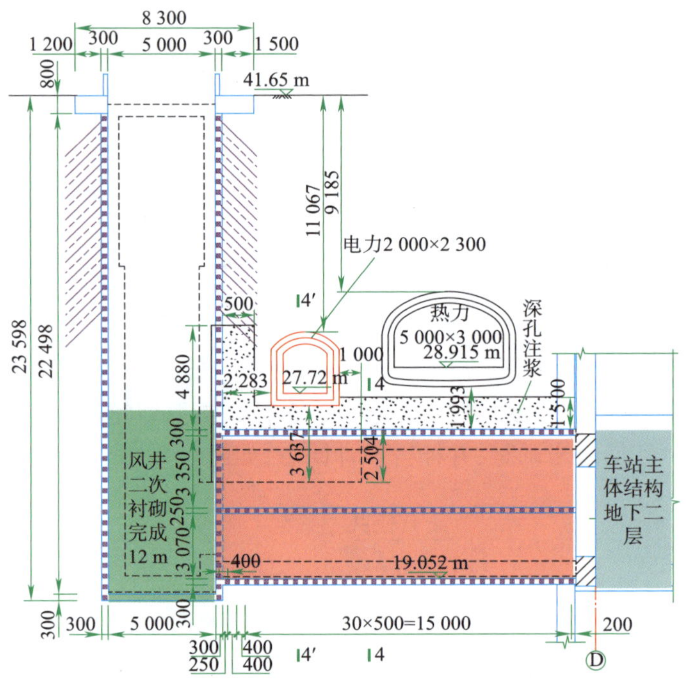

图 6.5-2　竖井二次衬砌施工进度图(单位:mm)

风井周边 1 月 3 日后未进行监测,风道周边 9 月 13 日后未进行监测,周边区域管线最大累计变形为 -20.50 mm(控制值为 -20 ~ 20 mm),如图 6.5-3 ~ 图 6.5-5 所示。

图 6.5-3　竖井二次衬砌施工图

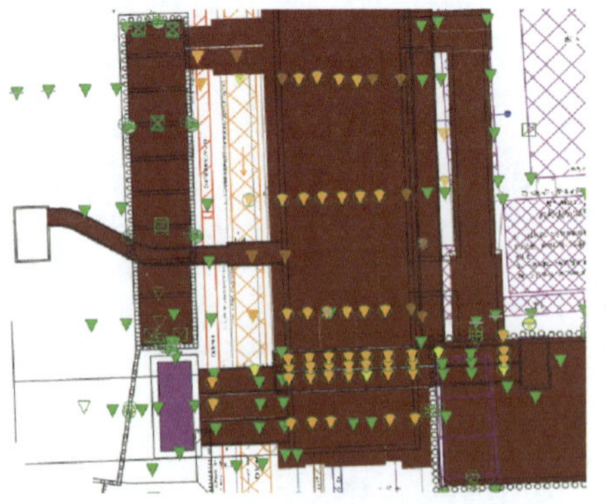

图 6.5-4　1 号风井测点平面图

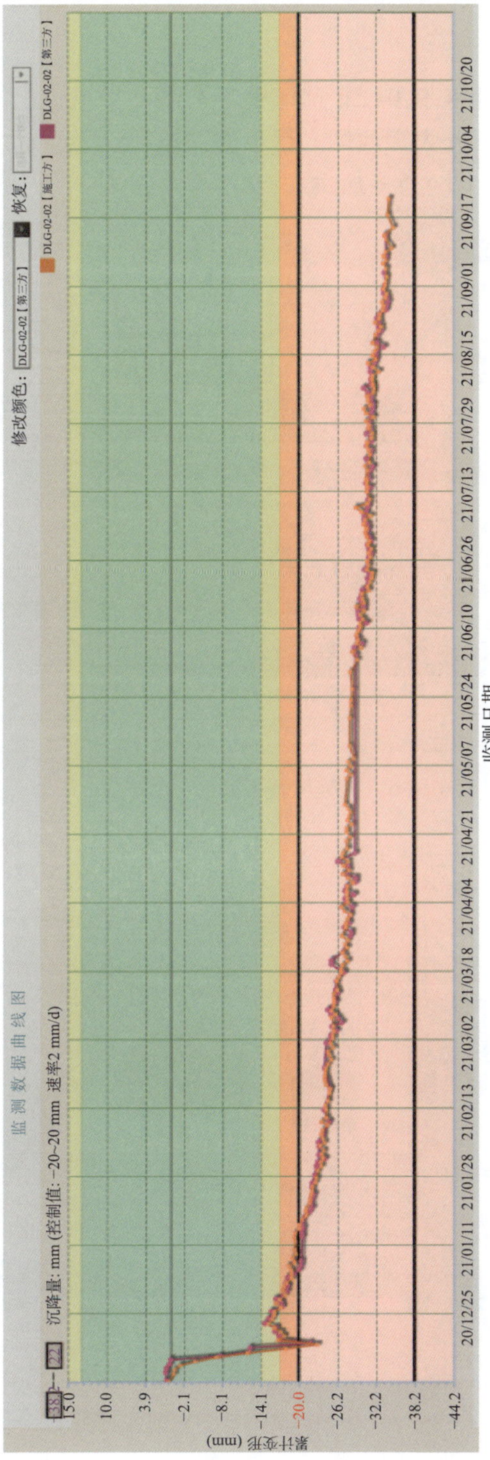

图 6.5-5　周边管线监测点变形曲线图

5. 风险事件

1）事件过程

2021 年 11 月 2 日上午 9:04，北京地铁某车站 1 号风道上方地面发生局部塌陷，塌陷部位位于右安门外大街西侧人行步道，塌陷尺寸宽约 6 m、长约 10 m、深度为 5 ~ 6 m，如图 6.5-6 ~ 图 6.5-8 所示。

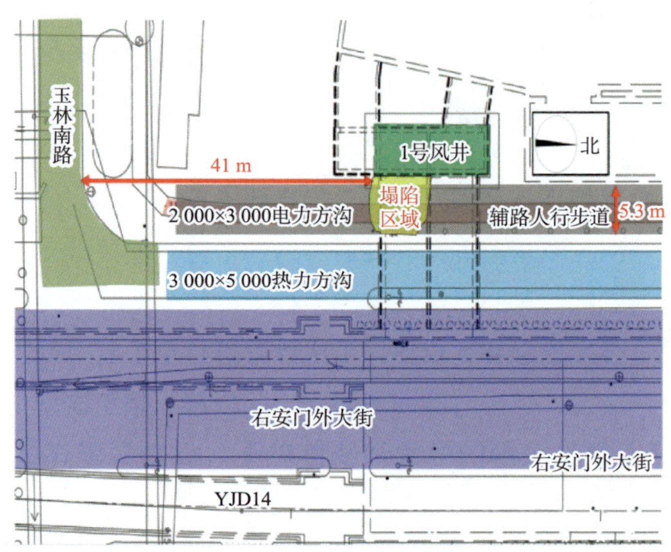

图 6.5-6　塌陷位置平面图（单位：mm）

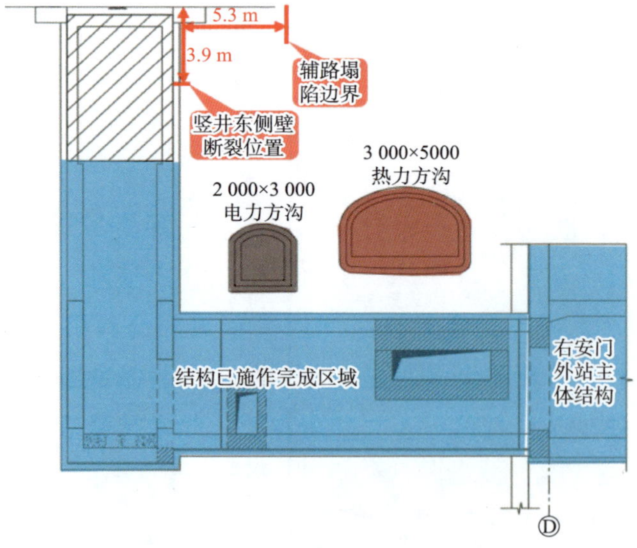

图 6.5-7　塌陷位置剖面图（单位：mm）

图 6.5-8　1 号风井及塌陷位置现场照片(1 号风井在围挡内 1.2 m)

2)应急处置

事件发生后,施工总包单位立即启动应急预案,撤离附近作业人员,疏散周边群众及车辆,设置外围警戒线,并按照上报程序及时向各相关单位等报告。各相关单位负责人赶到现场,成立了以市重大办为首的应急抢险指挥部,进行临时交通管制,并对电力、上水、通信等设施采取应急保护措施,电力停电后,2 台起重机把电线杆吊起,防止倒塌,如图 6.5-9 所示。

图 6.5-9　警戒隔离和电线杆吊起

应急抢险指挥部组织业内专家成立专家组,对现场风险状态进行研判,并形成应急抢险方案。专家组认为洞内结构和周边环境状态稳定,风险总体上处于可控状态,可恢复主路交通,同时开始对坍塌部位进行应急处置。

首先在风道内构筑了临时挡墙,之后采用素土回填竖井至井壁完整部位高程,对完好段井壁采用型钢进行支撑加固;11 月 2 日 17:38 开始自地表对塌陷区域采用 C20 混凝土回填,至 22:40 混凝土回填至通信管线井底高程;23:05 开始对通信、自来水等管线进行抢修恢复,11 月 3 日 1:40 恢复右安门外大街主路交通,7:00 恢复西侧辅路交通。在应急抢险过程中对塌陷区域和周围道路进行了雷达探测和持续沉降监测,未发现异常。

3)后续初期支护

2021 年 11 月 2 日塌方后,现场对竖井塌方区域素土进行回填,地面回填混凝土,如图 6.5-10 和图 6.5-11 所示。2021 年 11 月 3 日 ~ 11 月 4 日竖井回填完成,对人行步道、倾斜电线杆、管线、上水管进行修复,如图 6.5-12 ~ 图 6.5-14 所示。

图 6.5-10　塌陷区域素土回填

图 6.5-11　地面回填混凝土

图 6.5-12　管线修复

图 6.5-13　人行步道回填

图 6.5-14　地面雷达探测

4)后续复工情况

参考1号风井开挖支护设计中井壁小导管注浆加固相关参数,结合周边地层勘察报告数据,1号风井周边土体注浆加固方式采用A32 mm袖阀管(孔眼竖向间隔为0.5 m,同一截面对称分布4个孔眼),打设深度为10.0 m(避开电力方沟),孔位水平布置间距为1.0 m,加固范围为竖井外侧至人行道辅道边缘(宽约1.5 m)沿竖井侧壁方向布置一排,详细布置如图6.5-15所示。

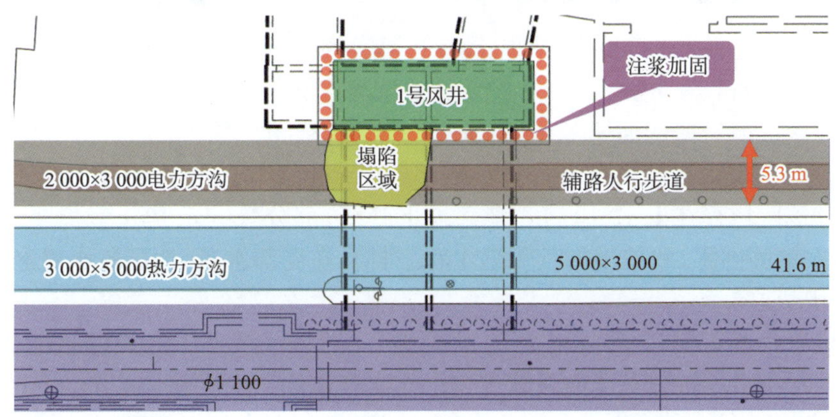

图 6.5-15　1号风井塌陷侧土体注浆加固孔位布置图(单位:mm)

5)风井恢复施工工序

竖井恢复施工前,先采用洛阳铲对竖井四周地层情况进行探查,深度为15 m,以确定竖井周边地层状态;经探查,竖井东北侧深度4~5 m范围内存在地层空洞;为避免竖井恢复过程中出现坍塌,除处理探明的空洞外,对竖井四周地层进行注浆加固处理,加固深度为15 m,加固宽度基坑外为2 m。先对未破坏的上层施工竖井壁进行测量,下层未破坏的竖井壁随开挖随测量,当井壁变位大于8 cm时,需将井壁结构凿除重新施作。先对未破坏能利用的上层竖井壁恢复钢支撑,破坏部分的竖井采用倒挂井壁法开挖,要求同原设计,对于新旧竖井壁接口处,需对原竖井井壁进行剔凿,新旧格栅钢筋采用搭接焊接,单面焊搭接长度满足 10 d(d 为钢筋直径)。

二次衬砌结构回筑过程中保留部分型钢对撑,二次衬砌结构一次浇筑长度为 6 ~ 8 m,同时应加强监测,若监测数据出现异常应及时通知各方优化调整拆撑长度;型钢提前做好防水细部处理。

6)风井恢复施工情况

1 号风井 2021 年 11 月 18 日恢复开挖施工,恢复施工期间,周边监测变形平缓,无异常情况发生,如图 6. 5-16 和图 6. 5-17 所示。

图 6. 5-16　1 号风井恢复开挖

图 6. 5-17　1 号风井二次衬砌施工

6. 原因分析

(1)该区域为凉水河旧河道,地质条件不良,杂填土层厚,开挖揭示填土厚度达 7 m,成分杂乱,自稳性差,极易坍塌。

(2)该区域存在上水、通信等多条地下管线,部分管线及其井室长期渗漏,以及降雨频繁等因素,致使地层处于饱水状态且存在局部水囊,地层被水浸泡后稳定性进一步变差。

(3)工程施工前,因修建电力、热力隧道,已对该区域地层造成前期扰动;此次竖井、风道开挖及临时支撑拆除施作二次衬砌带来的二次扰动的叠加,对土体自稳能力造成更不利的影响。

(4)1 号风井结构边线距离围挡仅 1. 2 m,围挡线外为右安门外大街西侧人行步道,其他单位临时堆放了机械设备和材料,造成竖井东侧地面荷载增大。

在上述因素综合影响下,竖井东侧壁受力超限,造成东侧井壁局部破坏及邻近人行步道塌陷。

7. 总结

(1)应合理制定好工筹计划。

(2)施工前期应提前对风井周边及人行步道区域进行雷达探查,对土质疏松区域进行地面注浆加固。

(3)严禁对风井周边进行堆载,避免过量超载,造成结构倾斜、坍塌。

(4)拆撑阶段,应严格设计给定要求施工,避免拆撑过长,拆撑期间应加密周边巡视及监测频次。

6.5.2　某车站 C 出入口突涌风险事件

1. 工程概况

该车站位于樊羊路与六圈路交叉路口处,车站主体呈东西走向沿六圈路方向布置。车站南侧为马草河,马草河上开口宽为 30 m,下开口宽为 16 m,河底埋深为 5.7 m,为季节性排洪河道,枯水期目测河水深为 0.5 m 左右;某车站东南象限为花乡水厂,西南象限为郭公庄幸福家园小区,西北象限为亿城天筑小区,东北象限为华润地产商品房。

C 出入口暗挖段长度为 55.4 m,采用 CRD 法施工;共分为五个断面,人防段开挖尺寸为 8 800 mm × 7 370 mm,标准段开挖尺寸为 7 100 mm × 6 570 mm。

2. 水文及地质情况

C 出入口基坑开挖主要涉及地层由上至下为①层素填土(厚度约 3.9 m)、$②_1$黏质粉土(厚度约为 3.9 m)、④圆砾(厚度约为 3.3 m)、⑤卵石。车站及地下水位埋深为 31.1 ~ 33.2 m,相应水位高程为 15.37 ~ 15.39 m。附属出入口通道均位于地下水位以上。

3. C 出入口暗挖段下穿马草河风险的施工措施

(1)河道范围根据河道管理部门要求进行防渗处理,对河道底部土体进行注浆加固处理,注浆加固范围为 C 出入口暗挖轮廓线以外 2 m 范围内,加固深度为河底土体往下 3 m。注浆完成后,在暗挖影响范围施作 25 cm 厚钢筋混凝土现浇板,并在板上附着防水层,已达到防渗效果,如图 6.5-18 和图 6.5-19 所示,C 口下穿马草河平面如图 6.5-20 所示。

(2)施工时采用短进尺,强支护,开挖掌子面用喷混凝土封闭,尽快封闭初期支护。

(3)初期支护施工过程中及时进行初期支护背后注浆,严格控制注浆压力和注浆量,保证注浆效果。

(4)二次衬砌施工过程中及时进行二次衬砌背后注浆,严格控制注浆压力和注浆量,保证注浆效果。

(5)拱部进行深孔注浆加固土体,注浆范围为开挖轮廓线以外 1.5 m,开挖轮廓线以内 0.5 m,加固体无侧限抗压强度不小于 0.8 MPa。

(6)施工应避开雨季,在枯水期进行暗挖施工。

(7)及时布设测点,初期支护施工过程中加密检测频率,根据监测结果及时调整施工参数。

图 6.5-18　河底垂直注浆

图 6.5-19　河底钢筋混凝土铺垫

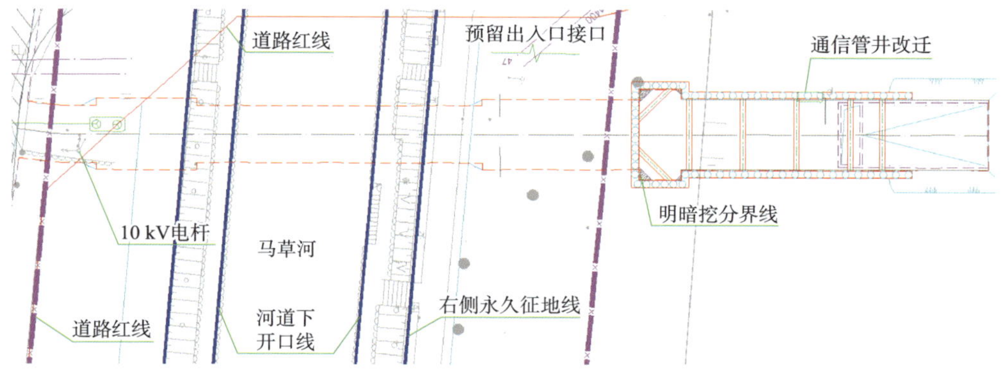

图 6.5-20　C 口下穿马草河平面图

4. 事故前工程状态

C 出入口渗漏水前处于临时停工状态，如图 6.5-21 所示。2 月 21 日隧道涌水，河道周边产生空洞，造成周边地表明显变形，周边测点 DB-67-3 持续沉降，沉降量约 -41.75 mm，DB-68-13 持续沉降，沉降量约 -74.68 mm，如图 6.5-22 和图 6.5-23 所示。

图 6.5-21　C 口临时封闭停工

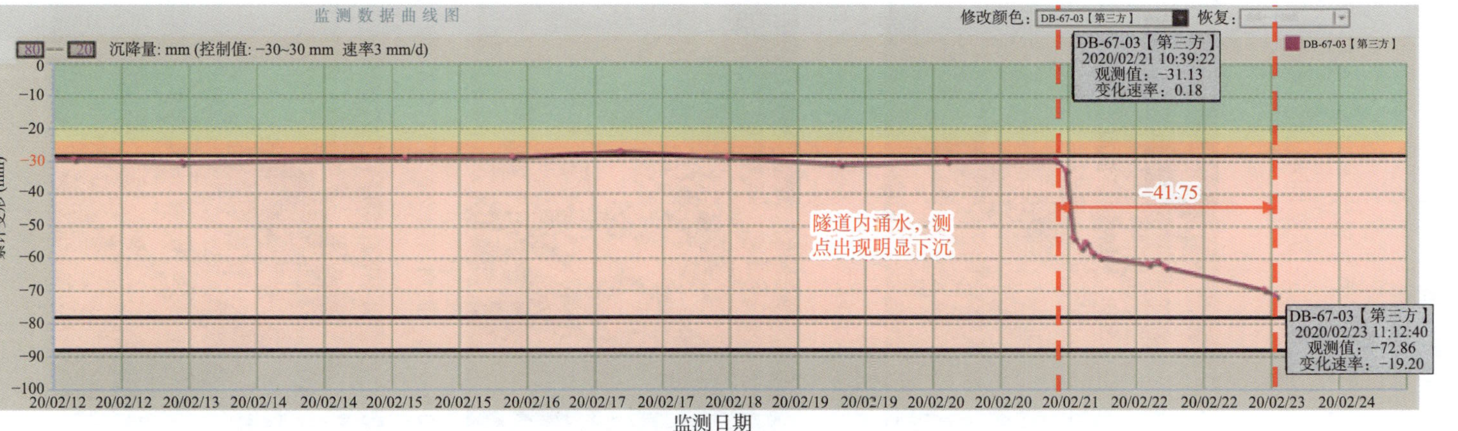

图 6.5-22　DB-67-03 监测点变形曲线图

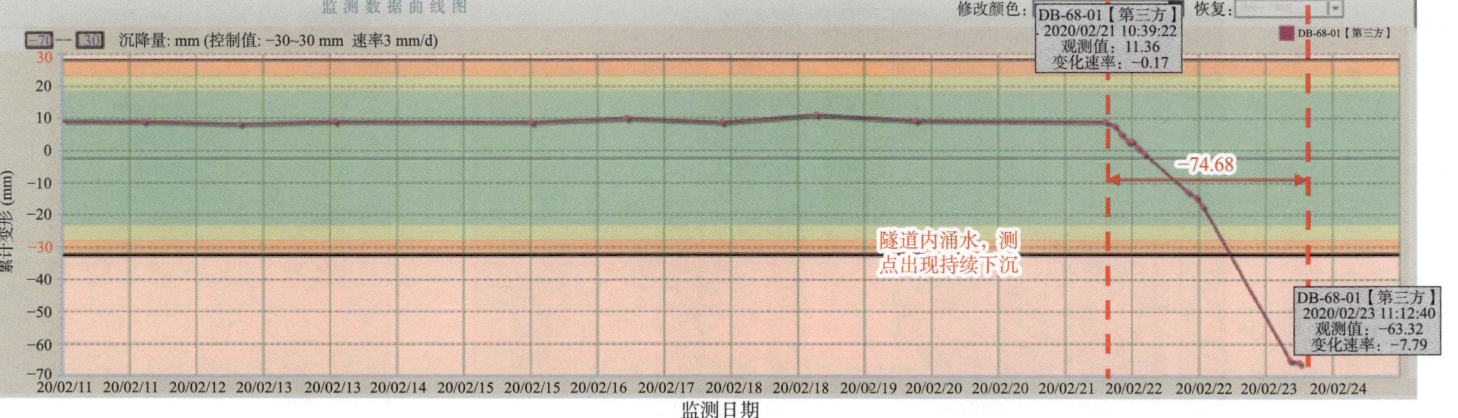

图 6.5-23　DB-68-01 监测点变形曲线图

5. 风险事件

1)事件过程

2020 年 2 月 21 日上午 10:00,C 口上层导洞初期支护背后发生漏水,水量大,发布黄色巡视预警,如图 6.5-24 ~ 图 6.5-28 所示。参建各方立即响应,召开现场应急响应会。

图 6.5-24　洞内初期支护背后渗漏水较大

图 6.5-25　21 日 10:00 水深 170 cm

图 6.5-26　洞内初期支护背后回填注浆

图 6.5-27　南侧空洞回填(共 17 m^3)

图 6.5-28　北侧空洞回填

2)应急处置措施

(1)立即联系丰台区水务部门在马草河上游水坝进行堵水,下游水坝进行放水。

(2)隧道内安排工人采用水泥进行筑坝抽水,避免隧道结构底部长期浸泡失稳,确保安全。

(3)采用水泥-水玻璃双液浆对C出入口渗漏点进行注浆封堵。

(4)加密对马草河、隧道结构的巡视及监测,确保出现异常情况能及时处理;对马草河两侧河堤进行空洞探测,若发现空洞及时回填混凝土处理。

2月22日8:00左右,第三方监测单位对C口马草河河堤进行空洞探测,在南岸发现两处空洞,如图6.5-29所示,两处空洞存在联系,其中一处空洞较大,尺寸长×宽×深约为3 m×2.5 m×2.2 m,探明后已对空洞进行回填C15混凝土处理。

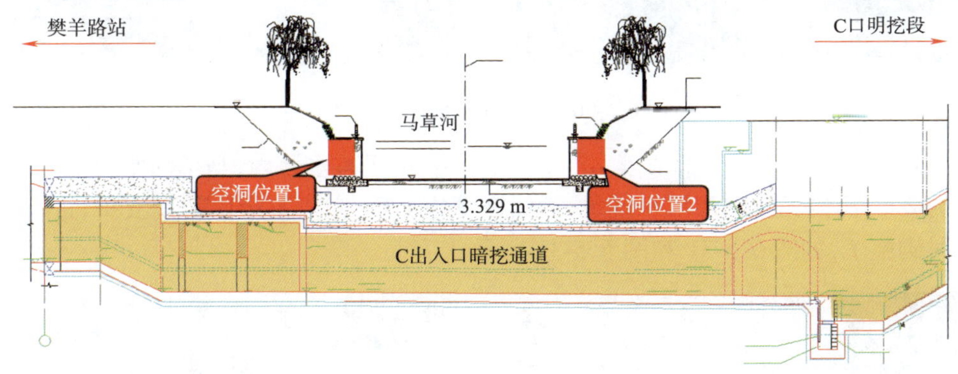

图6.5-29　车站C出入口下穿马草河结构纵剖面图

2月22日22:30左右马草河北岸出现一处坍塌,空洞大小长×宽×深约为2.5 m×4 m×3 m。因混凝土夜间无法供应,项目部于23:30组织所有管理人员与部分劳务人员,采用沙袋对北岸空洞进行回填,并预留注浆管,于23日3:00回填至离地面约1 m,23日10:00对剩余空洞采用混凝土进行回填,并在地面进行注浆填充空隙。

采用水泥-水玻璃双液浆对C出入口初期支护背后空洞注浆回填;截至22日晚,C口1导洞拱部背后回填注浆累计完成236袋。

3)后续处置

上水、通信、燃气等相关产权单位在现场指导、配合落实相关管线的保护措施,主要完成两条电信管线的保护。

从地面对空腔以下的土体埋设注浆管,并对空腔用和易性较好的C20混凝土进行填充,共计回填混凝土123 m^3,然后进行地表注浆加固,3月19日4:00地表注浆加固完成,开始恢复路面、拆除临时围挡,于3月19日5:00恢复交通。

C 出入口下穿马草河段受河水上涨影响,初期支护背后出现大量漏水,经过现场采取降低河水水位、初期支护背后回填注浆、回填河堤空洞等应急措施后,初期支护背后已无明流水,未发现初期支护结构开裂情况,如图 6.5-30 所示。对初期支护背后雷达扫描未发现明显空洞。

图 6.5-30　C 口涌水部位位置封堵

后续因河道部门下游清理水草,进行封堵,由于蓄水原因,马草河水位上升,最高约 2 m,洞内无发现渗漏水现象,后续恢复施工后,完成剩余段初期支护,进行二次衬砌施工,如图 6.5-31 和图 6.5-32 所示。

图 6.5-31　洞内未出现渗漏水情况

图 6.5-32　马草河水位上升

6. 原因分析

水务局对马草河进行蓄水,导致樊羊路 C 口穿越马草河段水位深度由 10 cm 上升至 170 cm,水位上升后水压增大;河底与侧壁之间有空隙,水压增大冲破土体,河水灌入隧道;河岸地层可能存在空洞情况。

(1)河堤南、北侧存在空洞(经过空洞普查,对南北测空洞位置进行混凝土回填,南侧回填 17 m^3,北侧回填 40 m^3,洞内回填注浆,对河道进行围堰,未发现河道下方存在空洞)。

(2)河堤浆砌片石灰缝破坏严重(河道两侧河堤灰缝重新勾缝)。

(3)初期支护背后注浆不到位(进行初期支护背后注浆)。

(4)开挖后完成拱顶土层不均匀沉降(增加小导管辅助措施)。

(5)水位上升压力过大,造成突涌。

7. 总结

(1)穿越河湖区域,应当考虑水位上升后,压力增大,对穿越结构进行风险评估。

(2)做好背后注浆加固,对穿越河湖区域,应当提前做好河底、河道空洞普查,对河道石灰缝进行核查,有无缝隙并采取相应措施,避免穿越期间洞内发生突涌风险。

第7章　安全风险管理拓展与展望

7.1　安全风险管理体系拓展

7.1.1　济南轨道交通安全管理体系建设

1. 概述

济南轨道交通建设面临工程地质类型多、工程周边环境复杂、技术集成度高等诸多挑战。轨道交通领域极易发生重大安全事故,造成重大的人员伤亡、财产损失等不良影响,安全管理始终是轨道交通建设管理的重中之重,因此各级政府对安全生产高度重视。随着济南轨道交通二期建设规划的获批,多线路、多工点、集中开工同步实施的情况将会越来越多,这将对工程建设安全管理体系建设提出新要求,开展安全管理首先是体系建设,构建安全管理体系尤为重要。通过对北京轨道交通工程建设安全风险管理体系发展和优化,结合济南地质条件、环境条件和管理要求,成功运用到济南轨道交通建设中。通过对安全管理架构、安全基础管理、安全风险技术管理、隐患排查治理、应急综合管理及文明施工管理等体系提供咨询服务,提升了济南轨道交通安全风险技术管理和信息化管理能力。

2. 安全管理体系建设及技术路线

济南轨道交通安全管理体系建设主要包括安全管理总体文件、安全生产基础管理体系文件、安全风险技术管理体系、隐患排查治理体系、应急综合管理体系、文明施工管理体系。压实各方责任,按照法律法规要求完成各项工作。在工程开始前识别风险,在施工中控制风险,杜绝结构坍塌事故,通过隐患排查控制物体打击、高处坠落、管线破裂、机械伤害、设备倾覆、隧道涌水等事故,通过文明施工的动态管理提高施工作业的标准化,提高从业人员的职业健康管理水平,出现事故能够及时有效响应,做到减少损失,保障社会安全。

建立、实施安全管理体系采用过程方法,通过实现安全管理目标,确保一线工人、社会、政府满意。通过策划(根据安全管理目标,建立各管理流程,并确保所需的资源)、实施、检查(根据安全管理方针、目标、策划,对管理过程和成果进行跟踪和检查,并报告结果)、处置(根据检查结果,采取必要措施),进行闭环管理。“策划—实施—检查—处置”(PDCA)循环的方法可以使我们能够策划过程及其相互作用,能够确保其过程得到充分的资源和管理,确定改进机会并采取改进措施。PDCA 循环应用于所有过程以及整个安全管理体系(图 7. 1-1),安全风险管理实施的技术路线,从而达到系统集成,如图 7. 1-2 所示。

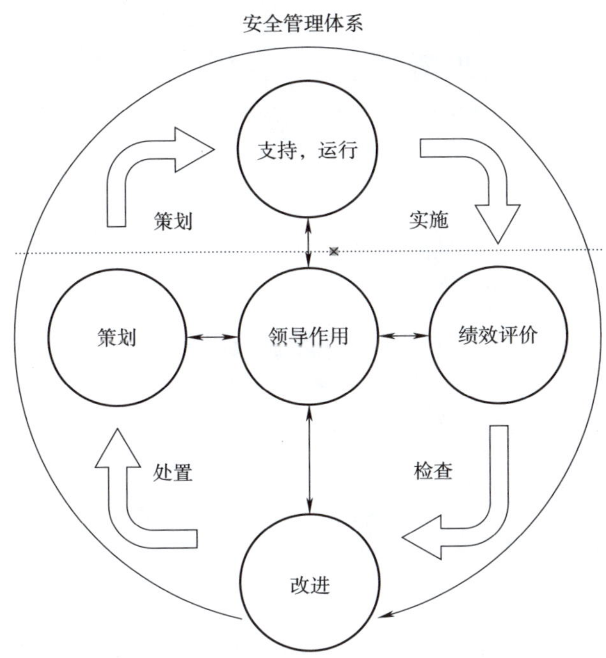

图 7. 1-1　安全管理体系 PDCA 流程循环图

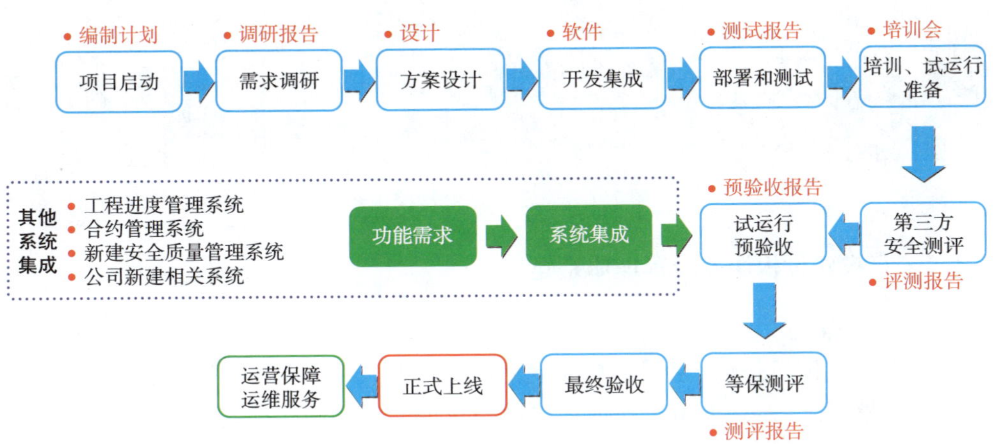

图 7. 1-2　风险管控实施路线图

3. 安全管理系统架构及内容

安全管理系统架构如图 7.1-3 所示,安全风险管控内容如图 7.1-4 所示。

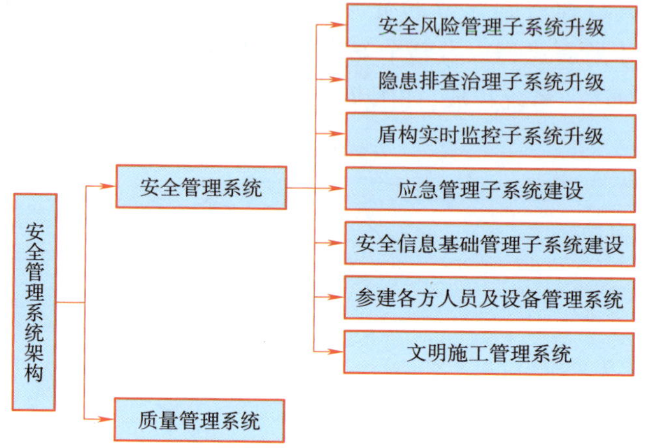

图 7.1-3　安全管理系统架构图

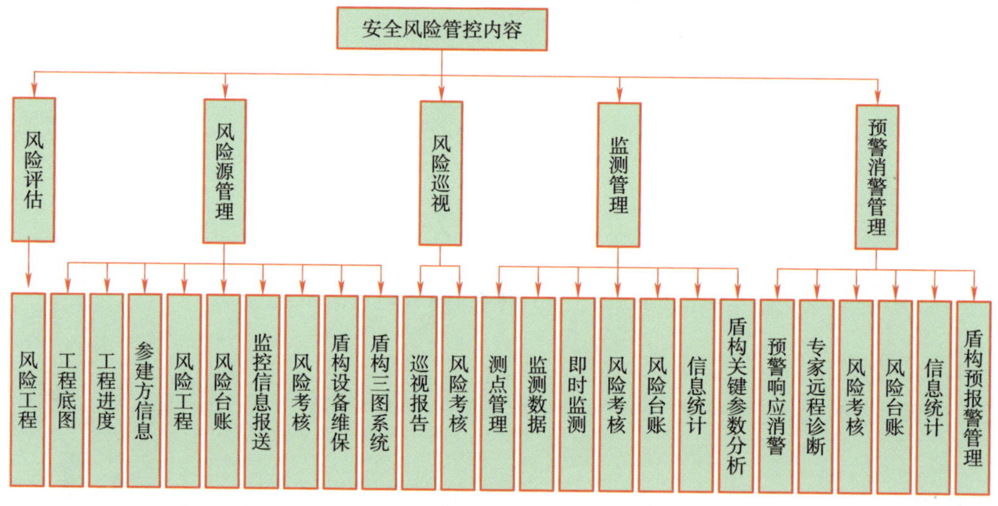

图 7.1-4　安全风险管控内容

7.1.2　京投建设板块安全管理体系建设

1. 工程概况

副中心站枢纽是《北京城市总体规划(2016 年—2035 年)》确定的本市服务全国的客运枢纽之一,是本市主导推动建设的重要交通枢纽。西起北运河东岸,东至东六环外路县故城遗址区,北起京哈南侧路,南至杨坨中路、杨坨一街,实施范围约 59 公顷,建筑规模约 128.3 万 m^2,如图 7.1-5 所示。建设内容主要包括京唐城际铁路和城际铁路联络线车站、地铁平谷线和 101 线车站、接驳场站、综合交通枢纽配套、地下公共服务空间、市政配套设施等 6 部分。

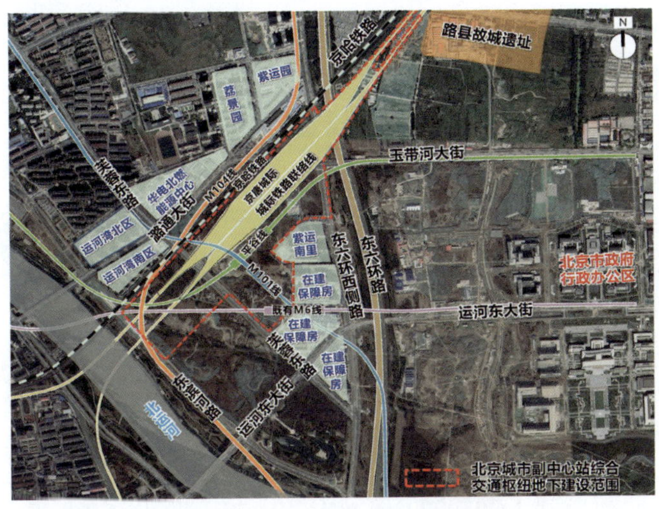

图 7.1-5　副中心枢纽布置图

2. 总体风险管控体系

北京轨道交通工程建设安全风险管理体系在京投建设板块的拓展中主要应用在北京城市副中心枢纽工程建设中，以后将逐步扩展到京投其他建设板块，包括建设、勘察、设计、施工、监理、监测、咨询、检测、安全评估等主要参建单位，总体框架如图 7.1-6 所示。

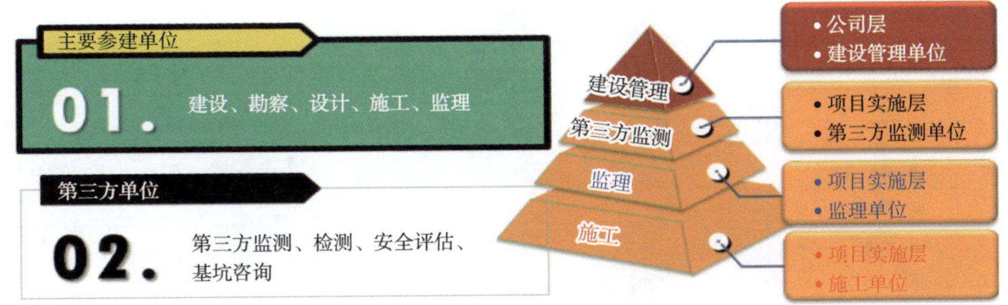

图 7.1-6　总体框架图

结合单体工程的特点，安全风险技术管理采用两层管理，即公司层和项目实施层。公司层包括公司领导（总经理、主管副总经理）、安全质量部、前期设计部、建设管理部、计划合同部、运营设备部（铁路协调办）；项目实施层包括勘察单位、设计单位、施工单位、监理单位、第三方监测单位、现状检测单位、安全评估单位、基坑咨询单位等。

3. 安全风险管控期

安全风险管控期涵盖施工全周期，包含勘察设计阶段安全风险管理、施工准备期安全风险管理和施工期安全风险管理。

管控期架构如图 7. 1-7 所示，勘察设计阶段安全风险技术管理流程如图 7. 1-8 所示，施工准备期安全风险技术管理流程如图 7. 1-9 所示，施工期安全风险技术管理流程如图 7. 1-10 所示。

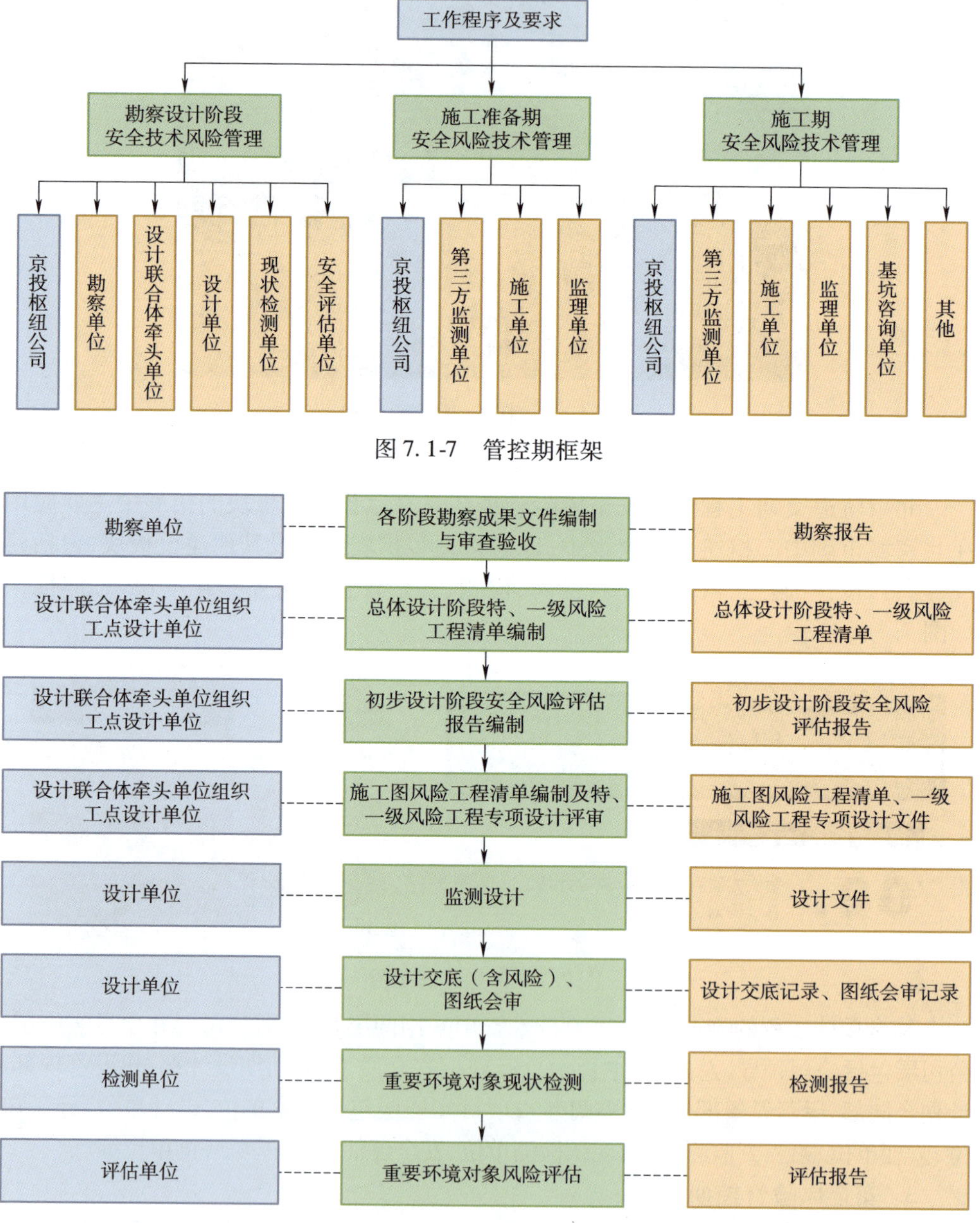

图 7. 1-7　管控期框架

图 7. 1-8　勘察设计阶段安全风险技术管理流程

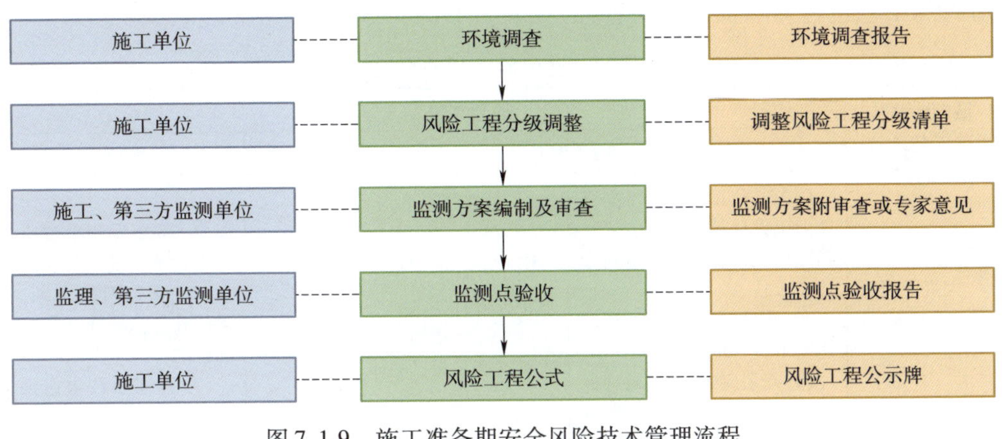

图7.1-9　施工准备期安全风险技术管理流程

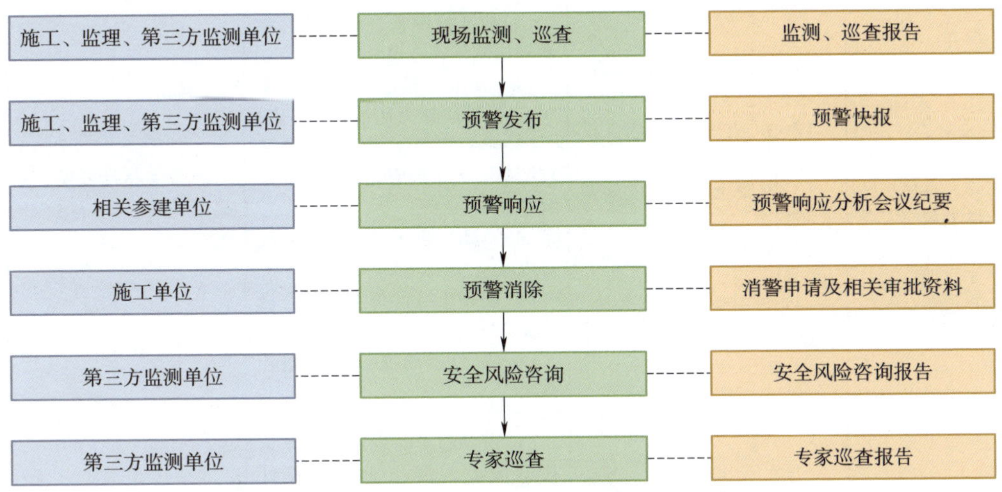

图7.1-10　施工期安全风险技术管理流程

4. 风险工程分级

风险工程分级如图7.1-11所示。

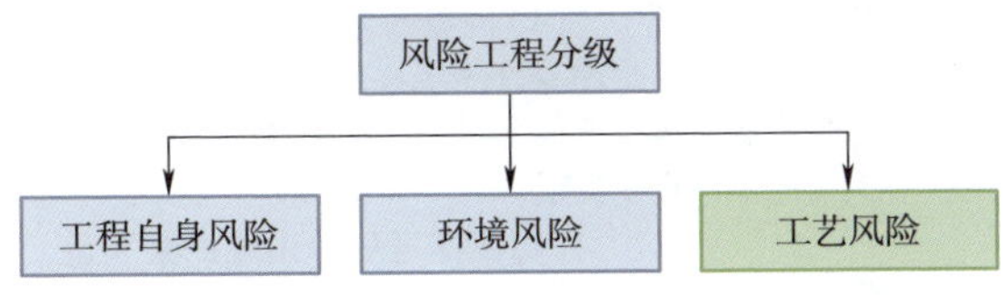

图7.1-11　风险工程分级

5. 特殊工艺管理

枢纽工程建设有着自身的特点，有特殊工艺的应用，风险工程中新增工艺风险，并建立相关巡查预警参考标准，更贴合枢纽项目的安全风险技术管理需求，并对特殊工艺进行专项安全风险管控,见表7.1-1。

表7.1-1　特殊工艺风险工程安全巡查预警标准

城际车站特殊工艺风险	巡查预警参考标准		
	黄色	橙色	红色
大直径超级旋喷桩封底工艺	(1)定位偏差、钻孔垂直度大于设计值; (2)注浆压力值达不到设计要求; (3)钻机提升速度、旋转速度不符合设计; (4)单孔施工时间超过标准施工时间(按进度计划或工艺)或明显小于标准时间	(1)水泥浆水灰比、比重、用量不符合设计要求; (2)实体检测发现封底厚度、质量不满足设计要求	(1)28 d无侧限抗压强度达不到设计要求; (2)施工因故中断,后续施工未处理好衔接部位的; (3)渗透系数未达到设计要求
大直径扩底桩工艺	(1)泥浆指标不符合规范要求; (2)沉渣厚度不符合设计值; (3)混凝土浇筑高度偏差大于规范允许值; (4)混凝土充盈系数小于1; (5)成孔过程中有塌孔现象	(1)成孔检测垂直度或扩底参数经检测不符合设计要求; (2)后注浆量小于设计要求80%时,注浆压力达不到设计值; (3)浇筑混凝土前实测沉渣厚度明显变大推断有塌孔或灌注过程中断桩、夹泥; (4)声测比例不满足规范及设计要求; (5)混凝土试件强度不符合设计要求; (6)安装钢筋笼过程有塌孔现象	桩身完整性检测、承载力检测不符合设计要求
T形地连墙	(1)导墙尺寸、槽段宽度、沉渣厚度、泥浆指标不符合设计要求; (2)开挖显示槽壁加固明显不连续或效果较差; (3)槽内泥浆液面高度低于导墙顶面0.3 m以上; (4)刷壁次数不满足方案要求或刷壁器上带泥即停止刷壁; (5)接头处有沙袋没有清除干净	(1)冠梁施工时发现钢筋笼定位不准或混凝土未灌至设计高程; (2)新老结构连接处,原预留结构存在残缺、冷缝存在绕流; (3)由于钢筋笼无法正常入槽; (4)混凝土灌注过程中,导管埋深过浅或高于混凝土面,引起墙体部分夹泥,产生冷缝、泥砂夹层; (5)成槽过程中出现泥浆大量流失现象; (6)钢筋笼入槽后,出现塌槽; (7)混凝土浇筑过程中出现槽壁坍塌	(1)墙身完整性检测不符合规范要求; (2)地墙强度尚未达到设计要求即开始土方开挖

续上表

城际车站特殊工艺风险	巡查预警参考标准		
	黄色	橙色	红色
双轮铣工艺地连墙	(1)导墙尺寸、槽段宽度、沉渣厚度、泥浆指标不符合规范要求； (2)预埋件位置、注浆管位置不符合设计要求； (3)主要施工技术参数(切铣速度、水泥浆压力、空压机压力等)1 项不符合方案要求； (4)铣槽过程中遇到障碍物； (5)作业面承载力不足，设备出现倾斜	(1)铣接头垂直度、铣接头槽质量、槽壁垂直度不符合要求； (2)钢筋笼加工、安装质量不符合规范要求； (3)成槽施工遇到较厚黏土层，与地勘报告不符，铣头黏土包裹	(1)墙身完整性检测不符合规范要求； (2)地墙强度尚未达到设计要求即开始土方开挖
预应力桩工艺	(1)桩顶高程不符合设计要求； (2)桩位偏差不符合设计要求； (3)桩身垂直度不符合设计要求； (4)管桩的尺寸偏差和外观质量不符合要求； (5)管桩端板的几何尺寸不符合要求； (6)管桩螺旋筋的直径和间距、螺旋筋加密区长度以及钢筋混凝土保护层厚度不符合要求； (7)施工方案中无伸长量计算； (8)预应力钢绞线安装不垂直； (9)预应力钢绞线安装位置偏差超标准； (10)桩底锚具固定端未涂防腐油脂； (11)封锚保护不规范或未按方案要求实施封锚； (12)混凝土强度未达设计要求提前施加预应力	(1)管桩的规格、型号和龄期不符合要求； (2)管桩的预应力钢棒数量和直径不符合要求； (3)下放钢筋笼时未做好预应力筋的保护导致后期无法张拉； (4)桩身未达到设计要求强度即开始张拉作业	(1)单桩承载力和桩身完整性不符合规范要求； (2)管桩复合地基平板载荷试验不合格； (3)张拉过程中发生断丝、断股或张拉应力和伸长量均不达标

续上表

城际车站特殊工艺风险	巡查预警参考标准		
	黄色	橙色	红色
可回收锚索工艺	(1)锚杆间距或布设不符合设计要求; (2)钻孔直径不符合设计要求; (3)钻孔倾斜度不符合设计要求; (4)浆体强度不符合设计要求; (5)杆体插入钻孔长度不符合设计要求; (6)个别可回收锚索无法回收	(1)锚杆单循环验收试验结果不合格; (2)出现无法张拉现象; (3)锁定值不满足要求	(1)锚杆多循环验收试验结果不合格; (2)50%以上可回收锚索无法回收
大体积混凝土	(1)混凝土配合比不符合设计要求; (2)混凝土进场检测坍落度、和易性、温度不符合方案要求; (3)测温布点不符合方案规范要求; (4)测温频率不符合方案规范要求; (5)浇筑方法、顺序、分层厚度、浇筑间歇时间不符合方案规范要求; (6)未按方案要求进行养护;浇筑面未及时二次抹压; (7)混凝土浇筑过程中出现冷缝、养护措施不到位出现裂缝情况、测温不及时、数据不准确	(1)混凝土养护阶段内外温差大于规范方案要求; (2)混凝土结束养护时混凝土表内与环境温差大于规范要求; (3)使用跳仓法施工相邻仓的浇筑间隔时间、跳仓接缝处理不符合方案规范要求	(1)混凝土外观检查出现贯通有害裂缝; (2)超长基坑基础不均匀引起的变形造成结构出现裂缝、大体积混凝土温度应力破坏邻近结构,造成结构剪切破坏
大跨劲性结构	(1)劲性钢构件安装轴线位置、尺寸偏差不符合方案规范要求; (2)劲性构件浇筑方法、顺序、振捣不符合方案规范要求	(1)劲性钢构件连接缝、焊缝质量不符合设计规范要求; (2)钢梁起拱值或变形扭曲偏差超出方案或规范要求; (3)现场擅自对钢构件进行切割、开孔; (4)现场梁柱核心区主筋擅自切断、切除	混凝土出现严重质量缺陷

续上表

城际车站特殊工艺风险	巡查预警参考标准		
	黄色	橙色	红色
钢结构屋盖体系	(1)装配式金属屋面系统保温隔热、防水等材料及构造不符合设计要求； (2)吊耳焊接质量不合格	(1)防雨水渗漏及排水构造不符合设计要求； (2)当设计有抗风揭性能要求，且抗风揭试验不合格； (3)不按照吊装方案进行安装或在构件吊装过程中耳板焊缝开裂、脱落； (4)钢结构安装焊缝检测不合格	(1)钢结构整体挠度偏差大； (2)出现漏水、漏雨等情况
挤扩支盘桩工艺及扩底桩工艺	(1)土质与地勘报告不符无法成盘； (2)成盘过程沉渣厚度过大； (3)支盘位置不符合设计要求	(1)超声波检测成盘不合格； (2)成盘后塌孔，盘体形状无法保持	(1)超声波成桩检测不合格； (2)桩基试验检测不合格
大直径逆作桩柱工艺	(1)桩位不符合设计要求； (2)桩径不符合设计要求； (3)逆作桩超缓凝混凝土未经试配即开始使用； (4)逆作桩钢筋笼、逆作柱吊点不符合方案要求； (5)逆作柱现场焊缝未经检验即开始插柱； (6)钢管柱内壁油渍污染； (7)钢管柱工具柱焊接尺寸偏差不符合规范要求； (8)插管机拆除前未及时回填	(1)桩长小于设计长度； (2)成孔过程中出现泥浆大量流失现象，泥浆液面低于护筒底部； (3)钢管柱插入尺寸偏差大于设计要求； (4)超缓凝混凝土无法满足钢管柱锚入时间要求，钢管柱锚入后垂直度及高程控制不准确	(1)桩身完整性检测不合格(二类及以下)； (2)封桩混凝土强度不合格； (3)钢管柱无法插入； (4)钢管柱插入侵限

7.2　安全风险管理展望

7.2.1　全国城市轨道交通总体规划及特点

1. 规划目标

城市轨道交通发展总体战略目标是：统筹推进，构建安全、便捷、高效、绿色、经济的新一代智慧型城市轨道交通，有力支撑交通强国、新型城镇化、都市圈发展等国家战略，由城轨大国迈向城轨强国，为人民群众提供高质量的轨道交通服务，提升人民群众的获得感和幸福感。

到2035年,根据规划我国要基本建成便捷顺畅、经济高效、绿色集约、智能先进、安全可靠的现代化高质量国家综合立体交通网,实现国际国内互联互通、全国主要城市立体畅达、县级节点有效覆盖,有力支撑包括都市区1小时通勤的“全国123出行交通圈”。交通基础设施质量、智能化与绿色化水平居世界前列,交通运输全面适应人民日益增长的美好生活需要,有力保障国家安全。分两个阶段实现总体战略目标:

第一阶段(至2025年),初步建成新一代智慧型城市轨道交通,迈入城市轨道交通强国。网络发展方面,城市轨道交通规模科学有序发展,多制式协调推进,继续推动交通服务网络建设;一体融合方面,各类交通方式一体发展、与新型基础设施融合发展取得突破性进展,网络结构功能更加完备,服务特大、超大城市能级明显提升,有力推进城市现代化进程;技术装备方面,关键核心技术实现自主安全可控突破,产业链现代化水平不断提升;运营管理方面,探索完善网络化管理模式,促进技术与管理有效适配、双轮驱动,网络整体运行效率与客流效益、运输能力、应急处置能力明显提高;持续发展方面,促进“站城一体”综合开发,优化经营水平,增强运营资金平衡,财务可持续、环境可持续、资源可持续形成新路径;智慧赋能方面,完善智慧应用场景顶层设计,构建智慧城轨标准体系,核心业务智慧化水平不断提升。

第二阶段(至2035年),全面建成新一代智慧型城市轨道交通,进入城市轨道交通强国前列并引领发展潮流。网络发展方面,发展方式实现根本性转变,系统化、协同化、智能化、绿色化水平显著提升,发展格局实现差异化协同,不同类型网络因地制宜良性发展;一体融合方面,与各类交通方式、新型基础设施实现功能上的深度融合,网络韧性与通达性大幅提升,服务大城市能级明显提升,推进大城市率先实现现代化进程;技术装备方面,关键核心技术装备产业实现完全自主可控和产业链现代化,支撑“一带一路”倡议有效实施;运营管理方面,从侧重提高运输能力过渡到侧重改善服务质量和效率,运输方式从简单过渡到灵活,多方式运输协同效能、多样化综合服务品质、精准化复杂场景管控能力明显提升;持续发展方面,财务可持续、环境可持续、资源可持续探索形成良性发展新模式;智慧赋能方面,数字化、智能化城市轨道交通建设覆盖核心业务和基础设施,智慧调度、智慧维保、智慧应急等得到广泛应用,综合效能显著提升。

“十四五”期间,城市轨道交通将基于规模、强度、结构、布局确定指导性策略或指标。规模方面,需求上科学合理、能力上支持有力;强度方面,严格控制建设速度,从增量转向提质;结构方面,城市轨道交通分类分层合理规划,与其他交通类别有效融合、相互协调,行业管理实行分层指导,重点聚焦中高运量制式协同;布局方面,重点聚焦已开通运营轨道交通线路的城市,以超大、特大和大城市城市轨道交通的科学发展为示范,引领全国城市轨道交通行业发展。

2. 规划方向

为实现城市轨道交通发展战略目标，即战略支撑力强、人民获得感强、发展持续力强，结合我国国情和未来城市轨道交通发展需要，从装备、规划、运营、经营、综合五个板块明确“十二化”的战略发展指向：

(1)区域差异化，是城市轨道交通因地制宜发展的应有举措。城市轨道交通是以城市为依托、以地方政府为实施主体、以交通运输为服务功能、以公益性为主的重大基础设施工程，具有鲜明的城市内涵和地方特色；同时，全国主要城市规模大小悬殊、空间结构有异、需求导向各别、发展程度不一、财务实力不同，对城市轨道交通的现实需求和建设城市轨道交通的主客观条件各不一样，需结合区域差异化特点实现协同发展。

(2)效能最优化，是城市轨道交通综合效能效益的集中体现。我国北京、上海等城市已建成800 km左右的超大规模城市轨道交通网络，广州、深圳、成都等城市建成500 km左右的大型网络，还有一批300 km左右中网城市和100 km左右小网城市，网络化已经成为我国城市轨道交通的重要发展趋势。不断增强网络功能作用，是城市轨道交通的现实要求，线网规划编制要以网络功能为核心，从“形态网络化”向“功能网络化”转变，重点强化网络自身的出行通达性、应急自愈的韧性、客流压力疏解的适应性，以及网络运行整体效益性，发挥出最大的综合效能。

(3)制式协调化，是区域差异化和可持续发展的内在要求。我国幅员辽阔，自然禀赋不同，经济社会梯次发展和人口聚散沿革有别，地区发展不均衡性突出。超、特大城市与Ⅰ型、Ⅱ型大城市之间存在巨大差异性，东、中、西部城市成熟程度有天壤之别，新型城镇化进程中城市群、都市圈快速发展，使城市轨道交通系统制式将呈现出多样化特征，要求不同系统制式协调发展，相辅相成，一网多模，形成合力。同时，不同城市的存在大、中、小客流之别，与之对应的不同城市轨道交通系统制式每公里造价相差巨大，客观上也需要选择适宜的城市轨道交通系统制式，构建协调发展的系统制式结构。

(4)运输协同化，是完善综合交通体系对城市轨道交通发展的客观要求，也是实现交通强国的重要路径。城市轨道交通是综合交通体系的重要组成部分，亟须构建服务区域、城市发展的立体化交通，实现多种交通方式衔接、转换顺畅有序和高效率，实现人民群众一站式出行，提升城市轨道交通对城市和人民群众出行的服务水平。

(5)运营精准化，是城市轨道交通为人民群众出行和城市运行提供高质量服务的具体展现。城市轨道交通是城市公共交通的骨干交通方式，和人民群众日常生活、工作的密切相关。为城市运行脉动稳定有序、人民群众出行时间精准可控提供可靠的保障，既是城市轨道交通运营管理的基本要求，也是城市发展的重要保障。

(6)站城一体化，是城市轨道交通引领城市发展和实现财务可持续发展的有力举措。城市轨道交通引领城市发展，既要引导城市区域科学延伸，由摊大饼式发展转向组团式发展，又要引导城市塑造节点，带动各具特色功能小区发展，站城一体化是有效应对之策。同时，积极推进城市轨道交通沿线土地综合开发。

（7）装备自主化，是城市轨道交通装备发展的根本立足点。面对百年未有之大变局，唯有科技自立自强，装备自主可控，产业安全可控，才能立于不败之地，助力建设城轨强国。

（8）技术智能化，是城市轨道交通技术发展的主方向。新一轮科技革命和产业变革，正在改变城市轨道交通传统的研发路径、建设模式、服务手段和经营方式。以新一代信息技术与城市轨道交通深度融合为主线，推进城市轨道交通设施设备数字化、发展智能系统、建设智慧城轨，是实现城市轨道交通高质量发展的技术推动力。

（9）建运绿色化，是城市轨道交通发展的方向与必然趋势。我国已经制定可持续发展和节能减排的战略发展路径，并向世界做出"碳达峰、碳中和"低碳发展目标的履行承诺。作为节能的大运量交通方式，城市轨道交通规划、建设和运营中应进一步引进吸收和推广先进节能新理念和新技术，支持国家节能减排和绿色发展目标实现。

（10）行业标准化，是城市轨道交通高质量发展的保障条件。我国历经 50 多年发展，初步建立了城市轨道交通行业标准体系，但因综合管理长期缺失，标准化工作仍是城市轨道交通行业最薄弱的基础管理工作，亟须加快标准编制修订，健全标准体系，完善标准功能，落实新技术应用标准，增补新制式推广实施规范，健全城市轨道交通认证体系，为城市轨道交通高质量发展保驾护航。

（11）发展持续化，是城市轨道交通持续健康发展的重要支持。长期以来，城市轨道交通建设投资以国有资本和政府融资平台为主，使得部分地方政府财政负担过重；过于超前的规划与相对滞后的建设标准使后期线路运营财务长期收不抵支。为确保城市轨道交通持续健康发展，需从落实城市轨道交通分类分层指导管理切入并为其提供有力支撑，完善和拓展多元化投融资渠道，吸引社会资本参与城市轨道交通建设发展与综合资源开发，提高城市轨道交通全生命周期的财务平衡水平和抗财务风险能力。

（12）市场国际化，是建设城轨强国引领世界发展潮流的必然走向。坚持国内大循环为主、国际国内双循环相互促进，守住国内市场基本盘，积极挖掘国外市场增量，拓展"国内 + 国外"两翼齐飞的国际化市场。我国城市轨道交通参与国际市场开拓已经具备必要条件，一是"一带一路"倡议为城市轨道交通国际化创造了良好机遇和外部条件，是城市轨道交通走向世界舞台的坚强依托。二是发展中国家大城市对城市轨道交通有着现实需求，我国具有较好的技术装备、产业基础和社会资本。三是国际化努力已经不断取得突破，从装备出口起步，现已实现从勘测设计到工程装备到投资运营的“一条龙”出海。四是具有完全自主知识产权和完整中国标准的城市轨道交通深度参与国际市场的竞争力也在不断增强，有望进一步拓展国际市场。

3. 规划特点

(1)以国家规划布局的京津冀、长三角、粤港澳大湾区等3个世界级城市群为突破口，基本建成轨道交通网，做好以城市轨道交通网为汇聚中心的综合交通建设，提升都市圈核心城市能级，带动成渝、长江中游等城市群协同发展。2021年国家发改委批复了《长江三角洲地区多层次轨道交通规划》《成渝地区双城经济圈多层次轨道交通规划》。未来随着城市群、都市圈轨道交通规划的推进，市域快轨将有一个较大的潜在发展空间。《重庆都市圈规划》《成都都市圈规划》《上海大都市圈空间协同规划》《南京都市圈发展规划》等都市圈规划相继出台，也为市域快速轨道的规划和建设提供了发展空间。

(2)已经建成城市轨道线网的城市加密，已开通轨道交通城市逐渐成网，未开工轨道交通工程城市审慎批复。“十四五”期间，全国预计新增城市轨道交通运营里程3 000 km，尚未建成城市轨道线网的城市，基于科学合理的发展需求完善现有城市轨道交通线网，提高轨道交通覆盖面；支持西部地区核心城市稳妥有序发展城市轨道交通。针对具体城市，则根据不同类型城市的特点和需求打造差异化的城市轨道交通网络，实现与城市发展的深度融合。超大、特大和Ⅰ型大城市的中心城区应采用大运量地铁制式；郊区和特色小区，采用中低运量制式；都市圈中长距离轨道交通优先选择市域快轨。其他系统制式应与地铁、市域快轨保持协调互补发展，按照高质量发展模式进行量力、有序发展。

(3)多层级城市轨道网络规划布局逐步完善。基于城际、市郊、市内、局域四个层次的客流结构和出行特征，规划与之相匹配的系统与车辆制式和运输模式，满足不同层次客流的效率和运能需求。从设计、运营等多维度共同促进推动干线铁路、城际铁路、市域(郊)铁路、城市轨道交通“四网融合”。加强城市轨道交通线路的通道规划，统筹“四网”通道，考虑多层次共用通道的规划策略，促进融合发展；实现四个层次轨道交通网络的管理界面、信息数据、乘客服务的相互连通与协同融合。

(4)城市轨道交通与全国性综合交通枢纽的无缝衔接与换乘，打造综合交通枢纽。注重城市轨道交通换乘枢纽总体规划的功能融合，实现建设连贯、运行互联、信息互通、集中指挥、资源共享。推进实施“区域共担”的换乘设计，以区域多路径换乘取代网络单节点换乘，通过增加网络出行路径的冗余数量提升网络韧性。

(5)强化都市圈内中心城市城区与周边城镇组团便捷通勤。京津冀、长三角区域、粤港澳大湾区等财力有支撑、客流有基础、发展有需求的地区规划建设都市圈市域(郊)铁路，其他条件适宜地区有序推进。突出市域(郊)铁路对都市圈主要功能区的支撑引导,推进“小编组、高密度、公交化”运营模式,打造中心城区与周边城镇间、重要工业园区、旅游景点 0.5 ~1 小时通勤网。

(6)由重建设转变为建设、运营并重阶段。“十四五”城轨交通新开通运营线路预计呈现波动变化趋势,各年不均衡,达到峰值后有所回落。这种波动将会传导到产业链上下游,带来设计规划、工程建设、装备制造企业等设计、施工、制造、供应的变化,应提前预警,合理配置资源,促进城轨交通行业高质量健康发展。

4. 近期规划

预计“十四五”后城轨交通仍处于比较稳定的快速发展期根据现有数据推算,“十四五”期末城轨交通运营线路规模将接近 13 000 km,运营城市有望超过 60 座,城市轨道交通运营规模持续扩大,在公共交通中发挥的骨干作用更加明显。

截至 2022 年底,扣除统计期末已建成投运的城轨交通建设规划线路以及已调整的项目后,在实施的建设规划线路总长 6 675.57 km,与 2021 年末相比略有下降。部分城市 2022 年前已获批的建设规划项目已全部建成投运,如杭州、呼和浩特洛阳、常州、芜湖等城市。个别城市原有规划调整,如渭南、泸州等城市,各城市在实施建设规划情况具体如图 7.2-1。

从在实施规划线路的规模来看,27 个城市建设规划在实施规模超 100 km。其中,重庆市由于市域快轨项目的连续启动在实施规划线路长度达到 779.54 km,上海、广州、深圳 3 市在实施规划线路长度均超 300 km,宁波、北京、成都、天津、武汉、南京、青岛 7 市实施规划线路长度均超 200 km;济南、合肥、厦门、郑州、沈阳、苏州、西安、佛山、无锡 9 市在实施规划线路长度均超 150 km,东莞、长春、福州、温州、南宁、南通、贵阳 7 市在实施规划线路长度均超 100 km。

从在实施规划线路的系统制式来看,6 675.57 km 的在实施规划线路包含地铁、轻轨、市域快轨、有轨电车、导轨式胶轮系统、悬挂式单轨 6 种制式。其中,地铁 4 407.20 km,占比 66.02%;轻轨 7.18 km,占比 0.11%;市域快轨 1 892.22 km,占比 28.35%;有轨电车 325.97 km,占比 4.88%;导轨式胶轮系统 32.5 km,占比 0.49%;悬挂式单轨 10.5 km,占比 0.16%。2022 年各城市轨道交通规划线路规模如图 7.2-1 所示。

7.2.2 北京市的轨道交通建设三期规划

1. 规划背景

城市轨道交通是现代大城市交通的发展方向。发展轨道交通是解决大城市病的有效途径,也是建设绿色城市、智能城市的有效途径。北京要继续大力发展轨道交通,构建综合、绿色、安全、智能的立体化现代化城市交通系统,始终保持国际最先进水平,打造现代化国际大都市。《交通强国建设纲要》指出要构建便捷顺畅的城市(群)交通网,建设城市群一体化交通网,推进干线铁路、城际铁路、市域(郊)

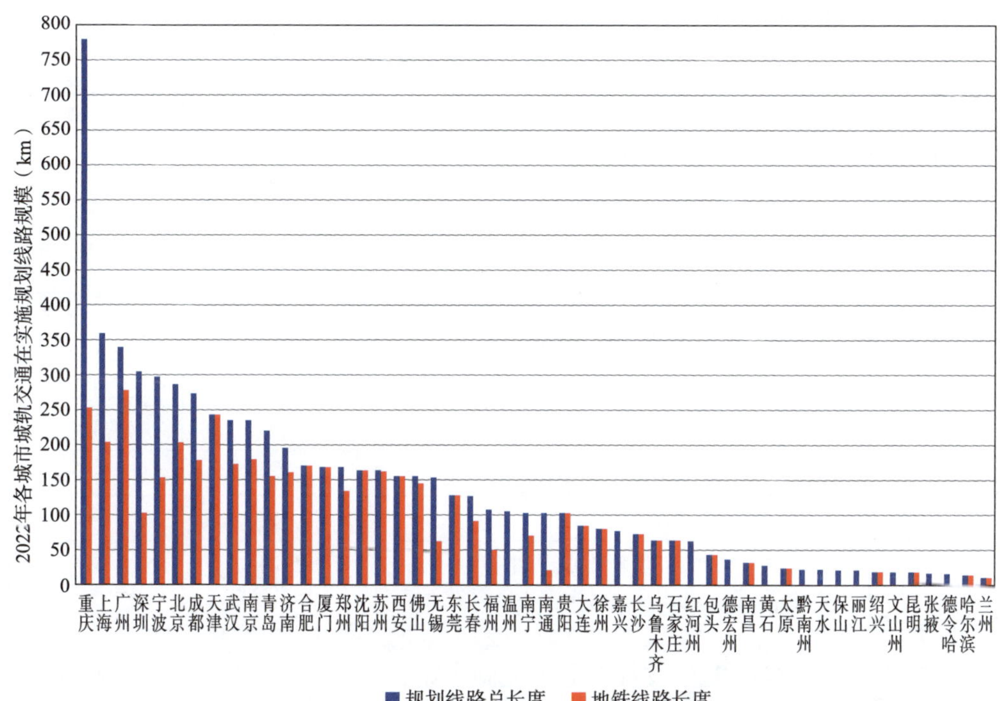

图 7.2-1　2022 年各城市轨道交通规划线路规模

铁路、城市轨道交通融合发展，尊重城市发展规律，立足促进城市的整体性、系统性、生长性，统筹安排城市功能和用地布局，科学制定和实施城市综合交通体系规划，推进城市公共交通设施建设，强化城市轨道交通与其他交通方式衔接；构筑多层级、一体化的综合交通枢纽体系，依托京津冀、长三角、粤港澳大湾区等世界级城市群，建设一批全国性、区域性交通枢纽，推进综合交通枢纽一体化规划建设，完善集疏运体系，大力发展枢纽经济；加强城市交通拥堵综合治理，优先发展城市公共交通，鼓励引导绿色公交出行，合理引导个体机动化出行。北京目前处于非首都功能疏解关键时期，需要拉开城市发展空间，在更广的区域实现高质量发展。目前基础设施发展仍然存在空间发展不均衡问题，城市副中心、外围多点新城、丰台河西地区等区域交通基础设施仍然不足，需要轨道交通建设支持非首都功能疏解，解决交通拥堵、大气污染等“大城市病”做好首都服务保障工作。

2. 规划线路

按照上述规划背景和轨道交通发展策略，第三期建设规划（征求意见）共包含 11 个项目，规划里程约 231. 3 km，设站 88 座，具体项目如下：1 号线支线、7 号线三期（北延）、11 号线二期、15 号线二期、17 号线二期（支线）、19 号线二期、20 号线一期、25 号线三期（丽金线）、M101 线一期、S6 线（新城联络线）一期以及亦庄线—

5 号线、10 号线联络线工程,见表 7. 2-1。

表 7. 2-1 第三期建设规划项目统计表

序号	名　称	长度(km)	设站数
1	1 号线支线	19. 9	9
2	7 号线三期(北延)	6. 4	4
3	11 号线二期	23. 8	17
4	15 号线二期	3. 5	1
5	17 号线二期(支线)	8. 9	2
6	19 号线二期	54. 4	20
7	20 号线一期	19	4
8	25 号线三期(丽金线)	10. 9	8
9	M101 线一期	19	14
10	S6 线(新城联络线)一期	64. 4	9
11	亦庄线—5 号线、10 号线联络线工程	1. 1	—

(1)1 号线支线:1 号线支线西起青龙湖东站,北至 1 号线八角游乐园站,线路全长约 19. 9 km,共设 9 座车站。

(2)7 号线三期(北延):7 号线三期(北延)南起北京西站,北至万寿寺站,线路全长 6. 4 km,设站 4 座。

(3)11 号线二期:11 号线二期西起石景山新首钢站,东至丰台区洋桥站,总长 23. 8 km,设站 17 座。

(4)15 号线二期:15 号线二期由俸伯站延伸至南彩站,线路全长 3. 5 km,设站 1 座。

(5)17 号线二期(支线):17 号线二期(支线)南起天通苑东站,北至北七家站,线路全长 8. 9 km,设站 2 座。

(6)19 号线二期:19 号线二期工程包括南延、南延支线、北延、北延支线。南延工程北起新宫站(不含),南延至海子角站,线路全长约 12. 6 km,设站 6 座;南延支线工程自主线新媒体产业基地站引出,南至大兴西片区生物医药基地西站,线路全线 17. 4 km,设站 7 站;北延工程南起牡丹园站(不含),北至市郊铁路东北环线生命谷站(不含),线路全长约 17. 6 km,设站 6 座;北延支线工程自主线上清桥南站引出,北至清河枢纽,线路长约 6. 8 km,共设 1 座车站,其中清河站及 4. 2 km 区间已随昌南工程实施完成土建工程。二期工程总里程 54. 4 km,设站 20 座。

(7)20 号线一期:20 号线一期南起管庄路西口站,北至临河站,线路全长 19. 0 km,设站 4 座。

(8)25 号线三期(丽金线):25 号线三期(丽金线)南起东管头南站(不含),北至灵境胡同站,线路全长 10.9 km,设站 8 座。

(9)M101 线一期:M101 线一期北起商务园站,南至张家湾东站,线路全长 19 km,共设 14 座车站。

(10)S6 线(新城联络线)一期:S6 线(新城联络线)一期南起大兴新城站(磁各庄站),北至 3 号航站楼站,线路全程 64.4 km,设站 9 座。

(11)亦庄线—5 号线、10 号线联络线工程:联络线工程南起亦庄线肖村站,向北经宋家庄车辆基地后,分别与 5 号线宋家庄站、10 号线成寿寺站衔接。宋家庄车辆基地场外新建线路长度 1.1 km,包含地面线 0.25 km、地下线 0.5 km、过渡段 0.35 km;宋家庄车辆基地场内改造洗车线、洗车库、咽喉区等地面线路 0.5 km,实现与 5 号线、10 号线的衔接,无新增车站。

3. 线路特点

(1)郊区线路占比例增大,北京未来的地铁建设 80% 以上都在"五环及以外地区",至少 70% 的建设是在"五大平原新城",预计地面、高架线路比例有所增加。

(2)市区加密线路主要集中在 11 号线二期和 25 号线三期,处在商务区的繁华中心,其施工难度和安全风险管控难度增加。

(3)随着规划向郊区化发展,地下线路中,明挖、盾构工法占比将进一步提升,矿山法占比将有所降低。

(4)1 号线新增支线,在地下运营段建设无预留支线将成为本线路工程建设难点之一。

7.2.3　安全风险管控展望

北京轨道交通工程建设安全风险管控体系于 2008 年 12 月正式实施,经过 2013 年、2018 年两次升级,分级管控、动态分级等理念已深入工程建设管理当中,管控技术已成熟运用,实施以来取得了良好效果,基本实现了风险体系管控"精细化"和"信息化",达到了"三杜绝,一减少"的安全管理目标,如图 7.2-2 所示。随着城市发展向地下空间持续扩展,轨道交通工程建设也将呈现更加复杂化的趋势;随着"人文、科技、绿色"等理念日益深入人心,也对安全风险管理提出了更高的要求;随着施工技术、云计算、5G 技术、互联网技术、AI 仿生技术等高科技的发展,运用高技术实现安全风险管控的更精准、快速、智能化;随着"碳中和、碳达峰"的要求,在安全风险管控中达到"双碳"也尤为重要。可以预见,城市轨道交通工程建设安全风险管理将会向更加"智能化"方向发展,智慧工地建设、全面自动化监测、数字地下空间、地下水智能管控、安全风险动态智能评估、风险自动识别和预警、盾构施工无人化作业等新技术有望取得重大突破,并实现安全和"双碳"的有机统一。

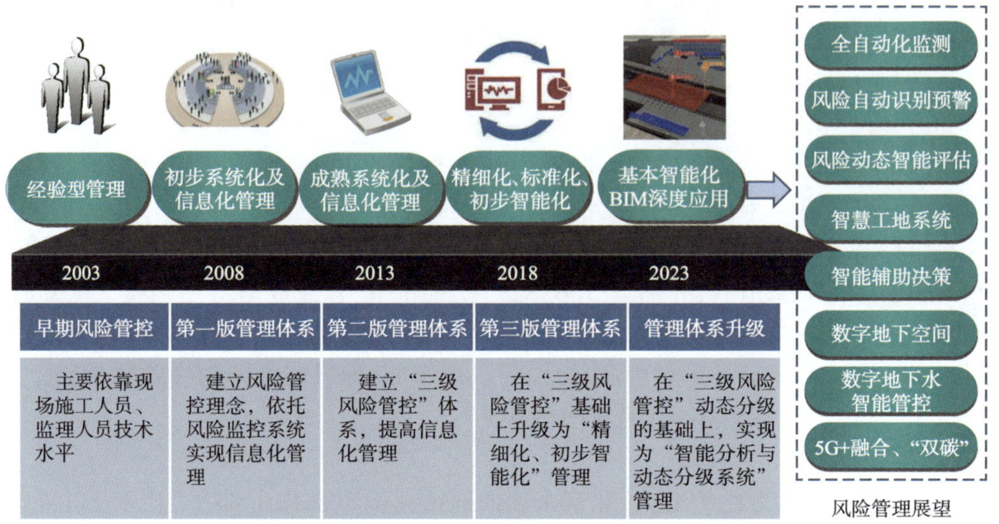

图 7. 2-2　轨道交通安全风险管理发展历程及展望图

1. 城市地下空间的不断发展，轨道交通及地下工程逐渐向超深、超大、超复杂的结构增多；城市轨道交通多线换乘车站区域交通拥挤且土地资源稀缺，浅覆土、叠摞、穿越、交叉等结构增多；结合多线地铁换乘车站、市政工程、地下空间、地上建筑于一体的超大型地下综合体、综合立体交通枢纽工程和综合 TOD 工程等，作为一种高效集约的新型方案，将更多地应用于工程实践。其建设施工的安全风险具有多线交叉、全方位、多角度、综合性、互扰性的特点，因此对安全风险管控提出了更高的要求。

2. 建设智慧工地

根据工程全生命周期管理理念，运用信息化手段，通过三维设计平台对工程项目进行精确设计、施工模拟和过程管控，应用人工智能、传感技术、虚拟现实等高科技技术植入到建筑、机械、人员穿戴设施、场地进出关口，建立互联协同、智能生产、科学管理的施工项目信息化生态集成，并将此数据在虚拟现实环境下与物联网采集到的工程信息进行数据挖掘分析，提供过程趋势预测、预案，实现工程施工管控的可视化、智能化、信息化，从而实现绿色建造和智能建造，如图 7. 2-3 所示。

3. 隧道结构智能检测技术

及时智能的检测隧道结构、发现隧道衬砌病害并快速治理，其快速检测和有效识别是前提，通过一套集非接触多通道探地雷达系统、智能视觉检测系统、车载式三维激光扫描系统等系统集成的综合检测装备，实现隧道衬砌结构内部病害、表观病害、几何空间形变一体化快速检测与智能识别，实现装备高集成度、强操控性、高智能化程度等特点，如图 7. 2-4 所示。

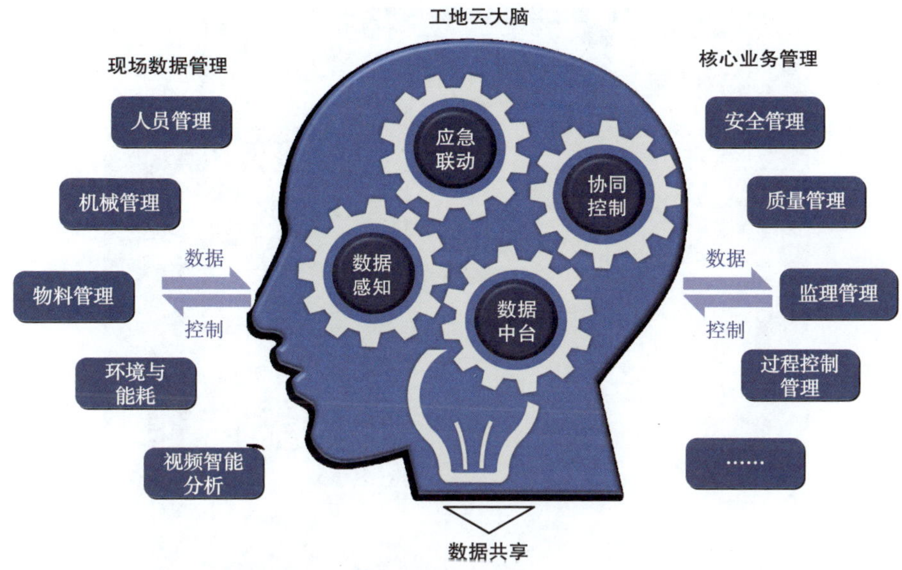

图7.2-3　某智慧工地构成

图7.2-4　某隧道智能检测设备图

通过智能安全风险管控，统筹规划、设计、管理、实施各过程，实现安全风险管控的智能化架构和技术的应用。

(1)通过自动化监测技术和及时传输技术，在重要工程和区域实现全面自动及时监测，某自动化监测模型如图7.2-5所示。

(2)通过遥感技术、机器视觉、地层地质特征提取，天空地一体化勘察，实景三维建模技术，提取海量数据并进行管理，打造数字地下空间，实现透视地层的AI展示，如图7.2-6所示。

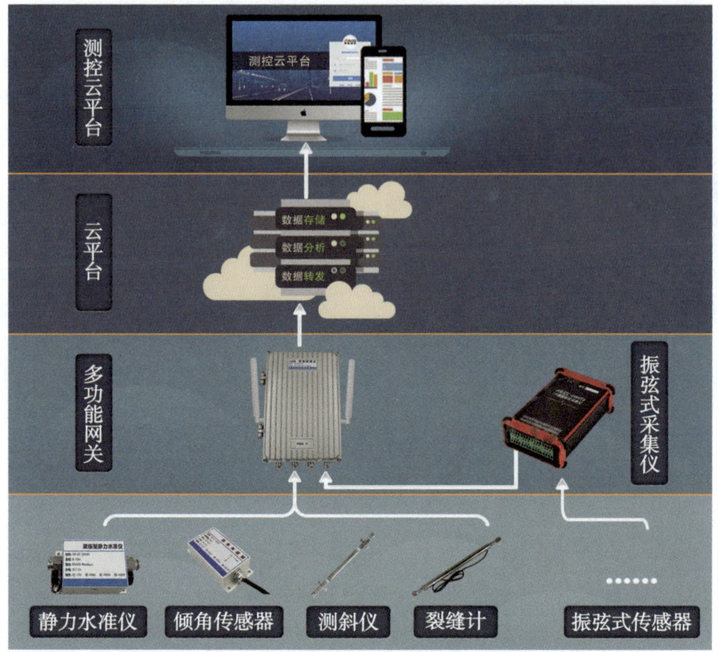

图 7.2-5　某自动化监测模型

- ☐ 多层次、多尺度遥感综合地质解译
- ☐ 地表及地下高精度立体地质信息提取
- ☐ 区域构造、地下岩-水-热-力等工程特性的直观揭示
- ☐ 海量数据管理，数据支持

图 7.2-6　某地层 AI 视图

(3)结合地下水动态模拟、综合降水止水技术，达到地下水智能管控，如图 7.2-7 所示。

(4)利用日常监测、巡视、视频等大数据，通过云计算技术，实现风险自动识别和预警，如图 7.2-8 所示。

(5)结合结构变形模型、BIM 技术深度应用、AI 仿生技术，实现安全风险动态智能评估，如图 7.2-9 所示。

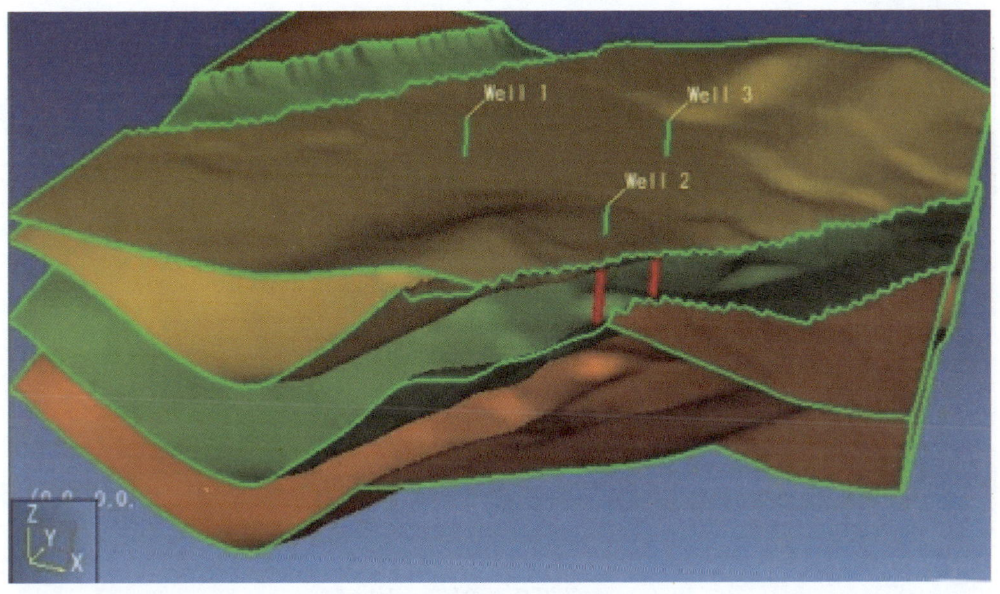

图 7. 2-7　某地下水三维仿真模型

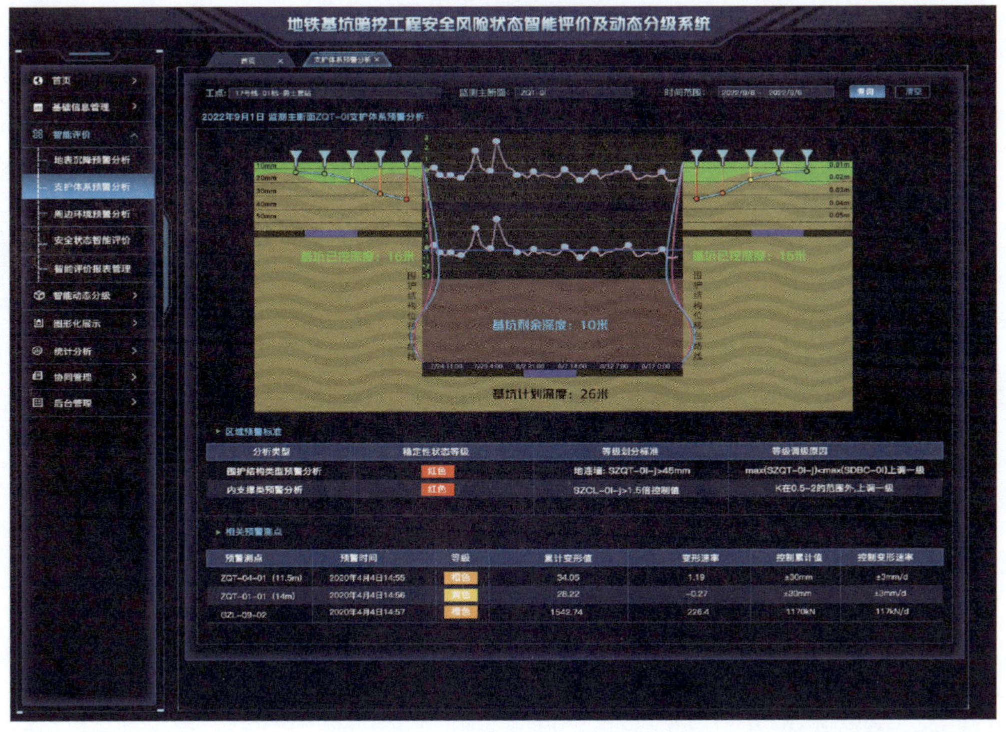

图 7. 2-8　某安全风险自动识别模型

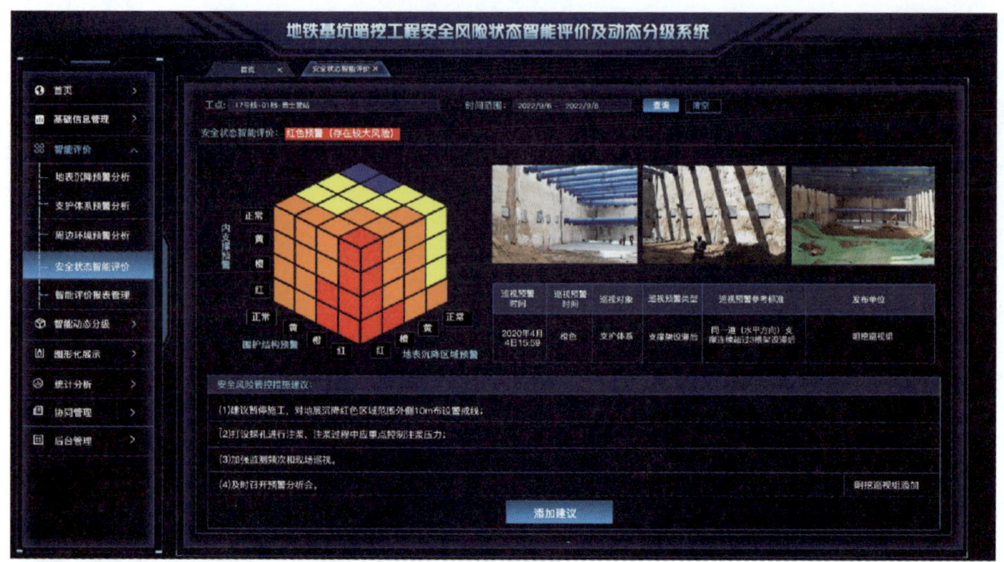

图 7.2-9　某安全风险智能评估模型

4. 实现路径

(1)首先通过先进适用的技术路径,把握核心技术和风险管控发展趋势的主动权;制定创新发展的工作路径,搭建承载全部城市轨道交通安全风险管控业务的“云平台”与“大数据平台”;制定协同推进的行业工作机制,增强行业单位安全风险管控信息化智能化建设的主体能动性,共同实现城市轨道交通安全风险管控的智能化、智慧化。

(2)夯实数字转型基础,坚实安全风险管控数字底座。加强基础通信及数据平台,利用新兴信息技术集成城市轨道交通各施工阶段和风险信息数据的集成,从项目建设初期就实现数字化设计,以城市轨道交通全生命周期为主线,构建安全风险管理数字化标准体系,为数字化、智能化奠定数据基础。

(3)升级综合智能信息平台。应用超大容量、全分布式组网、智能流量分配的新一代网络,有力支撑云平台、大数据等应用,有线无线融合发展,提高超量计算能力,打通平台间鸿沟,实现数据及分析功能的共享、共用,从而实现智能安全风险管理和信息化。

(4)多渠道开拓应用场景,基于共享数据、人工智能、硬件互联的网络化运营管理辅助决策系统,实现现场施工、监理人员和建设、设计、咨询等相关人员的安全风险管理的应用、决策等深度融合。